新型城镇化背景下产业结构优化升级

OPTIMIZATION AND UPGRADING OF INDUSTRIAL STRUCTURE UNDER THE BACKGROUND OF NEW-TYPE URBANIZATION

王珺 等 著

社会科学文献出版社
SOCIAL SCIENCES ACADEMIC PRESS (CHINA)

目　录

图表目录

绪　论

一　研究框架

（一）研究的背景

1. 中国经济发展的结构性矛盾与理论不足

改革开放以来，在经济规模快速扩张的过程中，中国产业结构的调整变化呈现一些新趋势。一方面，中国的产业基础、行业规模和技术水平明显提升，一些重大技术装备制造和研发取得了实质性进展，高新技术产业规模位居世界前列。另一方面，产业发展面临的结构性矛盾也较为突出，制造业大而不强，粗放式、低技术、高能耗的产业比重过高，自主创新能力不强，大量出口产品处于价值链的低端环节；服务业尤其是科研服务、设计、营销、金融、供应链管理、现代物流等生产性服务业发展滞后。这种结构性矛盾导致中国经济增长的质量和效益总体不高，未来发展面临较大的资源环境约束。

近十年来，在落实科学发展观和转变经济发展方式的背景下，中央和地方政府投入了大量资源，制定了大量促进产业结构优化升级的政策措施来解决这一问题，但产业发展的结构性矛盾问题依然没有得到有效解决。从发达国家的经验来看，推进产业结构优化升级是保持宏观经济和居民收入水平可持续增长的必然要求。这促使我们必须要重新思考产业结构优化升级的理论、实践和政策问题。我们认为，现有的文献在研究这一问题时，往往遵循传统的产业经济学分析思路，单纯从部门的角度分析产业结构优化升级问题。这种思路一方面从供给的角度认为一个国家和城市的要素结构决定了其产业结构，当要素结构发生变化时，产业结构就会变动；

另一方面认为产业结构的优化和高级化，也是人均收入的提高带来需求结构的变化和技术进步同时引致的。这些分析虽然从理论上深刻揭示了产业结构变化的动力与机制，但缺乏空间维度的分析，从而其理论解释力和政策应用性受到了较大的限制。如果要素结构和需求变化会促使产业结构优化升级，那么这些变化首先会在哪里发生？是哪些因素引起了这些变化？产业结构调整的源头在哪里？产业结构调整又是如何从源头向其他城市扩散的？显然，目前的研究不能明确地回答这些问题。

资源配置是经济学研究的最基本问题，国家或区域经济发展过程就是实现资源配置优化的动态过程。资源在不同产业部门的流动与优化配置是产业结构调整的过程，而资源在不同的空间位置的流动与优化配置便是城镇化的过程，因此，产业结构变动和空间结构的变化相伴进行，相互促进。从发达国家的实践来看，产业结构变动与城镇化是高度相关的，且二者的关系在不同的经济发展阶段具有不同的特点。在工业化的初期，产业结构的变动导致人口和经济活动向城市集中，带动了城镇化的发展；而在工业化的中后期，城镇化质量的提高改善了要素供给和需求条件，反过来影响了产业结构的变动。鉴于此，本书在国家推进新型城镇化的背景下研究产业结构优化升级的问题，认为在工业化的中后期中国整体产业结构优化升级的关键在于：通过改进城镇化相关制度安排，促进要素在不同区域的自由流动，实现大中小城市产业分工——大城市成为创新和服务中心，中小城市成为生产制造中心，并进而推动资源在部门和空间上的高效配置，实现整体产业结构优化升级的目标。

2. 新型城镇化与产业结构优化升级

2000 年中国城镇化率为 36.2%，2015 年上升到 56.1% 左右，平均每年增长超过 1 个百分点。这意味着截至目前有超过 7 亿人居住在城市。从大城市与小城市的结构来看，城镇化的形态也发生了重要变化，2001～2012 年不同规模的城市呈现不同的发展轨迹。其一，小城市的数量、人口比重和平均规模均有所下降，表明随着城镇化进程的加速导致中国城市集聚的人口规模越来越大；其二，大城市的数量、人口比重和平均规模均有明显的增加，表明大城市是近年来人口迁移的主要目的地，人口流动的增长导致新的大城市不断形成；其三，超大城市的数量、人口比重和平均规模的增长明显，表明超大城市也是近年来城镇化进程中人口迁移的主要目的地。

　　与传统城镇化单纯强调城市人口比重不同的是，新型城镇化战略全面反思了传统城镇化的弊病，在承认将城市人口比例作为城镇化衡量指标的前提下，赋予了城镇化新的内涵。目前虽然理论界对新型城镇化的内涵有不同的诠释，但我们认为新型城镇化的核心内涵应体现在以下三个方面。一是包容。理论上讲，城镇化一方面有助于缩小城乡居民收入差距，最终实现城乡收入的趋同；另一方面有助于城市全体居民获得均等的公共服务，提高城市居民的生活质量。但中国传统的城镇化在这两方面的积极作用尚未充分显现，甚至各地方政府实施的带有城市户籍人口倾向的政策还扩大了这两方面的差距。鉴于此，新型城镇化的包容性意味着城市为所有人提供平等的就业与积累财富的机会，并在全国范围内提供同质的基本公共服务，特别是通过综合配套改革促进流动人口的市民化，使他们能够享受与城市居民同等的公共服务。二是开放。由于分权竞争的影响，传统城镇化进程受限于行政边界，不同城市之间的经济互动受到人为的分割，导致重复建设和资源空间分配效率低下。而新型城镇化强调基于开放的城市群战略，城市群内广泛存在的双向或多向的人流、物流、资金流、技术流和信息流构成了城市之间的经济联系，这种经济互动体现了城市体系内部分工协作关系对城市经济发展的重要性。三是高效。在传统的城镇化过程中，粗放型经济增长方式叠加宽松的环境管制导致过高的资源消耗和严重的环境退化，提高了未来发展的直接和间接成本，使得这种城镇化路径难以持续。相对于传统城镇化，新型城镇化特别要求实现经济增长方式的转变——从以往要素驱动的粗放型经济增长方式转向创新驱动的集约型经济增长方式，要更优地使用人口、土地和资本等生产要素资源，在控制劳动投入、土地利用和资本积累的条件下实现更高效率的增长，推动城市经济发展、人口集中与资源环境相协调，最终实现经济的可持续发展。

　　新型城镇化的上述基本特征内在地包含了产业结构优化升级的内容。这是因为城镇化水平的提高意味着集聚经济在城市经济增长中的角色愈加重要，不可流动要素在经济发展过程中的作用凸显，由此导致其他要素成本的上升（Puga，2010）。新型城镇化的开放性与包容性促进了人口、资本等流动要素向城市集中，土地要素的价格将上升，住房、通勤等价格上升又导致工资的上涨，从而推动企业的用工成本上涨。这改变了城市要素相对价格，意味着在城镇化的中后期，低成本的工业化发展路径将难以为继。从低成本要素驱动的发展战略向以创新为导向的发展战略转变势在必行。在这一过程中，大城市多样化的经济环境有利于创新和服务的集聚，从而更有机会率先提高效率，实现产业价值链的攀升。而中小城市则由于其较低的生产和生活成本，更有利于充当大城市技术扩散的承接地，从而成为标准化的生产和制造基地。大小城市由于不同的外部性和成本优势将逐渐扮演不同的功能角色，而正是这种城市间高效的经济互动共同推动了城市产业结构的升级。在强调高效和可持续的前提下，产业结构的优化升级是新型城镇化发展的题中之义。

3. 空间结构与产业结构优化升级

2009 年的世界银行报告表明，当一个国家人均收入超过 3500 美元时，城镇化的"重头戏"已经结束，城镇化的速度会趋缓，如何提高城镇化的质量则是今后城镇化的重要内容，这时候城镇化的形态变得至关重要。国际经验表明，城市形态的调整最重要的特征就是集中。从经济集中度（5% 的经济最密集的城市 GDP 比重）来看，法国在 1801 ~ 1999 年由 3% 提高到 9%。日本在 1900 ~ 2000 年从 3% 左右提高到接近 9%，加拿大在 1980 ~ 2006 年由 3% 上升到 5%（蔡昉，2012）。在经济集中的同时，大小城市之间的分工就会出现，多样化的核心城市以服务和创新为主，而专业化的中小城市则以制造业为主。这种经济活动集中带来的城市形态的调整和新城市体系的形成会带动服务业发展和创新的出现，从而在整体上推动产业结构的优化升级。

2009 年，中国的人均 GDP 为 3678 美元（IMF，2010），已经进入追求城镇化质量的阶段。就现实来说，中国城镇化的事实特征和主要问题在于：一是中国城市经济集中度偏低；二是大小城市产业结构趋同（Henderson，2009）。这些特征直接导致了第三产业特别是生产性服务业上升缓慢和制造业创新能力不足。这是因为，一方面经济集中程度偏低表明城市经济还没有集聚到最佳的规模，而服务业特别是生产性服务业的发展需要经济密度达到一定水平后才能发展起来。因此，服务业的发展就需要经济活动的进一步集中。另一方面大小城市产业结构趋同意味着资源的空间配置存在较大程度的重复与浪费，使得所有的产业在空间上都没有获得充分的外部经济效益，从而在整体上阻碍了效率提升和经济增长。同时，核心城市存在大量的标准化制造活动也不利于创新资源的集中，创新的外部性得不到充分发挥，不利于自主创新水平的提升，从而制约了大城市充当产业结构调整发动机的功能。因此，通过空间结构的优化来带动产业结构的优化升级就显得日益重要。

（二）研究的意义

理论研究和国际经验都表明，加快城镇化进程不仅能够有助于推动工业化，同时也有利于提升自主创新能力和服务业部门的发展（Henderson，2003，2007；中国经济增长与宏观稳定课题组，2009；蔡昉，2012）。但现有研究的不足之处在于所讨论的城市都是孤立存在的，虽然强调了经济集聚所产生的正外部性影响，但缺乏对城市分工的讨论。而现有中国城镇化模式的主要症结却偏偏来自城市结构不合理以及城市分工不完善。一方面，中国的城镇化现状是城市数量众多，大城市数量偏少，小城市功能未得到充分发挥。Henderson（2007）计算的结果是，如果中国一些地级城市的规模扩大一倍，可以使其单位劳动力的实际产出增长 20% ~ 35%。另一方面，城市之间产业结构高度趋同，在分权竞争的体制激励下，城市往往宁愿选择摊大饼的发展模式，也不愿意通过城市分工来提升效率。这反过来又恶化了城市发展环境，降低了资源配置效率。与中国相比，发达国家的大城市和中小城市之间是通过功能性分工联系起来的，多样化的大城市承载企业总部，负责技术研发和新产业培育，专业化的中小城市承担制造职能。这表明，实现产业结构优化升级需要一个合理的城市规模结构和分工体系，而合理的城市规模结构和分工体系的形成有赖于要素的充分流动。目前，中国正在大力推动区域一体化和新型城镇化，这势必有助于推动要素的自由流动和城市分工，从而改变城市产业结构趋同和摊大饼式的城市发展模式，对产业结构优化升级产生积极的影响。鉴于此，本书致力于回答以下问题：新型城镇化背景下中国产业结构优化升级的内在机制是什么？经济的空间结构转换如何促进了部门结构的调整？

本书的理论意义有二。第一，为产业结构优化升级提供新的理论视角。本书把城市经济的最新研究成果与产业结构的优化升级结合起来，依据最新的研究成果把城镇化分为速度和质量两个阶段，认为中国已经进入追求城镇化质量的新型城镇化阶段，并把这一判断作为从城市体系的角度研究产业结构优化升级的基础。同时，本书从要素流动和大小城市互动的角度来研究产业的空间配置效率和结构优化升级的关系，指出不同规模城市产业结构优化升级的动力机制是有差异的。这实际上是把经济活动的空间分布与产业的部门优化升级结合起来分析，有利于培育新的理论生长点。第二，把城市经济学的最新研究成果运用于产业结构变动的分析，为空间经济研究提供新方法。受限于自身的发展历史，到目前为止，空间经济理论致力于分析经济活动的空间分布的原因和结果，往往忽视了要素流动和空间的异质性对结构转换的影响，从而在一定程度上忽视了经济发展的问题。经济发展既是部门间的转换，同时也是空间上的转换，空间上的集中为部门转换提供了载体。本书就是要把空间转换和部门转换结合起来分析，从而在部门的研究中加入空间因素。

本书的现实意义在于以下两点。第一，为制定产业和区域发展政策提供新的依据。中国目前正在经历着空间结构的优化调整和产业结构的优化升级，各城市出台了大量相关政策与发展规划。例如，在区域和城市发展战略上，"十二五"规划纲要规划了"两横三纵"的城市群发展战略，尤其提出要在长三角、珠三角、环渤海城市发展以特大型城市为中心的现代城市圈。在产业结构优化升级方面，中国提出了要加快自主创新能力的培育，加快现代服务业和装备制造业的发展。在各种区域性发展规划中，也都包含了以产业结构优化升级为目标的产业政策。本书最重要的现实意义在于打通了区域发展政策与产业优化政策之间的理论联系，明确指出了新型城镇化背景下要素流动和城市分工对产业优化升级政策的重要推动作用。这对于合理优化城市规模结构，加快大城市圈的发展，促进空间发展战略与产业优化政策有机衔接，具有重要的决策参考价值。第二，为推动大中小城市互动合作提供政策依据。本书通过辨析大中小城市在产业结构优化升级过程中的动力机制和功能分工，提出了不同类型城市的产业结构优化升级机制，对于如何加快区域经济一体化、推动大中小城市互动合作与协调发展，具有重大的现实意义。

（三）基本框架与研究方法

1. 基本框架

本书包括三部分内容。第一部分是理论分析，主要包括新型城镇化的内涵与特征、新型城镇化与要素流动、城市产业分工与产业结构优化三个方面的内容，主要目的在于从理论逻辑上把新型城镇化影响产业结构优化的机制讲清楚，从而为本书提供一个统一的分析框架。第二部分是实证分析，主要包括城市群产业结构变动的国际经验、中国新型城镇化与产业结构演变、京津冀城市群产业结构优化、长三角城市群产业结构优化和珠三角城市群产业结构优化五个方面的内容，主要是通过城市群产业结构演变的国际经验和国内实践分析来验证第一部分提出的理论框架。第三部分是理论概括与政策研究，主要在前两部分的基础上，进行理论概括，在新型城镇化视角下推进产业结构优化升级的政策设计，主要包括区域一体化政策、产城融合政策、人口户籍政策和公共服务政策四个方面的政策设计。

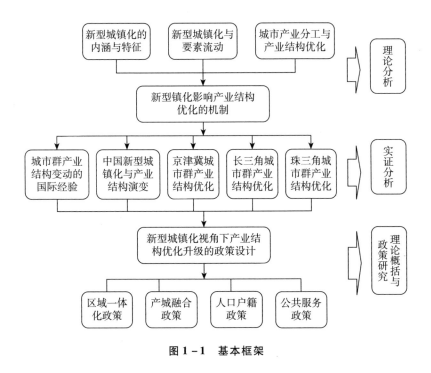

图 1-1　基本框架

根据图 1-1 的基本框架，各部分的具体研究内容如下。

（1）新型城镇化的内涵与特征。从经济学的视角来看，城镇化是资本、人口等可流动要素从农村向城市集中的过程，新型城镇化与传统城镇化根本区别在于要素流动性差异。由于受到区域和身份分割的影响，在传统城镇化条件下，要素的流动性受到很大程度的抑制，而新型城镇化的基本特征在于消除了传统城镇化进程中的区域和身份分割,从而为要素的充分流动创造了条件。我们将新型城镇化的内涵归结为包容、开放和高效三个基本特征,并对其进行深入分析。

(2)新型城镇化与要素流动。与传统的城镇化相比,以人口市民化和区域一体化为导向的制度安排使新型城镇化具有更为显著的包容性与开放性。开放性意味着从以往着眼于单个城市发展向着眼于城市群发展战略转变,破除行政区对经济区的人为分割,消除阻碍要素流动的制度壁垒,实现区域的一体化发展。包容性意味着城市内不同人力资本水平的劳动力,户籍人口和流动人口均面对统一的就业市场,流动人口的工资水平和享受的公共服务水平提高,降低了人口流动的成本。新型城镇化的开放性和包容性导致资本、劳动力等可流动要素实现了更为充分的流动。在外部经济效应的作用下,资本和劳动力向城市集中,而随着经济和人口集中度的提高,城市规模扩大,土地等不可流动要素价格和工资水平上升。这些变化改变了城市体系内部生产要素的相对价格,推动了经济资源在城市群内部的重新配置,不同类型城市之间的产业分工得到了进一步深化,引发了单个城市部门结构和城市体系产业空间结构的调整,城市体系产业结构和要素成本结构的匹配度得到进一步提高,并最终提高了城市体系产业发展的总体效率。

(3)城市产业分工与产业结构优化。我们把城市分为大城市和中小城市两种类型,在要素可以自由流动的条件下,大城市和中小城市之间的产业分工一方面促进了自身产业结构优化,另一方面提升了城市体系总体的产业结构效率。多样化的环境和劳动力的自选择会导致大城市更容易成为高附加值的创新产业和服务业中心,因而,大城市产业结构优化升级的路径在于现代服务业和创新性新兴产业的发展。中小城市相对低廉的要素成本对标准化制造业和低素质劳动力具有较强的吸引力,导致其产业结构优化的路径为专业化制造业的发展,产业结构优化的驱动力主要来自外部的资本和技术流入。可见,新型城镇化背景下产业结构优化的前提是大城市和中小城市形成城市群并能进行有效的专业化分工,大城市的结构转换不仅与自身的基础设施、要素条件和多样化环境有关,而且与中小城市的产业结构有关,反过来,中小城市的产业结构升级也与大城市的结构调整有关。

（4）新型城镇化背景下产业结构优化升级的实证研究。我们选取美国、日本等发达国家的城镇化与工业化过程中的城市数据和产业结构数据，实证分析城镇化与产业结构升级的关系，探寻发达国家推动空间结构转换与产业结构升级的成功经验。同时，选择国内有代表性的区域城市群作为样本，进一步实证分析新型城镇化与产业结构优化升级的关系，具体包括京津冀城市群、长三角城市群和珠三角城市群，并把国内经验与发达国家的经验进行对比分析。

（5）新型城镇化背景下产业结构优化升级的政策研究。既然新型城镇化有利于推动产业结构的优化升级，那么适应新型城镇化需求的体制机制是什么？以空间的视角来推动产业结构优化升级又需要什么样的体制机制？要实现产业结构优化升级，我们应该从哪些方面入手制定和完善目前的区域和产业发展政策？本书将重点深入研究新型城镇化进程中的区域一体化、产城融合、人口户籍和公共服务的政策需求，并对有关政策供给的路径与机制提出建议。

（二）研究方法

1. 理论分析法

本书是涉及发展经济学、产业经济学、城市经济学、新经济地理学等多个学科的综合性研究。我们应用发展经济学、产业经济学、城市经济学和区域经济学的理论与方法，结合国内外已有的研究成果和中国转型时期的实践，构建新型城镇化、大中小城市功能差异与产业结构变动的内在逻辑架构，探讨集聚经济、土地价格、城市互动对产业结构的影响机制，揭示中国产业结构优化升级的突破口和路径。

2. 文献研究法

作为一种应用性与对策性研究，本书需要掌握系统的实际资料与数据，全面把握制度、政策、体系与环境现状。这就需要通过文献研究收集数据与资料，具体包括以下几方面的文献研究：（1）收集和分析国内外关于大城市多样化产业结构、大城市劳动力选择问题的研究文献，以及中国大城市创新相关的政策文件，通过文献分析梳理出大城市创新的微观机制，明确中国大城市创新的现状以及影响创新的因素；（2）收集和研读关于专业化外部性与中小城市发展、贸易成本与城市发展、产业扩散等问题的研究文献，分析中小城市产业结构优化升级的条件、方向与路径，追踪国内外中小城市发展的最新研究进展，探讨中小城市产业结构优化升级的动力机制；（3）收集和分析关于城市体系规模分布、城市经济互动以及分权竞争等问题的研究文献，总结出不同规模的城市在城市体系中的功能差异，以及大城市和中小城市之间经济互动与产业结构变动的关系；（4）收集和梳理国内外对城市互动与产业结构优化升级关系的经验分析资料，分析美国、日本等发达国家城市体系形成过程中的产业结构演化轨迹，收集分析中国城市群发展和产业结构变动的资料和政策文件，深入了解目前中国新型城镇化发展和产业结构升级所面临的矛盾；（5）收集和分析一系列基础数据资料，具体包括各种统计年鉴有关中国城市规模、产业、人口、用地等方面的数据，实地调研城市的经济、人口、用地和产业结构变动的数据以及相关的制度与政策文件，近年来国务院、发改委、财政部、住房和城乡建设部等部门及相关省市已发布的涉及产业结构调整与新型城镇化的主要政策文件。

3. 模型研究与计量分析法

本书重视运用模型研究与定量分析法，这一方法主要运用于以下三个方面：（1）在垄断竞争的框架下，通过梳理经典经济学模型，从能力和动力两个角度分析不同类型城市产业结构升级的机制；（2）构建多元回归模型，实证检验新型城镇化对产业结构变动的影响，揭示新型城镇化战略影响产业结构变动的机制；（3）构建动态面板数据回归模型，对中国城市群城市互动与产业结构优化升级的关系进行计量检验。

4. 案例研究法

案例研究法包括国内和国外的案例研究。在国内，我们将选择具有代表性的环渤海、长三角和珠三角城市群作为样本，进行实地调研，开展案例研究，对三大城市群推进新型城镇化与产业结构升级的经验进行深入的分析。同时，考虑到不同国家城镇化与产业结构调整的过程与特点存在较大差异，本书以美国和日本城市群为案例，对其空间结构和产业结构转换的经验进行分析。

第一章

文献评述

第一节　产业结构演变的趋势、动力、机制与战略

一　产业结构演变的一般趋势

威廉·配第在其 1672 年出版的《政治算术》中阐述了产业结构与国民收入水平之间的联系，他注意到大部分人口从事制造业和商业的荷兰的人均收入比欧洲其他国家更高。科林·克拉克在其 1940 年出版的《经济进步的条件》一书中，根据费雪尔提出的三次产业分类法，通过对 40 多个国家历史数据的分析，得出了被人们称为"配第－克拉克"定理的结论性认识：随着人均收入水平的提高，劳动力首先从第一产业向第二产业转移，当人均收入进一步提高时，劳动力便向第三产业转移。库兹涅茨在其 1971 年出版的《各国的经济增长》中，在克拉克的基础上扩大了研究对象，改进了研究方法，从三次产业占国民收入比重和就业比重变化的角度说明上述产业结构变化的经验规律。钱纳里等人在 1986 年出版的《工业化和经济增长的比较研究》中，把库兹涅茨的研究更推进了一步，运用多国数据模拟，发现不存在一个在比重变化方面有意义的单一模式，只能把世界上的国家分成大国、侧重于初级产品出口的小国、侧重于工业品出口的小国三类，并通过回归模型测算了这三类国家产业结构与人均收入水平变动的"一般模式"，它们表现出的一般趋势大体是一致的，即不同经济

体产业结构的变动既有趋势上的共性，又有水平上的明显差异性。综合库兹涅茨和钱纳里的研究，产业结构变动的一般趋势是：在工业化的起点，第一产业的比重较高，二、三产业的比重较低；在工业化的过程中，第一产业的比重持续下降，第二产业的比重持续提高，而第三产业的比重仅有小幅度的上升，表现出相对的稳定性；在工业化的后期，第三产业的比重持续上升，第二产业的比重趋于下降。

工业内部结构的演变又包括三个方面的趋势。第一个是重工业化的趋势，即以轻工业为中心向以重工业为中心发展的趋势。Hoffmann（1931）对工业化过程中的重工业化问题进行了统计分析，根据消费资料工业净产值和资本资料工业净产值的比重（霍夫曼系数），把工业化的过程分为四个阶段。在第一阶段，消费资料工业的生产占据主要地位，资本资料工业的生产不发达，霍夫曼系数在 5 左右；在第二阶段，资本资料工业开始获得更快的增长，但消费资料工业的生产规模仍明显大于资本资料工业，此时霍夫曼系数在 2.5 左右；在第三阶段，资本资料工业达到了与消费资料工业基本相等的规模，霍夫曼系数在 1 左右；在第四阶段，资本资料工业的规模开始超过消费资料工业，霍夫曼系数降到 1 以下。第二个是高加工度化趋势，即在重工业化的过程中，工业结构又表现为以原材料工业为中心的发展转向以加工组装工业为中心的发展。这意味着在原材料工业发展到一定水平后，加工组装工业的发展要大大快于原材料工业的发展，工业增长对原材料的依赖性到了一定程度后会呈现相对下降的趋势，同时表明工业的产业链在经济进入发达阶段后会拉长，中间产品在总产出中的比重会上升，产业的附加值率不断提高（臧旭恒等，2015）。第三个是工业资源结构（劳动力、资本、技术三方面的组合关系）重心的优化变动。在工业化初期，工业资源结构倾斜于劳动力，因为这一时期在工业结构中占主导地位的轻工业需要占用和消耗大量劳动力，这时工业中的主导产业是劳动密集型产业。在工业结构趋向重工业化时，由于钢铁、石油、有色金属、煤炭及原材料工业需要投入大量的资金，因此在工业资源结构中资本因素占据突出的地位，工业中的主导产业是资本密集型产业。随着工业结构的高加工度化，技术又成为工业资源结构中的最重要因素，工业结构进一步表现出"技术密集化"趋势，这不仅表现为工业采用越来越高级的技术、工艺和实现自动化，而且表现为以技术密集为特征的高技术工业的兴起。因此，工业化从工业资源结构的变动看，可以概括为劳动密集型为主、资本密集型为主、技术密集型为主的结构深化轨迹（臧旭恒等，2015）。

二 产业结构演变的动力

产业结构变化一般趋势形成的原因有三个。第一个是恩格尔定律，恩格尔在19世纪发现，随着家庭收入的增长，人们花在食品上的开支预算会下降。由于对农产品的需求不会像对工业品和服务的需求那样增长较快，因此总产出中农业的比重会不断下降，对工业品和服务的需求先后增加，可见，产业结构变动的一般趋势归根结底是由人们需求结构的变化所决定的。第二个是技术进步所带来的劳动生产率在不断提高。随着技术的进步，农业部门的生产率提高了，这为在满足农产品需求的条件下劳动力从农业部门的流出创造了条件（波金斯等，2005）。工业部门劳动生产率的提高也为就业从工业向服务业的转移创造了条件（Baumol，1967）。在后工业化时期，第二产业比重下降、第三产业比重上升还存在分工深化和产业组织变化的原因，Rowthorn and Coutts（2004）、Debande（2006）指出，由于专业化的深化和生产片段化①的发展，原来在制造业企业内部进行的设计、产品中试及运输等活动不断被外包给制造业企业外部的专业服务企业，从而在统计上表现为制造业比重的下降和服务业比重的上升。

国际分工是不同国家产业结构变动差异性的重要因素。库兹涅茨在《各国的经济增长》中指出国际贸易和国际资本流动，由于反映了各国产品生产相对优势变动的进出口结构的变动，从而也促进了各国的产业结构的改变，而且，国际贸易对国内生产结构的影响程度与国家的规模有关。殷宁宇（2009）根据 Baldwin and Robert-Nicoud（2007）提出的分析产品内分工的 HOV 国际贸易模型，在要素禀赋所带来的比较优势的基础上，对国际贸易对产业结构所造成的影响进行了理论证明。

在我们看来，需求和产业技术进步固然是产业转型升级的根本动力，但是对于后进的发展中国家和地区而言，参与国际分工是发展中国家充分

---

① 生产片段化指产品生产的不同环节的分工从一个工厂内部的分工不断深化为不同企业之间的分工或者同一企业在不同地理空间中的分工。

利用后发优势，实现对自身生产要素的充分利用、加快资本和较高级生产要素的积累、尽快缩短与发达经济体的经济技术差距，从而实现产业转型升级的重要因素。根据现代国际贸易理论，作为国际分工基础的比较优势形成的基础，不仅包括由生产要素的相对禀赋所决定的生产要素的相对价格，而且包括本地市场的规模优势等因素。发展中国家和地区的企业不仅可以使用价格相对较低的生产要素取代价格相对较高的生产要素，而且可以充分利用本地市场的规模优势，降低产品的平均成本和价格，扩大产业的竞争优势，实现产业的转型升级。

三 产业结构升级的机制

Lewis（1954）的二元经济模型说明了从农业经济向工业经济转变的机制和过程，Ranis and Fei（1961）对其进行了扩展和完善。所谓"二元"就是传统部门（农业）和现代部门（工业），传统部门使用劳动力密集型技术，依靠家庭而不是使用雇佣劳动力进行生产，这两个方面的特征使其工资为正而边际产出为零。传统部门的边际产出为零是因为大量劳动力的存在。在耕地面积一定的条件下，随着劳动力数量的增加，由于技术水平较低、规模经济较弱，投入农业生产的劳动力在较低的水平上就会发生边际产出递减的现象，随着劳动力投入继续增加，最终劳动力的边际产出会等于零，这样，再增加劳动力，产出也不会随之增加。从边际产出为零这个意义上来说，传统部门存在剩余劳动力。实际上，即使不存在边际生产率等于零这个条件，只要传统部门的边际生产率低于其工资率，就可以把劳动力从中转移出来并提高效率，因此，当传统部门的边际生产率小于工资率时，存在隐蔽失业。为什么传统部门的工资率可以高于其边际生产率呢？这是因为家庭农场会在家庭成员之间平均分配产出，每个家庭成员获得的"工资"是家庭农场的平均产出。而现代部门使用资本密集型的技术，同时使用雇佣劳动力进行生产。在传统部门存在剩余劳动力的条件下，如果农业部门的工资不变，农业中的总工资支付就会随农业劳动力数量的减少而减少，但在农业中劳动力的边际产出为零的条件下，农业的总产出并不随劳动力数量的减少而减少，从而就会出现农业剩余，这时平均每个转移劳动力的农业剩余等于不变的农业工资。同时，在有剩余劳动力的条件下，每个从农业部门转移到工业部门的劳动力必然会要求得到至少和农业部门相同的工资，此时工业部门的劳动力供给就是在该工资水平下的一条水平线。劳动力持续从农业部门转出，随着农业劳动力数量的减少，其边际产出从零转为正值，但在一定阶段内依然是低于工资水平的，这时就进入了农业中存在隐蔽失业的阶段。在这一阶段，当劳动力从农业向工业转移时，农业的总产出就会下降，从而平均每个转移劳动力的农业剩余就会低于农业工资，这会导致食品价格上升，为了补偿这种上升，工业工资也必须上升，但即使工资上升，工人也不可能买回以前的食物消费量，因为这时平均每个转移劳动力的农业剩余已经减少了，工人会同时消费农产品和工业品。农业劳动力工资开始上升的点被 Ranis and Fei（1961）称为"第一个转折点"。如果农业劳动力继续向工业转移，农业的边际产出会持续提高，直到进入大于农业工资的阶段，这时，为了和工业竞争劳动力，农业部门的工资也会上升并趋于农业劳动力的边际产品，这时农业就进入了商业化时期，工业部门工资也进入了第二个转折点，即工资必须进一步上升以补偿由于转入工业而丧失的更高的农业收入。当工业部门劳动力的边际产出大于不变的农业部门工资时，工业部门就在经济生活中诞生并发展起来了。同时，由于雇佣的最后一个劳动力之前的劳动力的边际产出是高于工资水平的，因此工业部门可以获取利润，并将其中一部分用于再投资。工业部门的资本积累是经济增长的发动机，更多的资本会产生对劳动力的更大需求，从而引起劳动力进一步从农村流向城市。这就是刘易斯（Lewis）、拉尼斯（Ranis）和费（Fei）所论述的随着经济的发展，产业结构从以第一产业为主转变为以第二产业为主的过程和机制。在工业发展的过程中，农业方面也必须同时做出努力，以使农业的增长足以在更高水平的消费上养活农村和城市人口，并避免贸易条件转而不利于工人。在现实中，一方面，农业生产的发展和劳动生产率的提高也由于农业技术水平的不断提高而得到保障；另一方面，如前所述，由于恩格尔定律的作用，随着人们收入水平的提高，食品支出在人们总支出中所占的比例不断下降，而且随着重工业化发展过程中高加工度化的发展趋势，工业发展对源自农业的原材料需求的增速逐渐放缓，这两个方面的因素相结合，可以在很低的就业水平下保证不断增长的人口和经济对农产品的需求。

关于产业结构从以第二产业为主向以第三产业为主的转变，在需求结构随着收入水平的提高对制造品需求比重下降、对服务需求比重上升的条件下，服务业由于难以通过使用资本和技术来提高劳动生产率，因而相对于工业而言是生产率落后部门，因此，随着收入水平的提高，对服务需求的增加就必然会导致就业从工业部门向服务业部门转移，以满足人口对服务日益增长的需求。

全球价值链和全球生产网络的形成与发展也为产业结构的转型升级与不同国家和地区产业结构的演变进一步创造了条件与机会。随着经济技术的不断发展，分工日益深化，产品生产流程中不同环节或工序间的分工日益明确。一件产品的每一个生产工序都可以被视为一个附加值创造的过程，波特把这称为价值链（Porter，1985）。从地理空间来看，产品的各个价值链可以由单个企业在国内的一地完成，也可以在国内的不同地区由同一企业或者由不同企业完成，还可以在全球范围内由同一企业或者不同企业完成，在全球范围内完成即为全球价值链，而由若干条价值链相互联系构成的生产网络，便是全球生产网络。全球价值链是指为了实现商品或服务价值而连接生产、销售、回收处理等过程的全球性跨企业网络组织，涉及从原材料采集和运输、半成品和成品的生产和分销，直至最终消费和回收处理的整个过程，处于全球价值链上的企业进行着从设计、产品开发、生产制造、营销、出售、消费、售后服务、最后循环利用等各种增值活动（UNIDO，2003）。全球价值链的形成是分工进一步深化的结果，是在技术进步，特别是计算机辅助设计和计算机辅助制造技术的发展以及交通和运输技术进步的基础上，在关税和贸易总协定（GATT）和世界贸易组织（WTO）所推动的关税减让的制度条件下发展起来的（Freenstra，1998；Grossman and Rossi-Hansberg，2006；Helpman，2006；Yi，2003），是跨国公司利用不同国家的资源禀赋优势、规模经济收益、税收政策、环保政策的差异，从而降低成本、提高效率的结果。价值链大体上可以分为研发、生产和营销三个环节，在价值链中，附加值更多体现在左端的研发和右端的营销环节中，而处于中间环节的生产附加值最低，这就是宏碁集团创办人施振荣于1992年提出的微笑曲线。

Kaplinsky（2000）用经济租解释了同一价值链上各厂商收益的差别。厂商的收益来自要素收益和经济租两个部分，而经济租来自要素生产能力的差异及其稀缺性。随着全球化竞争的加剧，纯粹的要素收益下降，不同环节的进入壁垒和全球价值链的系统协调能力成为经济租产生的重要原因。生产环节的进入壁垒低，随着技术水平的提高，更多国家能够以较低的成本进入生产环节，激烈的竞争导致其经济租耗散，附加值不断降低。研发和营销环节的活动通常是技术和知识密集型的，能形成较高的进入壁垒、较长时间的知识产权保护和品牌效应，而且衍生出来的技术标准和垄断性的市场结构能够保证较长时间的利润获取。另外，随着国际分工细化，价值链变得更加复杂，价值链的全球分散所导致的协调、管理的重要性迅速上升，从而也产生了由价值链治理所带来的经济租。

Gereffi（1999a）认为按照驱动力的不同，全球价值链有两种驱动模式。一种是生产者驱动的价值链。由拥有核心技术优势的先进企业来组织商品或服务的生产、销售、外包和海外投资等产业前后向联系，最终形成全球价值链，这种模式一般出现在汽车、电子、装备制造等技术资本密集型行业中。另一种是采购者驱动的价值链。一般由拥有强大品牌优势和销售渠道的企业通过全球采购和 OEM 等生产模式组织起全球价值链，这种驱动模式一般出现在传统的产业部门，如制鞋、服装、自行车和玩具等劳动密集型传统产业，其主体包括大型零售商和著名消费品品牌。

价值链治理是通过非市场机制来协调价值链上的企业之间关系的制度机制（Humphrey and Schmitz，2002）。根据价值链中行为主体之间的关系类型，全球价值链的治理模式可以分为五种（Gereffi Humphrey and Sturgeon，2003），即市场型（market）、模块型（modular）、关系型（relational）、领导型（captive）和等级型（hierarchy）。其中，市场型和等级型处于两个极端，前者是指价值链上各个经济主体之间的联系通过市场交易进行，而等级型则是在企业内部通过纵向一体化进行。模块型是将整个系统分解成若干子系统，不同的子系统由不同的厂商来生产，厂商在按订单生产的同时，也能凭借自身的加工技术和资产专用性设备为客户提供特别的（中间）产品和服务，常见于 IT 等高技术产业的价值链。在关系型治理模式中，厂商一般通过声誉来联结和合作，表现出很强的社会同构性、空间邻近性、家族和种族等特性。领导型治理模式是指众多中小厂商主要依附于几个大型厂商的模式，由于改变这种依附关系需要付出很高的转换成本，因而中小厂商是被大型厂商所领导或俘获的，并受其控制和监督，常见于价值链中发达国家企业对发展中国家企业的领导。同一价值链中并非只有一种模式存在，尤其是当核心企业与价值链上众多企业间的关系较为复杂时，往往存在不同的治理模式。面对全球竞争，全球价值链中的治理者必须严格控制和扶持价值链上的其他企业，因为一旦价值链上的缺陷在市场上被发现，那么治理者将面临失去市场的巨大风险，为了使整个价值链具有竞争力，治理者不得不承担产业功能整合和全球不同地区诸多经济活动协调与控制的责任（Gereffi，1999b）。治理者必须系统地协调和控制价值链中各个环节的活动，需要很强的协调和控制能力，因而往往只有发达国家的先进企业才能承担。从现实来看，这种治理能力在很大程度上是从研发、设计、品牌和市场运营等竞争力中衍生出来的。对应于全球价值链的两种驱动模式，在生产者驱动的全球价值链中，治理者一般存在于生产制造领域，而在购买者驱动的全球价值链中，治理者一般会位于流通领域（刘志彪，2015）。

全球价值链和全球生产网络的形成与发展，客观上，一方面为发展中国家的工业化提供了契机，另一方面推动了发展中国家和地区的产业升级，随着经济活动日益集中于价值链中经济租较高、附加值较高的环节，经济的效率和效益也会不断提高。价值链中不同生产环节的要素投入差异较大，使得技术水平较低的国家的企业也可以凭借初级生产要素优势，较为容易地嵌入全球价值链的加工组装环节，并可以在这一过程中通过干中学，以及接受价值链上发达国家的技术溢出，迅速提高本国企业的技术水平。同时，加入全球价值链的发展中国家可以通过干中学、知识和技术的积累等途径，沿着价值链从低端环节向高端环节攀升。Humphrey and Schmitz（2001）认为，在全球价值链的背景下，产业升级一般都依循从工艺流程升级到产品升级，再到功能升级，最后到链条升级的路径。Hobday（2001）、Ernst and Kim（2001）介绍了韩国的电子产业沿着 OEM、ODM、OBM 的路径实现了产业升级，由追随者成为领导者；Gereffi（1999b）、Humphrey and Schmitz（2000）、Gerrifi and Memedovic（2003）介绍了在全球性购买者的带动下，初始位于价值链低端的生产企业可能从工艺升级、产品升级、功能升级和链条升级四个方面实现能力提升。刘志彪和张杰（2007）指出，发展中国家在参与全球价值链的同时，还可以基于国内市场需求构建国内价值链，由本土企业掌握产品价值链的核心环节，在本土市场获得品牌、营销及研发等价值链的高端竞争力，然后进入区域或全球市场的价值链分工生产体系，这对于中国这样人口众多的大国而言，更是一个重要的产业升级途径。

四 产业升级的战略

产业升级的战略或产业发展的战略，对于发展中国家而言，就是从本国的经济条件出发，充分利用产业升级的机制，实现工业化和经济发展的具体策略。对此，经济学家有关于平衡增长和非平衡增长的争论。Nurske（1953）、Rothstein-Rodan（1943）等人认为如果各国想成功地获得持续增长，就只能同时全面发展各种工业。工业的发展取决于消费者和投资者的各项需求，需求的结构决定了供给的结构，因而需要建立一系列的工业门类，以避免供给"瓶颈"的出现，这种全面发展工业的计划，被称为"大推进"或"最小临界努力"。而 Hirschman（1958）则认为没有证据证明所有的国家必须遵循既定的模式去发展，一些国家强调发展某一系列的工业，而另一些国家则会致力于发展其他不同系列的工业，各国在其发展的早期阶段，能够而且必须集中精力发展为数不多的工业部门。即使在贫穷的农业国中，某些工业产品也有自己的市场，这些国家可以通过进口替代的方式为自己的工业产品找到市场，这是后进国家在有限和有选择的基础上，而非在平衡大推进的背景下实现工业化的途径。

在我们看来，"大推进"的平衡发展战略虽然注意到了供给和需求的相互适应以及由此决定的产业结构对经济发展的重要性，但对这种匹配的认识却局限于一国的范围之内。实际上，在国际分工的条件下，一国的生产结构可以通过满足世界市场的需求来形成，从而拓展其发展的空间，而且可以充分发挥其产业的优势，所以非平衡发展战略是一种更合理而且在事实上也更为成功的发展战略。

围绕非平衡发展战略继续展开，人们认识到国际贸易是工业化进程的重要推动力量。这种国际贸易战略包括初级产品出口战略、进口替代战略和外向型贸易战略（波金斯等，2005）。20 世纪 50 年代以前，发展中国家根据比较优势进行初级产品出口并同时进口机械和资本品一直被认为是发展过程的中心，并被当作经济增长的基本引擎，美国、加拿大、澳大利亚、新西兰、丹麦等国家至少是部分地依靠其自然资源禀赋出口初级产品成为发达国家的。初级产品出口可以通过以下三个方面促进发展中国家的发展。第一，可以促使发展中经济体使用更多自身拥有或获得的生产要素，也能使这些要素的使用效率更高。第二，初级产品出口的扩张所导致的额外生产要素的积累，有助于刺激外国投资、国内储蓄、熟练劳动力的增加。第三，可以通过 Hirschman 所强调的前后向联系为国内的其他产业创造市场。但是，由于工业国增长步伐的趋缓、人们对初级产品的需求随收入的提高而下降、节约原料的技术发明等因素的影响，自 20 世纪 50 年代以来，除了石油以外，依靠初级产品出口并不能有效地促进工业化。

进口替代是自英国在 18 世纪工业革命中成为第一个工业强国以来的近两个世纪中，大多数国家实现工业化的主要途径，如美国、德国都采取了通过保护性关税来促进国内有关制造业发展的进口替代政策。在发展中世界中，当初级产品出口市场在 20 世纪 30 年代大萧条以及后来的二战期间由于商业运输中断而严重萎缩时，拉丁美洲国家首先探索了进口替代战略，通过设置进口壁垒限制美国和欧洲进口品与其产品的竞争，保护其在二战中刚诞生的幼稚工业。但是，即便在初期能够实现工业增长，这种战略在后期也会陷入困境。新工业占领国内市场，其增长便受制于经济的平均增长水平。在生产尚未达到规模经济的时候，企业经常会达到市场边界，从而仍然不能与进口产品竞争。减少了与世界其他国家的商业联系，进口替代国接触新技术和新思想的机会也因此被限制。同时，由于该战略阻碍了出口，同时资本品的进口难以被取代，外汇收入增加缓慢，许多遵循进口替代战略的国家最终会遇到国际收支问题，贸易赤字不断增加。进口替代能在国内市场巨大的国家取得有限的成功，但它在中小规模的经济体中通常是失败的。在我们看来，一方面，发展中国家人均收入水平低下，即使人口规模较大，用购买力来衡量的市场规模也往往较为狭小。另一方面，在工业化初期，产业技术水平整体不高，后进国家与先进国家的产业技术差距也较小，后进国家通过进口替代战略实现产业技术赶超的可能性较大，而在工业化中后期，产业技术整体水平较高，发展中国家和发达国家的产业技术差距较大，发展中国家难以通过进口替代战略实现产业技术的赶超，产业缺乏竞争力，因而难以成功。

外向型贸易（制成品出口导向）战略将注意力从面向国内市场的进口替代转向面对国外市场，为出口而生产。在这一战略下，关税、配额和其他贸易壁垒被减少或消除，因此国内价格与国际价格向一致的方向移动。另外，为促进进口，政府通常还设立一系列制度，如免税体系、出口加工区以及保税仓库等。典型的模式是：在早期阶段，劳动力丰富、资本短缺的发展中国家在纺织品、服装、鞋、玩具和家具等劳动力密集型产品或者复杂产品的劳动力密集环节（加工组装）上具有国际竞争力，随着资本和人力资本的积累，通过技术引进，这些经济体就可以过渡到资本密集型和技术密集型产品的生产上，并且沿着技术阶梯向上移动。20世纪60年代末70年代初，日本和亚洲"四小龙"通过外向型贸易战略取得了工业化和经济发展的巨大成功。80年代，债务危机和许多实行进口替代战略国家缓慢的经济增长，进一步强化了对出口导向战略的支持。90年代，这一战略的优势已经得到了广泛的共识。这一战略的优势是：在存在出口市场的条件下，劳动力、资本甚至土地都能在不发生收益递减的条件下，从生产率较低的用途向较高的用途转移；可以为原材料和资本品的进口提供必需的外汇；制成品出口的快速增长要求与提供中间投入品、技术、资本品和出口市场的跨国公司之间保持密切的联系，而这些联系为这些企业提供了一种学习新技术的强有力手段，从而提供了一个使发展中国家可以获得新技术和新思路的渠道。日本经济学家赤松要在20世纪30年代提出的发展的雁阵模式是这一战略的最初思路雏形。

就一个国家有竞争力的产业的决定因素而言，波特（2002）认为包括四个方面。（1）生产要素：一个国家在特定产业竞争中有关生产方面的表现，如人工素质或基础设施。（2）需求条件：本国市场对该项产业所提供产品或服务的需求。（3）相关产业和支持产业的表现：这些产业的相关产业和上游产业的国际竞争力。（4）企业的战略、结构和竞争对手：企业在一个国家的基础、组织和管理形态，以及国内市场竞争对手的表现。

林毅夫（2011）认为经济学的主流范式忽视了经济增长中的产业结构升级这一重要特征，而二战后发展起来的发展经济学，从 Rothstein-Rodan（1943）开始，出现的"大推进""平衡增长""非平衡增长"等强调结构转变重要性的一系列思想和实践，把结构的差异看作市场失灵的结果，主张通过政府干预，通过进口替代优先发展现代先进产业促进结构转变。在他看来，在这些结构主义思想指导下所取得的经济发展绩效不良的原因，是这些经济体所致力于发展的产业结构是逆比较优势，并且为了使这些产业能够具有获利能力还采取了扭曲要素的相对价格和国有化等强烈的政府干预措施。由此，他提出了以新古典的分析方法研究经济发展过程中的结构及其动态变化的"新结构经济学"的基本框架。第一，一个经济体的禀赋与结构（自然资源、劳动力、人力资本和物质资本的相对丰裕程度）在每个特定的发展水平上是给定的，并随发展水平的变化而变化，因而经济体的最优产业结构也会随发展水平变化而变化。符合要素禀赋结构特性的产业结构，就是最优的产业结构。如果违背了要素禀赋结构的特征，就背离了最优产业结构①。不同的产业结构会有不同的最优企业规模、生产规模、市场范围、交易复杂程度以及不同的风险种类。因此，每个特定的产业结构都需要与之相适应的包括能源、交通和信息系统等"硬性"基础设置和金融体系、管制、教育体系、司法体系、社会网络、价值体系等"软性"基础设置来降低运行和交易费用。第二，经济发展水平并不是只有"穷"与"富"或"发展中"与"发达"两种离散的情形，而是一条从低收入农业经济到高收入工业化经济的连续频谱。给定产业结构的内生性，处于任何一个发展水平的发展中经济体的产业和基础设置升级的目标并不必然是比自己所处水平更高的发达经济体的产业和基础设置状况。第三，在每个给定的发展阶段，市场是配置资源最有效率的根本机制。作为一个连续变化过程，经济发展水平的变化要求产业多样化、产业升级和基础设置的相应改进。产业多样化和产业升级的本质是一个创新过程，在这个过程中，一些先驱企业会为经济中的其他企业创造公共知识，任何一个企业对这些公共知识的消费都不会影响其他企业对它们的消费，而且没有任何一家企业能够对这些公共知识做到完全排他性的占有。并且，个体企业在做投资决策时无法完全内化对基础设置的改进，而基础设置的改进却对其他企业产生大量的外部性。因此，在市场机制之外，政府还必须在发展过程中发挥积极而重要的协调或提供基础设置改进以及补偿外部性的作用，以促进产业的多样化和升级。新结构经济学是在林毅夫（2002，2003）提出的比较优势发展战略的基础上扩展而来的，他认为一国的制度结构是内生于发展战略的。要使整个社会能够对比较优势做出正确的反应，需要一个能够反映生产要素相对稀缺程度的要素价格结构，而只有通过市场竞争才能达到要素相对稀缺性在要素价格上的准确反映，因此要发挥经济的比较优势，需要包括金融市场、劳动力市场和产品市场在内的竞争性市场体系。在技术变迁中，发展中国家具有"后发优势"，这是因为，与发达国家

---

① 林毅夫：《解读中国经济》，北京大学出版社，2014，第115页。

相比，发展中国家无论在传统产业还是在现代产业都与之有明显技术差距，这为发展中国家通过从发达国家引进技术来获取技术创造了条件。由于引进技术成本低、风险小，因而能使发展中国家技术创新的速度可以比发达国家快得多。对于产业政策的功能，林毅夫认为可以发挥作用的领域有：第一，政府可以搜集具有公共产品性质的关于新产业、市场和技术方面的信息，然后以产业政策的形式免费提供给所有的企业；第二，经济中的技术和产业升级常常要求不同企业和部门能够协同配合，政府可以使用产业政策协调不同产业和部门的企业，帮助实现产业和技术的升级；第三，产业和技术升级作为一种创新活动，是有风险的，第一个响应政府产业政策的企业的实践对其他企业具有外部性，而且可能的失败成本与成功收益之间是不对称的，为了补偿外部性和可能的成本与收益之间的不对称性，政府可以向首先响应政府产业政策的企业提供税收激励或货款担保等形式的补贴。关于比较优势战略和出口导向战略的关系，林毅夫认为一个国家的外贸结构是取决于其产业结构的，如果有最优的产业结构，就会有最优的出口程度和进口程度。

我们认为，新结构经济学或比较优势战略将严重违背本国要素禀赋看作实行计划经济和进口替代战略的发展中经济体经济低效的原因，这一认识是很有启发性及说服力的。把结构问题重新引入发展的分析中、由要素禀赋所代表的一国基本经济条件与最优产业结构的关系、最优产业结构与制度（"软性"基础设置）变迁之间的关系、经济发展和经济结构变化的连续性及其内在一致性、市场和政府在发展过程中的作用和分工，这些都是很有建设性的思考，是有创造性的理论探讨。但是在以下几个方面尚可以做进一步的完善。

首先，决定一个经济体产业结构的经济条件可能不仅仅包括其要素禀赋。比较优势战略的理论基础是国际贸易理论中的比较优势理论，比较优势是指：如果一个国家在本国生产一种产品的机会成本低于其他国家生产该种产品的机会成本的话，则这个国家在生产该种产品上就拥有比较优势[①]。虽然俄克歇尔和俄林分析了不同生产要素在不同国家的资源中所占的比例（要素禀赋）和它们在不同产品的生产投入中所占比例与比较优势

---

① 〔美〕保罗·R. 克鲁格曼、〔美〕茅瑞斯·奥伯斯法尔德：《国际经济学》（上），海闻等译，中国人民大学出版社，2006，第 12 页。

的关系，但是，比较优势的来源决不仅限于要素禀赋。李嘉图所分析的情形是：如果劳动是唯一的生产要素，那么产生比较优势的唯一原因就是各国之间劳动生产率的不同。更重要的，正如克鲁格曼所强调的那样，在垄断竞争的市场条件下，不仅内部规模经济可以成为比较优势的来源和产业内贸易的基础，而且在存在外部经济的条件下，大规模从事某一行业产品生产的国家往往具有较低的生产成本，这一情况有助于形成一个循环，即能够廉价生产某种产品的国家一般会大量生产该种产品，而无论这些国家原来的资源如何，强烈的外部经济都会巩固现有的贸易模式（Helpman and Krugman，1985）。这也是战略性贸易政策的理论基础，虽然可以认为战略性贸易政策主要被用于讨论同等发达程度的发达国家之间的贸易政策和贸易关系（林毅夫，2003），但无论如何，由不完全竞争和规模经济所造成的比较优势是任何发展水平的经济体都可以利用的，而且德国、美国在工业化初期进口替代战略的成功实施也为此提供了实践的依据。此外，Nunn（2007）、Levchenco（2007）、Costinot（2009）等从不完全契约理论或者交易费用理论出发，把不同商品的生产过程中所需签订契约的不完全程度或者交易费用和一国以契约执行质量来衡量的制度水平对应起来，发现高制度水平的国家在契约更为密集或者交易费用更高的商品生产上具有比较优势，低制度水平的国家则在契约密集程度低或者交易费用较低的商品生产上具有比较优势。这说明，"软性"基础设置也是可以成为比较优势来源的一国基本经济条件。可见，一个经济体最优的产业结构并不是由要素禀赋这一单一的因素所决定的，而是正如波特所分析的那样，除了生产要素外，还包括需求条件、相关产业、市场结构这些经济因素，而且受到企业家在企业战略制定方面的主观能动性和偶然性因素的影响。

就中国的发展实践而言，在改革开放的初期，充分利用丰富的劳动力和土地资源，将丰裕的要素禀赋转化为产品的价格优势，并且通过鼓励"三来一补"，积极吸引外商投资，鼓励民营企业发展，在这一过程中引进和消化吸收国外产业技术，这和新结构经济学的框架是基本一致的。1980年，中国 GDP 仅占世界 GDP 的 1.71%，人均 GDP 仅有世界平均水平的 7.74%，但到 2015 年，这两个指标已经分别达到了 14.81% 和 79.92%。①

---

① 作者根据世界银行 WDI 数据库有关数据计算。

中国的工业化与城镇化水平已经取得了长足的发展，成了全球第二大经济体，中国已经形成了一个巨大的市场，在原有的土地和劳动力价格优势渐渐弱化的条件下，这一巨大的市场规模本身则成了其比较优势的来源和产业竞争优势的重要成因之一，最优的产业结构及产业转型升级的基础不再仅仅是已动态变化了的要素禀赋。

其次，在这一分析框架中，完全竞争市场的存在是一个先决条件，其作用在于显示生产要素的相对稀缺性，从而为企业利用由要素禀赋的相对丰裕度所形成的比较优势创造条件。但是，这里存在三个问题。第一，一个完善的市场本身就是一个"软性"基础设置，但对于一个发展中经济体而言，在其经济发展的起点这一"软性"基础设置是不存在或者不完善的，甚至在发展到一定水平时依然是不完善的，那么，这一发展过程是如何启动的呢？林毅夫（2011）虽然指出了从扭曲的发展模式向"无扭曲的最优状态"的转型应采取务实、渐进的路径，但这一路径是指在资源配置方式转轨的条件下产业结构的渐进转轨，还是资源配置方式的渐进转轨呢？在这些方面，这一框架还是模糊的。第二，这个分析框架认为禀赋结构决定了产业结构，产业结构决定了基础设置，然而又认为"完善的市场"这一基础设置是内生于发展战略的。可见，其对"完善的市场"这一基础设置的决定因素的解释并不清晰。第三，政府是否能够通过产业政策来获得良好的经济绩效也缺乏理论和实践的证据。把新结构经济学的各个组成部分作为一个有机整体来看，按照新结构经济学的框架，政府产业政策的作用似乎是引导企业特别是先驱企业去发现和从事最符合其要素比较优势的生产经营活动，如果市场是有效的，能够充反映生产要素的相对稀缺性，那么企业便有充分条件通过生产要素使用量及生产技术的调整去适应生产要素的相对稀缺性。Powell（2005）指出，政府无法代替市场来"正确"选择应该或者不应该发展的产业或者技术，因为与企业技术选择相关的知识具有分散性、私人性、默示性，"正确"选择所需要的知识只有在市场的竞争过程中才能产生和获得，政策制定部门无法利用这些知识进行有意义的统计并据此进行正确的经济计算和预测。江飞涛、李晓萍（2010）认为政府不可能具有比企业家更为敏锐的发现市场中潜在知识的能力，也不可能比经济个体更能对市场做出灵活反应；政府不可能在产品、生产设备、工艺、技术和产量等方面的选择上比市场更有效率。Heo and Kim（2000）承认东亚政府通过发展人力资源、推动开放和支持出口促进了经济发展，但是他们进一步指出政府通过实施产业政策以试图扶持被挑选的特定产业，不仅没有成功而且毫无价值，其实证研究表明日本、韩国等被扶持产业的全要素生产率（TFP），与政府干预之前的情况相比，并没有明显变化。总之，对于产业政策的有效性，无论从理论分析还是从实证检验来看，都尚无定论。

五　小结

基于前文关于产业结构演变的过程、动力、机制、产业发展战略的文献综述，我们认为，产业转型升级，作为一个发展中经济体所面对的持续性问题，在其整个进程中，需要在以下几个方面有清晰的认识。

第一，发展中国家利用国际分工促进产业转型升级在工业化过程的不同阶段有不同的切入点而且有多种动力机制可以利用。世界整体工业化的过程具有不同的阶段，在不同的阶段，通过国际贸易利用国际市场以获得发展机会的切入点是不同的，并不存在可以套用的一般模式。工业化早期阶段以轻工业为主，对自然资源和以农业部门所提供的原材料依赖性较强，主要依靠劳动力投入增加来实现增长。随后的发展阶段则以重工业、深加工工业、资本技术密集型工业为主。在交通、通信技术不断发展的条件下，产品生产的各个环节在空间上已实现可分离的状态，在此基础上，工业化过程进入了全球价值链分工的发展阶段。上述三个发展阶段对一个后进国家所提供的经济发展和产业升级的机会是不同的。在工业化的早期阶段，后进国家或许可以通过发展商品农业及通过"保护幼稚工业"的进口替代战略，利用国内市场的需求来保障缺乏国际竞争力的先进工业的发展，实现产业升级、带动经济发展，如美国、德国、加拿大、澳大利亚、新西兰、丹麦等国家的实践经验。在工业化的中后期阶段，工业发展的深加工化使得对原材料的需求增长缓慢甚至停滞和下降，原料材料的价格和国际贸易条件不断下降。而先进工业由于其发展所积累的知识含量越来越高，从而进入的技术壁垒也越来越高。在这样的条件下，通过进口替代来发展先进工业就会难以生产出有国际竞争力的产品，经济整体创造外汇的能力低下，同时，虽然国内产业的发展取得了一定成就，但是对重要设备及中间产品的大量进口却造成了巨大的贸易赤字，最终出现由于国际支付困难所导致的危机，如巴西、印度、墨西哥等国家的实践经历。而利用全球价值链分工所提供的契机，20世纪60年代以来，先是日本，随后是亚洲"四小龙"，从劳动密集型产品或者资本技术密集型产品的组装等劳动密集型生产环节开始，通过外向型贸易战略，启动了工业化的进程，并渐次实现了产业的转型升级。中国大陆在改革开放后借鉴"四小龙"的经验，积极吸引外资与合资企业，鼓励企业出口，通过发展"三来一补"与加工贸易，开启了三十余年经济高速增长的历程。

产业转型升级的动力机制包括多个，除了生产要素价格的动态变化外，还包括本地市场的规模经济、下游产业或者产业环节对上游产业或者产业环节的需求、相关产业的基础等。其一，在全球化的发展背景下，生产要素禀赋的相对密集程度及其随经济发展程度提高的变化固然是产业转型升级的一个重要动力。特别是在经济发展的初期，在市场竞争下，企业密集使用其所在的经济体中具有禀赋优势因而相对价格较低的生产要素，从而使其生产的产品具有价格优势及较强的获利能力，但是生产要素相对禀赋的动态变化并不是产业转型升级的唯一动力。其二，规模经济造成的外部性以及产业发展与集聚过程中的"干中学"效应也会带来生产效率的提高。产业的集聚发展本身就会提高其产业的国际竞争力，特别是对于人口众多的经济体而言，要素禀赋的优势与规模经济以及"干中学"效应相互作用，会加快和促进该经济体具有要素禀赋优势的产业的进一步集聚与发展。其三，在劳动密集型下游产业或者产业环节集聚发展的过程中，对上游产业或上游中间产品会形成巨大的市场需求，而这些产业或者产业环节被发达国家和地区所垄断，具有高额的利润。在下游产业或产业环节市场竞争日益加剧、盈利空间越来越小的条件下，这就为发展中国家和地区的企业跨越自身生产要素禀赋的相对密集度，加大对资本和技术的投入，突破技术瓶颈，发展资本与技术密集度更高的中上游产业或者产业环节提供了契机，从而在市场机制的推动下实现产业的转型升级。也就是说，波特所讲的需求条件并不是仅指该经济体对最终产品的独特偏好，而是包括了下游产业或产业环节对上游产业和产业环节的需求。从现实来看，中国在电子信息制造业发展中形成了终端产品的世界级产业集群，在终端产品的巨大需求下，中上游中间产品也取得了很大发展，甚至在芯片产业也取得了突破。其四，波特所讲的相关产业和支持产业的表现也是产业竞争力形成和转型升级的重要因素，其实这和空间经济学所强调的中间产品市场对产业集聚形成的重要性是一致的。比如，除国内基础设施建设和城市建设所带来的巨大市场需求外，规模巨大的钢铁冶炼业等相关产业的产业基础也是中国建筑机械制造业快速发展的一个重要因素。

第二，产业转型升级的主体不仅包括本土企业、政府，而且包括跨国公司和行业协会。最为根本的主体是企业，在市场竞争的条件下，企业出于对新的利润空间的追求，最具有转型升级的意愿，并为此而积累能力。另一个重要主体是政府，包括中央政府和地方政府，在促进经济增长、稳定就业、增加财政收入、提高公共服务水平、实现特定的国家目标等动机的驱使下，具有推动产业转型升级的动力。虽然跨国公司努力通过对技术和商标等知识产权的保护来维护其在产业链关键环节的垄断或寡占地位，以便获得高额利润，但从客观上来讲，跨国公司所组织和治理的全球价值链对其投资的东道国的产业转型升级有以下促进作用。（1）为后进国家发挥比较优势、启动产业发展提供了更多机会。（2）为后进国家的企业沿价值链进行转型升级指明了方向。（3）为后进国家企业沿价值链进行转型升级提供了在产品和技术上进行模仿的对象。（4）对所投资的东道国的本土企业具有技术溢出效应。（5）通过对更高级生产环节的投资，直接导致了东道国的产业转型升级。就整个经济或产业而言，市场并非协调企业之间关系的唯一组织形式，企业之间还具有模块型、关系型、领导型和等级型等关系，在模块型、关系型等关系中，行业协会发挥着重要功能。一方面，其推进了行业协调与治理。比如，制定行业政策与行业标准、负责贸易保护、开展市场损害调查、协调贸易纠纷、规范行业内部的竞争行为、规划行业发展、促进产学研合作、协调产业链上的企业利益、维护行业内企业权益、协助技术扩散与新产品新技术的开发与应用等。另一方面，为企业提供了技术开发、经营管理、投资决策、招商引资、技术培训、法律服务、专利申报等方面的服务。行业协会这两方面的功能在产业的转型升级中也发挥着重要作用。但是，在获取利润和发展地方经济的动机驱使下，转型升级的最为直接的主体分别是企业和政府。

作为一个生产要素重新组合的过程，转型升级应充分发挥生产要素市场的功能，但对于后进国家而言，市场，特别是生产要素市场的完善是一个渐进的过程，因此转型升级的过程是一个不同主体所担任的角色在不断转变和完善的过程。作为企业，应根据市场环境及自身能力制定合理的企业发展战略，处理好近期盈利与长远发展的关系。政府在产业发展早期，在选择主导产业、促进产业集聚方面发挥着主导作用，为弥补生产要素市场发育不足的缺陷，往往会直接干预市场，表现出公司化的行为倾向。但随着经济的发展和生产要素交易规模的扩大，应把职能转向合适的制度基础的供给上。改善和扩展市场的运行，引导民间部门组织趋向完善，解决市场失灵的问题，发展教育和基础设施，引导产业集聚。以企业为产业转型升级的主体，以政府的产业发展服务措施为促进条件，充分利用在相应工业化发展阶段所提供的产业发展和转型升级机会，综合发挥产业转型升级的多种动力机制，最大限度利用跨国公司对转型升级所带来的促进作用。

第三，产业转型升级是一个与城市间的分工互动和经济的集聚与扩散有关的经济地理问题。如前文综述，已有关于产业转型升级的认识基本是围绕产业结构演变的一般趋势、动力、机制及如何实现产业转型升级的讨论展开的，在本质上体现了把一个经济体在空间上仅理解为一个点、忽略其内部空间结构的传统。如藤田昌久和蒂斯所说，"把空间作为一个重要主题来研究的经济学教科书是很罕见的——即使空间在教科书里被提到过。克鲁格曼认为这可能是因为经济学家未能开发出同时包含报酬递增和不完全竞争两者的模型，而它们正是将空间经济模型化的两个不可或缺的基本因素"[①]。

然而，产业转型升级不仅是一个资本与劳动力的利用和技术进步的过程，同时还表现为城镇化深化发展的过程。产业转型升级在本质上是一个工业化深入发展的过程，而工业化的深入发展在经济地理空间上则表现为一个城镇化发展、城市体系形成、城市分工和互动日益明显的过程，尤其是在伴随地区间运输成本不断下降、通信技术日益发达、城市和地区间产业分工及同一产品价值链不同环节分工日益深化的经济技术条件下，促进产业的转型升级内在地包含促进城市体系健康发展、城市分工和互动不断深化的方面。接下来，我们将在对有关城镇化动因、城市间分工、经济的

① 〔日〕藤田昌久、〔比〕雅克－弗朗斯瓦·蒂斯：《集聚经济学——城市、产业区位与全球化》，石敏俊等译，格致出版社，2016，第11～12页。

集聚与扩散等领域的文献进行梳理的基础上，讨论产业转型升级与城市的分工互动的关系与机制。

第二节　城镇化的动因、城市间的分工、经济的集聚和扩散

一　城镇化的动因

现实的世界不是完全竞争和规模收益不变的世界，而是不完全竞争和存在规模经济的世界。斯塔雷特使用一般均衡模型证明了空间不可能定理：对于一个具有有限个区位的经济，如果空间是同质的，当存在运输成本且偏好局部非饱和时，不存在包含区位间商品运输的竞争均衡①，也就是说，在存在不完全竞争和规模经济的世界中，如果商品的流动存在成本（运输成本），经济就会集聚。城市是这一现实经济运行的必然结果，可以认为，在不完全竞争的现实世界中，城市是经济主体利用规模经济以提高经济效益的一种经济地理形式。这种规模经济包括内部规模经济和外部规模经济，Duranton and Puga（2004）在 Marshall（1890）的基础上，把城市规模经济的成因归纳为共享、匹配和学习三种。

（一）共享

共享指对"大的不可分性"（large indivisibility）的共享，这种"大的不可分性"包括多种类型。

第一是对不可分商品和设施的共享。首先是对不可分基础设施的共享，不可分的基础设施的建设需要投入高额的固定成本，建设完成后还需要以不变的边际成本向使用者提供该设施的服务。城市的规模越大，使用者获得不可分基础设施服务的平均成本就越低（Buchannan，1965）。其次是对生产活动中大的不可分性的共享，即工厂城。生产中具有高额的固定成本，从而具有很大的内部规模经济，城市可以在这一巨型工厂的基础上建立（Henderson and Abdel-Rahman，1991），当然，从现实情况来看，这

---

① 转引自皮埃尔–菲利普·库姆斯、蒂里·迈耶、雅克–弗朗斯瓦·蒂斯《经济地理学——区域和国家一体化》，安虎森等译，中国人民大学出版社，2011，第 33 页。

只是少数城市形成的机制。最后是对大的市场的共享（Wang，1990）。但对不可分商品和设施的共享仅仅是指其内部规模经济对城市形成所产生的作用，对于城市的形成而言，独立于企业自身的城市层次的外部规模经济应该是更为重要的机制。

第二是对来自中间产品多样化收益的共享。在 Abdel-Rahman and Fujita（1990）的城市分析框架中，即使最终产品部门是完全竞争的，如果在中间产品的生产中存在规模收益递增，由于对多样化中间产品的使用会带来最终产品成本的下降，故对多样化中间产品供应的共享而产生的最终商品生产企业的集聚会导致城市的出现。

第三是对个人专业化收益的共享。基于亚当·斯密关于分工和专业化会带来工人生产率提高的认识，在 Duranton（1998）的城市分析框架中，随着城市中工人总数的增长，工人间的劳动分工不断细化，生产效率不断提高，因而对个人专业化收益的共享也成为城市形成的动因之一。

第四是对劳动力市场的共享。Krugman（1991a）分析了在生产具有规模经济的条件下，如果企业对劳动力的需求具有不确定性，那么当同一产业的企业聚集在一起共享聚集在同一城市的劳动力形成的劳动力市场时，对企业而言能够增加利润，对工人而言会降低失业率并减少工资的波动。

（二）匹配

匹配是指工人所拥有的劳动技能与企业所需要的技能相适应。当企业雇用的工人不能恰好符合企业的需求时，就会出现一个匹配不当的成本。Helsley and Strange（1990）指出，匹配主体数量的增加提高了匹配的期望质量；Duranton and Puga（2004）指出，如果考虑到劳动力市场的竞争，匹配主体数量的增加还会导致聚集经济的第二个来源，即随着劳动力市场竞争的加剧，企业数目增加的比例小于劳动力增长的比例，因而每个企业会雇用更多工人，在存在固定生产成本的情况下，这将增加每个工人的产出或节约每单位产品的固定成本。

（三）学习

学习包括了学校教育、培训和研究活动。学习的一个基本特征是，它在很多情况下并不是个人行为，而是涉及和其他人的相互关系，这些相互关系很多具有"面对面"的特征，城市把大量人口集中到一起，有利于学习的进行。Jacobs（1969）指出城市的多样化环境为创新活动中必不可少的试验和搜寻活动提供了便利，从而有利于知识的产生；Jvanovic and Nyarko（1995）、Glaeser（1999）指出与具有较高技能或知识的人接近有助于技能的获得以及知识的交换和扩散，劳动者在年轻时选择在城市居住能够获得更好的学习机会。城市的地理接近性在企业间的信息传播方面也发挥着重要作用。Banerejee（1992）提出企业决策具有从众的性质，企业的投资决策不仅根据自身接收到的信号来进行，而且会根据先行企业的行为来做出；Chamley and Gale（1994）指出战略时滞的存在：当决策时机的选择是内生的，当某个企业第一个做出决策时，其他企业可以通过学习而获得收益。Fujita and Ogawa（1982）的分析表明，如果生产的外部性是随着距离的增加而衰减的，生产会表现出城市层次的规模报酬递增。城市还能够促进知识的累积，Romer（1986）指出由于人力资本的累积具有外部性，虽然单个工人面临人力资本累积的边际收益递减，但城市作为一个整体，则可以保持人力资本累积的边际收益不变，因而，人力资本累积的外部性一方面成为增长的引擎，另一方面也成为人口和经济活动聚集于城市的驱动力量。

（四）消费者对多样化的需求

Duranton and Puga（2004）虽然把城市聚集经济的成因归纳为共享、匹配和学习，但仅是从供给的角度对城市聚集的动因进行了总结。黑格指出，城市为人们提供了多样化的商品，这是人们居住在城市中的动因。斯塔尔也认为"在一个大城市，个人花费一定数量的收入，获得的效用高于在小城镇……即使在大城市同种商品的价格高于小城镇"①。消费者对多样化的偏好与企业生产中规模经济的相互作用成为新经济地理学分析框架中经济聚集的来源。这一点我们在后文迪克西特-斯蒂格利茨模型和线性需求函数中详细说明。

---

① 转引自吉安马可·奥塔维亚诺、雅克-弗朗索瓦·蒂斯《聚集和经济地理》，载约翰·弗农·享德森、雅克-弗朗索瓦·蒂斯主编《区域和城市经济学手册》第 4 卷，郝寿义等译，经济科学出版社，2012，第 475 页。

二 城市间的分工

(一) 城市间的专业化与多样化分工

Abdel-Rahman and Fujita (1993) 通过一个一般均衡模型分析了城市体系中城市的专业化与多样化。在他们的分析框架中，经济是由一个包括多个城市的城市体系构成的，城市是由城市开发者（开发商或城市政府）建造的，这个经济生产两种商品 X 和 Z，这两种商品在城市间可以零成本自由贸易。城市开发者可以选择生产两种商品中的一种或者全部，每个城市开发者通过选择商品以及人口的数量来最大化它的净利润，由于城市开发者在产品市场中是完全竞争者，当市场均衡时，其利润为零。生产在城市的 CBD 进行，工人从其居住地到 CBD 工作需要通勤时间，通勤时间减少了其可以用于劳动的时间。商品的生产仅需要劳动力，包括固定的劳动力需求和可变的劳动力需求，为简化分析，设定两种商品的生产所需要的可变成本是相等的，由于固定生产成本的存在，每种商品的生产都具有产业内的规模经济。专业化生产（城市只生产一种商品）和多样化生产（城市同时生产两种商品）所需要的可变劳动力的数量是相同的，因此，在多样化生产中，由于对固定成本的节约，故存在范围经济。在这样一个分析框架下，他们证明了：规模经济（向心力）相对于通勤成本（离心力）较低时，如果两种商品多样化生产的最大人均产出水平相对于专业化生产的最大人均产出水平都较低，就仅有分别生产这两种产品的专业化城市存在；如果两种商品多样化生产的最大人均产出水平和每种商品专业化生产的最大人均产出水平的比例相对于消费者对相应商品的支出比例较高，就仅有同时生产两种商品的多样化城市存在；如果两种商品多样化生产的最大人均产出水平相对于某种商品（如 X）专业化生产的最大人均产出水平较高，而多样化生产的最大人均产出水平和另一种商品（如 Z）专业化生产的最大人均产出水平的比例相对于消费者对 Z 商品的支出比例较低，城市体系中就会有同时生产两种商品的多样化城市及生产 X 商品的专业化城市存在，反之，就会有多样化城市及生产 Z 商品的专业化城市存在，就城市规模而言，多样化城市总是大于专业化城市。总之，这表明，Abdel-Rahman and Fujita (1993) 说明了城市间专业化分工与多样化分工的产生条件，城市间的专业化与多样化分工一方面和范围经济与规模经济的相对大小、消费者对不同商品的需求有关，另一方面和城市成本有关。

（二）大城市与小城市在管理与制造之间的分工

Duranton and Puga（2005）分析了大城市和小城市在总部及商务服务和加工制造之间的功能分工的事实及机制。他们指出城市的部门专业化水平呈下降趋势，而功能专业化水平呈上升趋势。从1977年至1997年的20年间，不同规模城市用基尼系数来衡量的制造业平均部门专业化水平从0.430降至0.392。1950年用行政和经理人员占生产工人的比率来衡量的功能专业化水平在不同城市中差别不大，到1980年城市间的差异明显上升了，更大的城市更加专注于管理功能，而较小的城市更加专注于生产功能，到1990年这一趋势更加明显，9个最大城市的行政和经理人员占生产工人的比例比全国平均水平高39个百分点，而非城市地区（人口在67000至75000之间）和人口低于25万的城市地区却分别比全国平均水平低49.5个百分点和20.7个百分点。Duranton and Puga认为这种转变和企业组织的变化紧密地联系在一起，这种变化主要表现在企业管理部门和生产部门不断上升的分离趋势。他们构建了一个多部门模型来分析这种联系。企业可以通过把生产部门和总部放在一个地区即通过一体化来节省管理成本并获益。然而，依靠城市结构，他们也能够从总部和生产部门位于不同地区的跨地区企业中获益，这是因为，拥有更丰富商业服务供给的城市在总部服务的运营方面成本更为低廉，相似地，在有更多同一产业生产部门集聚的地区，对中间投入品的共享则节省了生产的成本。同时，更大的城市更加拥挤，从而有更高的生活成本。工人们可以在城市和产业间流动。当与异地的总部管理生产相联系的成本高昂的时候，企业是一体化的，给定分享中间投入品的收益和城市拥挤成本，企业总部和生产工厂会集中在一个部门专业化的城市。但是，当与异地的总部管理生产相联系的成本降低到一定水平时，企业的组织和城市的结构都经历了深刻的变化，以前总部和生产部门一体化的企业变成了多单位的组织，在区位选择中，他们此时把总部和生产工厂分开设立，企业会把总部设立在商务服务雇员丰富的城市，把生产工厂设立在最终产品的制造中同一产品部门专业化程度更高的城市中。由于大量的企业做出了相似的组织和区位的选择，这又反过来影响了城市的雇用人员的结构，而这又使企业组织形式的变更更加值得。这导致了城市专业化方向的转变：从部门专业化转变为功能专业化。作为企业和部门间分享商务服务供应者的收益的结果，不同企业和部门的总部和商务服务聚集在少数大城市中；制造工厂由于不能支付足够的工资来弥补高昂的拥挤成本，从而转移并集聚在较小的各个城市中。

总之，Duranton and Puga（2005）分析：由于大城市商务服务集中，在提供总部服务方面更具有成本优势；小城市由于部门专业化的中间投入品生产集中，在最终产品的制造方面更有成本优势；随着通信技术进步所带来的异地管理成本的下降，企业的管理部门和生产部门会在空间中发生分离，其中管理功能聚集于大城市、制造功能聚集于小城市，从而形成大城市和小城市在总部管理与生产制造之间的分工。

（三）大城市与小城市在创新和制造方面的分工

一系列实证文献表明多样化的城市环境有利于创新（Harriso et al.，1996；Kelley and Helper，1999；Feldman and Audretsch，1999）。Duranton and Puga（2001）分析了其微观基础。他们认为，大城市的多样化环境在便利搜寻和实施创新方面所扮演的角色与小城市在专业化生产环境中大规模生产方面所扮演的角色相结合，促使在产品的生命周期中，生产从多样化城市向专业化城市转移，从而使产业多样化的大城市扮演了新企业新产品创新"苗圃"的功能。他们的分析建立在两个基本认识的基础上：首先，当更多本地企业使用相同类型的流程时，由于它们可以分享中间投入品，其成本是递减的；其次，城市的拥挤在城市规模上施加了限制。他们把流程创新和这两个基本认识相结合，形成了一个分析框架。假设一个新的企业需要经过试验来实现其最大的潜能：企业家有一个方案，但不知道产品零部件、雇用工人等方面的所有细节，在很多可能实施这一方案的流程中，有一种比所有其他的都要更好，这一理想的生产流程在不同企业中是不同的，一个企业可以通过任意一个本地已使用的生产流程来制造产品原型的方法来发现其理想的生产流程，如果这一流程不合适，企业可以尝试不同的流程。一旦企业确定了理想的流程（发生在使用了这一流程生产产品原型或在用尽了所有的可能性之后），就可以开始大规模地生产产品。将从当地的生产流程中任意选择一种流程进行学习和企业的转移成本相结合，就创造了大城市多样化的动态优势。在每个时期，都会有一些企业倒闭，投资最优化会确保它们被生产新产品的新企业所取代，而且，迁移使得所有城市中的工人都具有相同的福利，所以新的城市能够被竞争性的开发者创造出来。在特定的充分和必要条件下，专业化城市与多样化城市共存是稳定且唯一的结果，这是由于每个企业都会发现：在搜寻其理想流程时可以位于多样化城市，之后迁移到所有企业都使用相同类型流程的专业化城市才最符合其利益。在学习阶段位于多样化城市可以视为企业的一项投资，一方面，所有企业相互施加高昂的拥挤成本；另一方面，只有那些使用相同类型流程的企业才能创造成本节约的本地化经济，因而多样化城市会有相对较高的生产成本。然而，企业在搜寻理想流程时承担这些成本是值得的，因为它们在找到理想流程之前需要尝试各种流程，而多样化城市给它们创造了在每次流程尝试后不进行成本高昂的迁移的条件，在这个意义下，多样化城市扮演了一个企业"苗圃"的角色。企业一旦发现理想的生产流程，就不能再从多样化的环境中受益，于是，在迁移成本并不高昂的条件下，企业就会出于避免拥挤成本的考虑而迁至可以分享专业化利益的城市。

总之，Duranton and Puga（2001）分析，在产品生命周期的早期阶段，企业需要通过搜寻和试验来选择完善生产流程，大城市的多样化环境恰好为其带来了便利，在这一阶段，大城市是成本相对较低的生产区位；在产品生命周期的成熟阶段，由于共享了相同的中间投入品，小城市的专业化环境是成本相对较低的生产区位，从而导致了大城市与小城市在创新和制造方面的分工。

（四）大城市与小城市在劳动生产率方面的差异

实证研究表明，平均而言，更大的城市有更高的劳动生产率（Rosenthal and Strange，2004）。Behrens et al.（2014）认为是集聚经济（Agglomeration economics）、群分（sorting）、选择（selection）三种因素的相互作用导致了这样的结果。集聚经济是指外生于企业，随城市规模递增的规模经济；群分是指有天赋的人会在一开始就选择居住在更大的城市；选择是指更大的城市有更大因而竞争也更强的市场，只有最有效率的企业才能在竞争中生存下来，才能在大城市中运营。这三种因素之间具有互补性，更大的城市中更强的选择意味着只有更有天赋的人才会在一开始就选择居住在这里，也就是说，选择引发了群分，反过来，更有天赋的人的存在会增强选择；更有天赋的人选择更大的城市，最终也会集聚更多能支付更高工资、有更高效率的企业，反过来，更高的工资水平吸引了更有天赋的人，使城市更大，从而增强了集聚经济。最终的结果就是更大的城市拥有更有效率的企业和更有天赋的劳动力以及更高的劳动生产率。

Baldwin and Okubo（2006）把 Melitz（2003）引入企业异质性的垄断竞争模型与新经济地理学模型［Martin and Rogers（1995）的资本松脚（Footloose Capital）］结合起来，分析表明，在传统新经济地理学模型中关于同质性企业的假设是没有必要的，而且，对效率高的企业来说，规模大的地区是更有吸引力的。

三 经济的集聚与扩散

城市之间的经济联系不仅表现在城市之间的分工方面，而且表现在城市群中城市之间经济的集聚与扩散方面。新经济地理学比较充分地讨论了地区间经济的集聚与扩散，而且日益与城市经济学相融合，是认识城市群中城市间经济的集聚与扩散的基本理论框架。

（一）DS 模型与线性模型

Dixit and Stiglitz（1977）的垄断竞争模型（DS 模型）结合了消费者对多样化的偏好和企业的规模收益递增，是建立新经济地理学正式分析框架的基础。按照库姆斯等（2011）的整理，在需求方面，消费者的效用函数使用 Cobb-Douglas 型效用函数来表示：

$$U = CM^{\mu}A^{1-\mu}, 0 < \mu < 1, C^{-1} \equiv \mu^{\mu}(1-\mu)^{1-\mu}$$

其中 A 表示农产品的数量，M 表示一组具有不变替代弹性（CES）差异化产品的集合，用它来表示消费者对多样化商品的偏好：

$$M = \left(\sum_{i=1}^{n} q_i^{\rho}\right)^{1/\rho} = \left[\sum_{i=1}^{n} q_i^{(\sigma-1)/\sigma}\right]^{\sigma/(\sigma-1)}, 0 < \rho < 1, \sigma = 1/(1-\rho)$$

其中 q_i 为产品 i 的消费量，n 为产品种类数，σ 为任意两种产品间的替代弹性。可以证明，CES 型效用函数包含了消费者的多样化偏好。根据消费者的效用最大化可以求得消费者对工业品 q_i 的需求：

$$q_i = \frac{p_i^{-\sigma}}{\sum_j p_j^{-(\sigma-1)}} E = p_i^{-\sigma} P^{\sigma-1} E = \left(\frac{p_i}{p}\right)^{-\sigma} \frac{E}{P} = \left(\frac{p_i}{p}\right)^{-\sigma} M, i = 1, \cdots, n$$

其中 $P \equiv \left(\sum_{i=1}^{n} p_i^{-(\sigma-1)}\right)^{-1/(\sigma-1)}$，E 为对工业品的总支出，$p_i$ 为商品 i 的价格。在上式中，引入新的产品会使分母变大，从而对已有产品的需求会减少，也就是说，引入新的产品使得消费者的需求在更多的产品种类中分散了，这是"市场分散效应"的表现。

该经济中消费者的福利水平可以用间接效用函数来表示：

$$V = \frac{y}{P\mu p_a^{1-\mu}} \equiv w$$

其中 y 为消费者的收入水平，p_a 为农产品的价格。

在生产方面，假设农业只使用非技能劳动力，是完全竞争和规模收益不变的，因此农产品的价格等于其边际成本，而其边际成本等于边际劳动需求和农业劳动力的工资，把农产品的边际劳动需求标准化为 1，并以农产品为计价物，设 w_a 为农业部门的工资，则有：

$$p_a = w_a = 1$$

在制造业部门，厂商规模收益递增，但不存在范围经济，所以每个厂商生产一种产品，产品的种类数等于厂商数量。所有地区的技术相同，空间是同质的，不存在比较优势。劳动力是异质的，农业部门雇用数量为 L_a 的非技能劳动力，制造业部门雇用数量为 L 的技能劳动力，此时生产 q_i 单位制造业产品的成本函数为 $C(q_i) = fw + mwq_i$，其中 w 为技术工人的工资，f 为固定劳动力需求量，m 为边际劳动力需求量。

根据企业利润最大化的条件，当厂商的数量趋向于无穷多时，可以得到均衡价格：$p^* = \frac{\sigma}{\sigma-1}mw$，价格加成 $\frac{\sigma}{\sigma-1}$ 为常数。

由于厂商可以自由进出，均衡时企业利润为零，根据这一条件，可以得到每个厂商的均衡产量：

$$q^* = \frac{(\sigma-1)f}{m}$$

可见，在 DS 模型中，所有厂商的规模都相同，这一结论是厂商价格加成为常数的结果，也是 DS 模型的主要缺陷。一方面，新的厂商进入没有任何竞争转移效应；另一方面，均衡产量和制造业产品的消费份额 μ 和消费者的数量 L 无关，[①] 因而也不存在规模效应。

通过劳动力市场的均衡条件，可以求出均衡的厂商数量：

$$n^* = \frac{L}{\sigma f}$$

可见，在 DS 模型中，厂商的数量会随劳动力数量的增加而增加，虽然市场变大不影响厂商的规模，但在市场层面上却存在规模效应，随着市场规模的扩大，厂商数量和产品种类会增加，价格指数会下降，消费者的福利水平得到提高。

由于 DS 模型的缺陷，Ottaviano et al.（2002）引入了线性模型，在这个模型中，较大的市场规模会导致较低的加成定价率以及较高的产出率。线性效用函数表示为：

$$U = \alpha \int_0^N q(i)\,di - \frac{1}{2}(\beta - \gamma)\int_0^N [q(i)]^2 di - \frac{1}{2}\gamma \left[\int_0^N q(i)di\right]^2 + A,$$

$$\alpha > 0, \beta > 0, \gamma > 0, \beta > \gamma$$

β > γ 意味着消费者偏好多样化，这种偏好随着 β 变大而增强。A 在此模型中为计价物，在这个模型中，收入的变化仅仅影响对计价物的需求，而不影响对多样化商品的需求。根据消费者的效用最大化条件，可以求出产品 i ∈ [0，N] 的需求函数：

$$q(i) = a - (b + cN)p(i) + cP = a - bp(i) + cN\left(\frac{P}{N} - p(i)\right)$$

$$a \equiv \alpha/[\beta + (N-1)\gamma], b \equiv 1/[\beta + (N-1)\gamma],$$

$$c \equiv \gamma/(\beta - \gamma)[\beta + (N-1)\gamma], P = \int_0^\infty p(j)\,dj$$

这个模型的一个重要特征是，当产品 i 的价格超过市场平均价格时，其消费量会下降。

厂商把市场价格指数 P 当成给定的，根据利润最大化条件确定其价格水平，再考虑到厂商定价行为的相互影响，最终可以求出所有厂商共同的均衡价格和均衡产量：

---

① 消费者数量亦可指雇用的劳动力数量。

$$p^* = mw + \frac{(\alpha - mw)(\beta - \gamma)}{2(\beta - \gamma) + \gamma N}, q^* = \alpha - bp^* = \frac{\alpha - mw}{2(\beta - \gamma) + \gamma N}$$

这个模型不同于垄断竞争模型，随着厂商数量 N 的增加，均衡价格及加成定价率都下降，同时，均衡产量也随厂商数量的增加而下降，就是说，在这个模型中，存在竞争转移效应，这是它相对于 DS 模型的主要优点。另外，产量 q^* 随表示制造业产品需求的参数 α 的增加而增加，表现出一定的规模效应。线性模型的主要局限是它没有收入效应。

这两个模型虽有差异，但它们根本的相同之处在于：它们都刻画了消费者对多样化商品的偏好，从而为在一般均衡的框架中说明由于消费者对多样化的偏好及规模经济的相互作用随着运输成本的变化而导致的经济在空间中的集聚与扩散创造了条件。

（二）DSK 模型

Krugman（1980）在 DS 模型的基础上，在要素不可流动的条件下加入了贸易成本，形成了 DSK 模型（迪克西特—斯蒂格利茨—克鲁格曼模型）。在这个模型中，农业和工业分布在 A、B 两个地区，农产品的运输成本为零，因而两地的农产品价格相同。两地所消费的制造品包含了两地所生产的产品，以 A 地为例：

$$M_A = \left\{ \int_{i \in N_A} [q_{AA}(i)]^{(\sigma-1)/\sigma} di + \int_{i \in N_B} [q_{BA}(i)]^{(\sigma-1)/\sigma} di \right\}^{\sigma/(\sigma-1)}$$

N_A、N_B 为 A、B 两地所生产的商品组合，$q_{AA}(i)$ 为 A 地所消费的在 A 地生产的产品 i 的数量，$q_{BA}(i)$ 为 A 地所消费的在 B 地生产的产品 i 的数量。假设贸易成本是萨缪尔森所提出的冰山类型的贸易成本：必须从某地发运 τq 单位（$\tau \geq 1$）的产品，才能有 q 单位的产品运达 B 地。如果运输成本由消费者来承担，B 地消费者对 A 地所生产的产品 i 所支付的价格为：

$$p_{AB}(i) = \tau p_A(i) \geq p_A(i)$$

从而：

$$q_{AA}(i) = \left[\frac{p_A(i)}{P_A} \right]^{-\sigma} \frac{E}{P_A}, q_{BA}(i) = \left[\frac{\tau p_B(i)}{P_A} \right]^{-\sigma} \frac{E}{P_A}$$

其中：

$$P_A = \left\{ \int_{i \in N_A} [p_A(i)]^{-(\sigma-1)/\sigma} di + \int_{i \in N_B} [\tau p_B(i)]^{-(\sigma-1)/\sigma} di \right\}^{-1/(\sigma-1)}$$

$$= \frac{\sigma m}{\sigma - 1} \left[n_A w_A^{-(\sigma - 1)} + n_B (\tau w_B)^{-(\sigma - 1)} \right]^{-1/(\sigma - 1)}$$

设非技能劳动力总量为 L_a，其中的 θ_a 部分居住在地区 A，$(1 - \theta_a)$ 部分居住在地区 B，从而地区 A 和地区 B 的总收入水平可以表示为：$Y_A = \theta_a L_a + w_A \theta_a L$ 和 $Y_B = \theta_a (1 - L_a) + w_B (1 - \theta_a) L$，其中 w_A 和 w_B 分别代表地区 A 和地区 B 的工资。从而，对地区 A 所生产的产品的总需求为：

$$q_A(i) = \mu p_A(i)^{-\sigma} \{ P_A^{\sigma - 1} (\theta_a L_a + w_A \theta L) + \varphi P_B^{\sigma - 1} [(1 - \theta_a) L_a + w_B (1 - \theta_a) L] \}$$

其中 $\varphi \equiv \tau^{-(\sigma - 1)} \in [0, 1]$ 可以被认为是空间贴现因子，它与贸易成本和产品间的交叉替代弹性呈反向变化。

均衡价格和均衡产量与 DS 模型中相同：$p^* = \frac{\sigma}{\sigma - 1} mw$，$q^* = \frac{(\sigma - 1)f}{m}$。在 DSK 模型中，贸易使消费者可以获得更多种类的产品，如果没有规模经济，每个地区都可以生产所有的产品，地区之间不存在贸易，因此消费者对多样化的偏好与生产中的规模经济相结合，是贸易产生的原因。

（三）HME 模型

Helpman and Krugman（1985）对"本地市场效应"（HME）的分析是理解经济集聚与扩散机制的基础，我们按照皮埃尔-菲利普·库姆斯等（2011）的整理对其进行概述。某地区的需求随着市场规模的扩大而扩大，规模经济使厂商在产量增长的同时生产成本下降，因此，选址于市场规模较大地区比选址于市场规模较小地区会给企业带来更大的利润。但随着选址于市场规模较大地区企业数量的增加，企业间的竞争也会加剧，这就阻碍了企业进一步向较大的市场集聚，这两种相反力量的共同作用导致了本地市场效应。

不同于 DSK 模型，在 HME 模型中，设工业部门的生产要素为劳动力和资本，劳动力是同质的且可以在工业和农业部门之间自由流动，这意味着两个部门工资相等且等于 1。资本属于劳动者所有，每个劳动者拥有 1 单位资本。产品 i 的生产成本为：$C(q_i) = fr + mq_i$。劳动者的总数为 L，居住在地区 A 的劳动者份额为 $\theta \geq 1/2$，居住在地区 B 的劳动者份额为 $1 - \theta$，资本收益的分布与此相同。劳动者在区域间不能自由流动，但资本可以在区域间自由流动。市场出清时，厂商的总数为 $N^* = L/f$。设 λ 表示投资在地区 A 的资本份额，地区 A 和地区 B 厂商的数量分别为：$n_A = \frac{\lambda L}{f}$，$n_B =$

$\dfrac{(1-\lambda)L}{f}$。地区 A、地区 B 的收入分别为：$Y_A(\lambda) = [1 + r_A(\lambda)]\theta L$，$Y_B(\lambda) = [1 + r_B(\lambda)](1-\theta)L$。由于资本可以自由流动，均衡时 A、B 两地资本的名义收益率必然相同：$r_A(\lambda) = r_B(\lambda) = r(\lambda)$。均衡价格和均衡产量与 DSK 模型相同，并把工资水平等于 1 代入，可得：

$$p_A^* = \frac{m\sigma}{\sigma-1}, \quad p_{AB}^* = \frac{\tau m\sigma}{\sigma-1}$$

价格指数为：

$$P_A = \frac{m\sigma}{\sigma-1}(n_A + \varphi n_B)^{-1/(\sigma-1)}$$

根据零利润条件，可以求得利润：

$$r_A(\lambda) = \frac{mq_A}{f(\sigma-1)}$$

和 DSK 模型相同，对地区 A 所生产的产品 i 的需求为：

$$q_A = \mu(P_A^{\sigma-1} Y_A + \varphi P_B^{\sigma-1} Y_B)p_A^{-\sigma}$$

经过整理，可得：

$$r_A(\lambda) = \frac{\mu}{\sigma}\left[\frac{\theta(1+r_A)}{\lambda+\varphi(1-\lambda)} + \frac{\varphi(1-\theta)(1+r_B)}{\varphi\lambda+(1-\lambda)}\right]$$

根据 $r_A(\lambda) = r_B(\lambda) = r(\lambda)$，可以求得均衡的厂商分布：

$$\lambda^*(\theta) = \frac{1}{2} + \frac{1+\varphi}{1-\varphi}\left(\theta-\frac{1}{2}\right) \geqslant \theta \geqslant \frac{1}{2}$$

由于 $\varphi \in [0, 1]$，当 $\theta > \dfrac{1}{2}$ 时，$\lambda^* > \theta$，即市场规模较大的地区能够吸引超过其市场份额的企业份额。Ottaviano and Thisse（2004）分析了线性形式的 HME 模型。

（四）CP 模型

Krugman（1991b）在 DSK 模型中引入了人口的流动，建立了分析经济集聚的 CP 模型，即"中心—外围"（Core-Periphery）模型。在 CP 模型中，劳动力包括技能劳动力和非技能劳动力，非技能劳动力不可流动，在两个地区平均分布（$\theta_A = 1/2$）；技能劳动力在两个地区可以自由流动，居住在地区 A 的技能劳动力份额是内生的，用 $\lambda \in [0, 1]$ 表示。工业品的生产需要技能劳动力，第 i 种工业品的生产成本可以表示为：$C(q_i) = fw + mwq_i$，其中 f 和 m 分别表示对技能劳动力的固定需求和边际需求。位于地区 A 生产第 i 种工业品并以贸易成本 τ 出售到地区 B 的厂商的利润函数为：

$$\pi_A(i) = p_{AA}(i)q_{AA}(i) + p_{AB}(i)q_{AB}(i) - mw_A[q_{AA}(i) + \tau q_{AB}(i)]$$

为方便分析，把对技能劳动力的边际需求 m 标准化为 1。

先对厂商与劳动力位置固定时的短期均衡进行分析。均衡价格与 HME 模型相同，代入利润函数，根据零利润条件可得：

$$q^* = q_A^* = q_B^* = (\sigma - 1)f$$

所有产品的产量相等且与厂商的分布无关。每个厂商均衡的劳动力需求 $l^* = \sigma f$。从劳动力市场出清条件可得：

$$n = \frac{L}{\sigma f}, \quad n_A = \frac{\lambda L}{\sigma f}, \quad n_B = \frac{(1 - \lambda)L}{\sigma f}$$

这意味着厂商数量是由居住在该地区的技能劳动力的数量决定的，厂商与劳动力一起转移。

和 DSK、HME 模型相似，可以求得 A、B 两地的价格指数：

$$P_A(\lambda) = k_1 \left[\lambda w_A^{-(\sigma-1)} + (1-\lambda)(w_B\tau)^{-(\sigma-1)}\right]^{-1/(\sigma-1)}$$

$$P_B(\lambda) = k_1 \left[\lambda(w_A\tau)^{-(\sigma-1)} + (1-\lambda)(w_B)^{-(\sigma-1)}\right]^{-1/(\sigma-1)}$$

其中 $k_1 \equiv \frac{\sigma}{\sigma - 1}(L/\sigma f)^{-1/(\sigma-1)} = \frac{\sigma}{\sigma - 1}N^{-1/(\sigma-1)}$。这意味着厂商数量更多，两个地区的价格指数下降，市场中的拥挤效应更强。地区 A、B 的收入水平可以表达为：

$$Y_A(\lambda) = \frac{1}{2}L_A + \lambda w_A(\lambda)L, \quad Y_B(\lambda) = \frac{1}{2}L_B + (1-\lambda)w_B(\lambda)L$$

对地区 A 生产的产品 i 的需求可以表达为：

$$q_A(w_A) = \mu\left(\frac{\sigma}{\sigma-1}\right)^{-\sigma} w_A^{-\sigma}(Y_A P_A^{\sigma-1} + Y_B\tau^{-(\sigma-1)}P_B^{\sigma-1})$$

根据需求等于供给，可以求得均衡工资的隐函数表达形式：

$$w_A^* = k_2 \left[Y_A(\lambda) P_A^{\sigma-1}(\lambda) + Y_B(\lambda) \tau^{-(\sigma-1)} P_B^{\sigma-1}(\lambda) \right]^{1/\delta}$$

$$w_B^* = k_2 \left[Y_A(\lambda) \tau^{-(\sigma-1)} P_A^{\sigma-1}(\lambda) + Y_B(\lambda) P_B^{\sigma-1}(\lambda) \right]^{1/\delta}$$

利用该模型无法求出名义工资的显函数形式，但用数据求解该模型是可以的。

接下来分析长期均衡。长期均衡，也就是劳动力的均衡分布，是由两个地区的福利相等所决定的。劳动力的福利水平由其间接效用函数表示，选择适当的计价单位，使得 $p_A = 1$，在模型所设定的情境下，等于工人的实际工资水平：

$$V_A = w_A(\lambda) P_A^{-\mu}(\lambda)$$

空间均衡的条件可以由下式表达：

$$\begin{cases} \Delta V(\lambda) \equiv v_A(\lambda) - v_B(\lambda) = 0, & 0 < \lambda < 1 \\ \Delta V(\lambda) \leqslant 0, & \lambda = 0 \\ \Delta V(\lambda) \geqslant 0, & \lambda = 1 \end{cases}$$

Ginsburg etc. (1985) 说明了当 V_i（$i = A$、B）是 λ 的连续函数时，均衡总是存在的，但不是唯一的。只分析稳定的均衡，为此，假设工人被高于平均效用水平的地区所吸引，λ 变动的速度由 A 地区的间接效用水平和平均效用水平之间的差决定，有：

$$\frac{\lambda^*}{\lambda} = V_A - \left[\lambda V_A + (1-\lambda) V_B \right] = (1-\lambda)(V_A - V_B) = (1-\lambda) \Delta V(\lambda)$$

对于均衡分布 $0 < \lambda^* < 1$ 的任何一种边际变动，如果上式表示的调整过程使技能劳动力都回到其初始的分布状态，则此时的空间均衡是稳定的，同时，角点均衡（$\lambda^* = 0$ 或 $\lambda^* = 1$）本身就是稳定均衡。通过数值模拟，可以得到如下结论：当贸易成本 τ 较高时，制造业对称分布（$\lambda^* = 1/2$）是唯一的稳定均衡。当 τ 取中间值时，另有四种额外的非对称均衡，其中两种内点均衡不稳定，稳定的均衡包括对称分布和两种集中分布（$\lambda^* = 0$ 或 $\lambda^* = 1$）。当 τ 足够小时，对称均衡变得不稳定，只有集中分布是稳定的。接下来，考察这两种特定的稳定均衡。

当制造业集中在地区 A 时，$\lambda = 1$，利用短期均衡的各均衡值，可以求得：

$$\frac{V_B}{V_A} = \tau^{-\mu} \left[\frac{1-\mu}{2} \left(\frac{1+\mu}{1-\mu} \varphi + \frac{1}{\varphi} \right) \right]^{1/\sigma} = \left[\frac{1+\mu}{2} \tau^{-\sigma(\mu+\rho)} + \frac{1-\mu}{2} \tau^{-\sigma(\mu-\rho)} \right]^{1/\sigma}$$

在式子的第一部分，$\tau^{-\mu}$ 表明地区 B 进口所有制造业产品会受到贸易成本的不利影响；$\frac{1+\mu}{1-\mu}\varphi$ 是核心区的收入水平与空间贴现因子 $\varphi = \tau^{-(\sigma-1)} \in [0,1]$ 相乘，表明地区 B 的厂商把产品运送到地区 A 时面临的不利成本条件；$\frac{1}{\varphi}$ 是用 $\frac{1}{\varphi}$ 加权地区 B 的收入，表明地区 A 的厂商向地区 B 供应产品时存在的不利成本条件。总之，贸易成本 τ 下降，会降低地区 B 进口制造品成本，同时降低其向地区 A 的出口成本，从而有利于其相对福利水平的提高，但由于降低了地区 A 向其出口产品的成本而不利于其相对福利水平的提高；当不存在贸易成本时（$\tau=1$），$V_B/V_A=1$，生产区位没有意义。在式子的第二部分：当 $\mu \geqslant \rho$ 时，V_B/V_A 总是随着 τ 递减的，对于任一 τ，$V_B < V_A$ 总是成立，这说明产品之间的差异化程度很大，从而需求对贸易成本不再敏感，聚集力很强，中心区为黑洞，所以称 $\mu \geqslant \rho$ 为黑洞条件。当 $\mu < \rho$ 时，可以确定满足 $V_B/V_A=1$ 条件的单一值 τ_s，对于每一个满足 $\tau \leqslant \tau_s$ 的 τ 来说，聚集均衡都是一种稳定均衡，τ_s 为持续点；当 $\tau > \tau_s$ 时，聚集均衡不再是稳定均衡。

当制造业均匀分布时，$\lambda = 1/2$，有 $V_A = V_B$，这种对称结构总是一种均衡，但不一定是稳定均衡。在 $\lambda = 1/2$ 处，当 $dV/d\lambda < 0$ 时，均衡是稳定的；当 $dV/d\lambda > 0$ 时，均衡是不稳定的。当黑洞条件 $\mu \geqslant \rho$ 得到满足时，$dV/d\lambda > 0$，均衡总是不稳定的；当 $\mu < \rho$ 时，可以确定满足 $dV/d\lambda = 0$ 的贸易成本 $\tau_b = \left[\frac{(\rho+\mu)(1+\mu)}{(\rho-\mu)(1-\mu)} \right]^{1/\sigma-1}$，当且仅当 $\tau > \tau_b$ 时 $dV/d\lambda < 0$，对称均衡是稳定的，反之，对称均衡不稳定，因此把 τ_b 称为突破点。可以证明 $\tau_b < \tau_s$。当黑洞条件不被满足时[①]：当 $\tau_b > \tau_s$ 时，对称结构是唯一的空间均衡且是稳定的；当 $\tau_b \leqslant \tau \leqslant \tau_s$ 时，聚集与分散都是稳定均衡，同时有两种不稳定均衡，即共有五种均衡；当 $\tau < \tau_b$ 时，聚集均衡是稳定的均衡。

---

① 我们理解不满足黑洞条件是现实经济中的正常状态，即在现实中，人们具有对商品多样化的偏好，但这种对多样化偏好的强度又比较弱。

总之，CP 模型说明了，经济集聚的力量来自消费者对产品多样化的偏好及生产中的规模经济。市场规模较大的地区会吸引更多的厂商选择该地区作为自己的生产区位（后向联系），这提高了该地区的工资水平并降低了其价格指数，从而提高了实际工资水平，进而吸引劳动者向该地区流动（前向联系）。同时，劳动者数量的增加又使工资水平趋于下降，并对企业产生市场拥挤效应，加之不可流动的劳动力的需求，共同构成经济的离散力量。当产品间的差异化程度很高（满足黑洞条件）时，经济集聚的力量很强，无论贸易成本有多高，经济均呈中心—外围结构。当产品间的差异化程度不是很高（不满足黑洞条件）时，贸易成本就成为集聚力量和分散力量之间的调节者：当贸易成本较高时，经济呈对称分布；随着贸易成本下降，集聚力量增强，中心—外围结构也成为可能；随着贸易成本进一步下降，并低于某一临界值时，集聚力量进一步增强，中心—外围结构成为唯一的均衡结果。

（五）以城市内的通勤成本为空间成本

在 Tabuchi and Thisse（2006）看来，多样化的大城市和专业化的小城市所构成的城市体系是现代空间经济的主要特点，新经济地理学（NEG）的主要任务就是解释这一生产和消费模式的成因。Krugman（1991b）的中心—外围模型认为产业的空间集聚是由集聚和分散两种相反力量的相互作用形成的。在工业部门工人自由流动的前提下，集聚力量来自消费者对产品多样化的偏好以及生产中的规模经济；分散力量来自农民的不可流动性以及运输成本。农业部门或者土地密集型部门的存在是标准的中心—外围模型的重要特征：首先，农民被假设在区域和部门间是不可自由流动的，但自由流动恰恰是工业化和城镇化的源起；其次，即使"农业"仅仅是土地密集型产业的代名词，它在现代经济中的比重也在迅速下降；最后，在 Krugman 的模型中，不可移动的部门必须足够大才能使分散作为一种均衡的结果出现（否则就只有集聚）。因此，依赖不可移动部门来解释城市化进程的中心—外围模型其实不能很好地解释城市化和发达经济体的运行，而且，中心—外围模型的可移动部门仅一个产业部门，而一个产业的模型不能很好地解释不同的产业所表现出的不同的空间模式。

他们认为，实证分析表明，在现在的城镇化水平下，包括居住成本和通勤成本在内的城市成本在消费者的支出中占有很大的比重,在发达国家中超过了三分之一甚至达到一半,而且这一成本随着城市规模的扩大而增加。基于此,他们把由通勤成本所决定的城市成本作为分散力量,分析通勤成本与地区专业化和城市层级的关系。他们在新经济地理学的分析框架的基础上做了一些调整:一方面,按照区域经济学的传统,他们忽略了农业部门并假设所有的工人和企业都是自由流动的;另一方面,分散的力量来自随着人口规模上升而上升的城市成本。他们在单个产业模型的基础上,把分析扩展到两个产业的模型上,分析两个最终产品运输成本有差异的产业部门的生产区位问题。在单个产业分析中,与典型的中心—外围模型相同的是,随着运输成本的下降,产业出现了从分散到聚集的突然变化;与典型的中心—外围模型不同的是,随着通勤成本的下降,这个模型表现出了从分散到集聚的演进过程,而在高度工业化经济中,经济活动的相对集聚是客观的现象。由于模型处理方面的困难,他们考察了两个特殊的但很有意义的部门经济,其中一个部门的运输成本为零,而另一个部门的运输成本为正。在这样的经济中,如果通勤成本高于某一临界值,经济是完全分散的;如果通勤成本低于某一临界值,经济是完全集聚的;当通勤成本取中间值时,运输成本为正的部门是完全聚集的;当通勤成本在这两个临界值范围之内下降时,运输成本为零的部门的份额会在运输成本为正的部门完全聚集的地区逐渐提高。改变模型的设置,考察两个最终产品运输成本相同但可替代性有差异的产业,可以得到类似的结果。这一结果意味着,在产业存在差异的条件下(这是必然的),市场自发运行的结果就会导致城市层级的出现,而且较大的城市会供给更多不可贸易的商品,从而使它能够吸引更多的可贸易商品份额。

这个模型除了分析了通勤成本在城市间经济集聚与扩散及城市间产业互动中的作用外,给我们的重要启示是,不仅 CP 模型所讨论的运输成本,而且包括通勤成本在内的其他空间成本,都会对产业的集聚与扩散发挥重要影响。

(六)以土地的生产和生活性使用为空间成本以及空间发展的钟形曲线

Plüger and Tabuchi(2010)认为新经济地理学的一个重要不足是忽视

了土地的生产要素角色，而城市经济学也仅注意到了其在居住中所扮演的角色。随着生产对土地使用的增加，其价格必然会上升。他们的模型是对Helpman（1998）模型的扩展，Helpman（1998）模型只考虑了土地的生活性使用，而 Plüger and Tabuchi（2010）则同时考虑了土地的生活和生产性使用，在此基础上考察了贸易的自由化对经济均衡路径的影响：在土地的消费占消费支出的比重较低和土地成本占生产成本适中的条件下，空间发展呈现钟形曲线。这一钟形曲线表现为：在高贸易成本下是分散的；随着贸易成本的下降，会呈现部分的集聚；随着贸易成本的进一步下降，会再次逐步分散。他们也批评了已有的讨论空间发展呈现为钟形曲线的文献，认为这些文献受 Krugman（1991b）的影响，都把部分不可移动的劳动力的需求作为经济分散力量，然而，这种认识是主观的，因此，在他们的模型中，只有土地要素是不可流动的。另外，虽然一些城市经济学文献也考虑了土地的生产性使用，但他们的分析是在完全竞争和生产外部性的条件下展开的，而不是在与内部规模经济、不完全竞争有关的"金钱外部性"条件下所展开的，而且，这些文献所讨论的是城市内的居住和生产区位问题，而 Plüger and Tabuchi（2010）讨论的则是区域层面的城市结构问题。

在他们的分析框架中，经济由两个地区构成。消费者消费制造品，偏好如 DS 模型所示，同时也消费非生产也非贸易的商品——住房。企业是垄断竞争者，每个企业生产一种差异化的商品，生产是规模报酬递增的，生产中要使用劳动和土地，两者都进入固定和可变成本，地区之间的贸易有冰山类型的贸易成本，劳动在地区间可以自由流动。

与 HME 模型类似，区域 $i = 1, 2$ 的消费函数可以表示为：

$$U_i = \frac{1}{\alpha^\alpha (1-\alpha)^{1-\alpha}} h_i^\alpha m_i^{1-\alpha}, \quad m_i = \left(\int_0^{n_i} m_{ii}(v)^{\frac{\sigma-1}{\sigma}} + \int_0^{n_j} m_{ji}(v)^{\frac{\sigma-1}{\sigma}} \right)^{\frac{\sigma}{\sigma-1}}$$

其中 h_i 代表对住房的消费。预算约束可以表达为：

$$Y_i = r_i h_i + \int_0^{n_i} p_i(v) m_{ii}(v) dv + \int_0^{n_j} p_i(v) m_{ji}(v) dv$$

其中 r_i 是单位土地的价格。根据消费者的最大化条件，可以求出需求函数：

$$h_i = \frac{\alpha Y_i}{r_i}, \; m_i = \frac{(1-\alpha) Y_i}{G_i}, \; m_{ji}(v) = (1-\alpha) p_j(v)^{-\sigma} G_i^{\sigma-1} Y_i$$

G_i 为与 HME 模型相似的价格指数。间接效用函数可以写成：

$$V_i = \frac{Y_i / L_i}{r_i^\alpha G_i^{1-\alpha}}$$

假设两地有相同的土地禀赋 S，土地的总量被个人平均拥有，因此，地区 i 的租金收入与其人口成比例。地区 i 的收入因此可以写成：

$$Y_i = w_i L_i + S(r_i + r_j) \frac{L_i}{L_i + L_j}$$

生产需要可变投入与不变投入，可变投入与不变投入都需要土地和劳动，都以 CD 函数的形式构成（a 代表固定投入的系数），设 $0 \leqslant \beta \leqslant 1$、$0 \leqslant \gamma \leqslant 1$ 分别代表土地在可变成本和不变成本中的成本比例，则企业 V 的成本函数可以写成：

$$TC_i(v) = w_i^{1-\beta} r_i^\beta q_i(v) + a w_i^{1-\gamma} r_i^\gamma$$

$q_i(v)$ 是企业 v 的产量。冰山型运输成本用 $\tau \geqslant 1$ 表示。在价格上加 ^ 表示生产价格，从而有 $p_i(v) = \hat{p}_i$，$p_i(v) = \tau \hat{p}_i$，市场出清意味着：

$$q_i(v) = m_{ii}(v) + \tau m_{ij}(v)$$

位于地区 i 的企业 v 的利润可以表示为（j 表示另一地区，j = 1，2 且 $i \neq j$）：

$$\pi_i(v) = [\hat{p}_i - c_i] q_i(v) - a w_i^{1-\gamma} r_i^\gamma$$

$c_i = w_i^{1-\beta} r_i^\beta$ 是边际成本。和 DS 模型相似，根据利润最大化条件，可以求得：

$$\hat{p}_i = \frac{\sigma}{\sigma - 1} c_i$$

根据零利润条件，可得：

$$w_i^{1-\gamma} r_i^\gamma = \frac{\hat{p}_i q_i(v)}{\sigma a}$$

首先考虑两地的劳动力供给在给定条件下的短期均衡。
根据劳动力市场的均衡可以求出：

$$L_i = \delta_1 n_i \left(\frac{r_i}{w_i}\right)^\tau, \quad \delta_1 \equiv \alpha[(1-\gamma) + (1-\beta)(\sigma-1)]$$

根据土地市场均衡可得：

$$S = \delta_2 n_1 \left(\frac{r_i}{w_i} \right)^{\gamma - 1} + \frac{\alpha Y_i}{r_i}, \quad \delta_2 \equiv \alpha[\gamma + \beta(\sigma - 1)]$$

设地区 1 的劳动力为计价物，从而有 $w_1 = 1$。求解劳动力市场和土地市场均衡条件以及收入水平，可得：

$$n_1(w_2) = \delta_1^{\gamma - 1} \delta_2^{-\gamma} L_2^{1 - \gamma} \left[\frac{(1 - \alpha) \delta_2 (L_1 + L_2) S}{(\alpha\delta_1 + \delta_2)[(L_1 + (1 - \alpha) L_2) + \alpha L_2 w_2]} \right]^{\gamma}$$

$$r_1(w_2) = \frac{(\alpha\delta_1 + \delta_2) L_2 [(L_1 + (1 - \alpha) L_2) + \alpha L_2 w_2]}{(1 - \alpha) \delta_1 (L_1 + L_2) S}$$

$$Y_1(w_2) = \frac{[\delta_1(L_1 + (1 - \alpha) L_2) + \delta_2 L_1] + (\alpha\delta_1 + \delta_2) L_2 w_2}{(1 - \alpha) \delta_1 (L_1 + L_2)} L_1$$

地区 2 的企业数、土地租金和收入与上式类似。利用以上式子，可以求得决定地区 2 工资水平的隐性条件：

$$Z(w_2; \alpha, \beta, \gamma, \varphi, \sigma, L_1, + L_2) = 0$$

代入 w_2，短期均衡的其他值均可以求出。

劳动力在长期是可以流动的，为了便于分析，把经济的劳动力供给总量标准化为 1，即 $L_1 + L_2 = 1$，用 λ 表示地区 1 劳动的比重。一个空间均衡出现在 $\lambda^* \in (0, 1)$，使 $\Delta V(\lambda) \equiv V_1(\lambda, w_2(\lambda)) - V_2(\lambda, w_2(\lambda)) = 0$；或者 $\lambda = 0$，使 $\Delta V(\lambda) \leqslant 0$；或者 $\lambda = 1$，使 $\Delta V(\lambda) \geqslant 0$。和 CP 模型相似，按照 Fujita et al. (1999) 的设定，假设调整过程由以下动态方程控制：

$$\frac{d\lambda}{dt} = \lambda(1 - \lambda) \Delta V(\lambda)$$

这个方程表明，当劳动力在地区 1 比在地区 2 能获得更大的效用时，地区 1 的劳动力比重上升。如果给定任何边际的偏离，上式能够使均衡恢复，该均衡就是局部稳定的。运用 Tabuchi and Zeng (2004) 的定理 2 可以表明该模型至少有一个稳定的内部均衡，使得可流动的代理人的效用均等化，然而对于所有的系数值，可能存在多重的稳定均衡。

不同于标准的 NGE 模型，在该模型中，完全集聚不是一个稳定的均衡，因为一个移民将会从土地的消费和生产中获得很高的效用。

对称分布总是一个均衡结果，但并不总是稳定均衡。对称打破方程可以表示为：

$$B(\alpha,\beta,\gamma,\sigma,\varphi) \equiv \frac{d\Delta V(\lambda)}{d\lambda}\bigg|_{\div} = A_2\,\Phi^2 - 2A_1\varphi + A_0(1-A_0)$$

其中：$A_0 \equiv 1 - \{(1-\alpha)[\gamma + \beta(\sigma-1)] + \alpha\sigma\}$，$A_1$、$A_2$ 是由参数所决定的常数。如果 $B(\alpha,\beta,\gamma,\sigma,\varphi) < 0(>0)$，则对称均衡是稳定（不稳定）的。为使 $B(\alpha,\beta,\gamma,\sigma,\varphi) = 0$ 在 $\Phi \in (0,1)$ 内有（两个）解，不等式 I 需成立：$A_1^2 - A_2A_0(1-A_0) > 0$，且 $0 < A_1/A_2 < 1$。可以证明：（1）当 $A_0 < 0$ 且不等式 I 不成立时，对于所有 $\varphi \in [0,1]$，对称均衡都是稳定的；（2）当 $A_0 < 0$ 且不等式 I 成立时，对于较小的 φ（运输成本较高时）对称均衡是稳定的，对于中间值的 φ 会出现部分集聚，对于较大的 φ 对称均衡是稳定的，在此条件下，产生了空间发展的钟形曲线；（3）当 $A_0 > 0$ 时，对于较小的 φ 会有部分集聚，对于较大的 φ 对称均衡是稳定的。

Plüger and Tabuchi（2010）这篇文章的重要意义在于，当把土地这一不可贸易要素的生产和生活性使用纳入空间经济模型时，就会得到较为接近现实的经济在地区（城市）间集聚与分散的模式，为我们理论上认识经济在地区（城市）间的集聚与扩散提供了一个重要的线索。

Fujita et al.（1999）则在 Krugman（1991b）框架的基础上，将其扩展为一个具有贸易关系的多个城市、多个工业部门的模型，在这一模型中引入了人口的增加，分析了城市体系内部的层级结构及其随人口的增加的演化。我们认为，将这篇文章与 Rains and Fei（1961）对工业化过程中农业劳动力向工业部门转移的分析相结合，对认识发展中国家和地区在工业化进程中城市体系的形成、产业在城市间的集聚与扩散具有重要意义。

四　小结

城镇化的动因是生产中的各种规模经济，城镇化的过程中又会产生竞争加剧、通勤成本上升、土地等不变要素价格上升等拥挤成本，规模经济和拥挤成本的相互作用，形成了城市体系；运输成本、通勤成本、信息成本的下降，使经济活动在空间中的集聚形态发生变化，使城市产业结构也得以优化升级。

产业结构优化升级是指一个地区整个产业体系由低技术水平、低附加价值状态向高技术水平、高附加值状态演变的过程，这一过程的本质是高生产率生产活动的规模不断扩大并且在经济总体中的比重不断上升。如我们在本章第一节所述，这不仅表现为在产业部门中农业比重的下降和工业及服务业比重的上升，而且在交通和通信技术所推动的现代产业分工条件下，产业转型升级进一步表现为在产品价值链中高附加值生产环节的规模不断扩大并且所占比重不断上升。对于发展中国家和地区而言，根据工业化发展的具体阶段以适宜的方式加入国际分工可以加速产业转型升级的步伐。在产品价值链分工深化形成全球生产网络的现代国际分工条件下，在经济发展的早期，可以根据生产要素禀赋，发挥劳动力和土地及其他低级生产要素价格便宜的优势，通过"三来一补"，以密集使用低级生产要素的产品生产环节如产品的加工制造为突破口，推动劳动力从农业部门向工业部门转移；但在市场规模有所扩大、人均收入水平大幅提升的条件下，可以进一步利用本国或本地区日益扩大的市场规模所带来的优势，通过引进和消化吸收先进技术，不断接近产业的技术前沿，提高自己在全球生产网络中的地位，实现沿产品价值链的升级，生产具有更高附加值的产品。

与此相对应，产业转型升级在空间形态上表现为城镇化的过程，这一过程并不简单地表现为劳动力从农村向城市的转移，而且表现为一个国家或地区内城市间的分工日益深化和经济活动的集聚与扩散的过程。城市经济学对城市分工的分析，在本质上说明了在包容和开放的经济环境中，在存在各种外部性从而导致经济活动趋向集聚的条件下，劳动力出于对福利最大化、资本出于对利润最大化的追求，导致了城市间多样化与专业化、服务与制造、研发与制造、高生产率与低生产率之间的分工。而新经济地理学则说明了，由于消费者（同时也是劳动者）对多样化商品的偏好与生产中规模经济的相互作用，在运输成本低至某一水平时，经济活动会呈现集中分布的状态，但如果考虑到城市内的通勤成本与对不可贸易的生产要素土地的生产和生活性使用，那么经济活动就会由在中心城市的集聚转为向其他城市的扩散。在我们看来，新经济地理学仅是一般性地讨论了经济活动的集聚与扩散，并没有具体分析集聚与扩散的产业活动的性质是专业化的还是多样化的，是服务、研发，还是制造，是高生产率的活动还是低生产率的活动。把新经济地理学关于产业集聚与扩散的分析和城市经济学关于城市间分工的分析相结合，为我们观察城市间的分工互动提供了一个基本的理论框架。

为便于分析发展中经济体城市间的分工互动及经济的集聚、扩散与产业结构优化升级间的关系，更进一步，我们在这个分析框架中引入经济增长和持续的人口从农村向城市的转移，形成我们对一个发展中地区城镇化进程中产业结构优化升级机制的基本认识。从工业化和产业发展的历程来看，对于一个发展中的经济体而言，在经济发展的初期，通过引进和消化吸收国外的产业技术，利用全球生产网络，发挥初级生产要素价格低廉的比较优势，主要依靠出口和投资及要素投入拉动经济增长；在经济发展和收入水平持续提高的过程中，充分利用本地市场规模的优势，在需求方面拉动经济增长的力量逐渐从投资和出口向消费转换，在生产方面则根据生产要素相对价格的变化调整对生产要素的使用，减少对劳动力的需求，增加对资本的需求，加大研发投入，增强对世界先进技术的消化吸收能力以接近世界经济技术前沿，满足质量和水平日益提高的市场需求。在这一过程中，在特定的经济条件下，人口规模和经济发展水平不同的地区由于外部性的差异，对经济活动的吸引力是有所不同的，在经济发展和工业化的初期，农村劳动力和经济活动主要向大城市和发达地区集聚。在劳动者的技能及生产活动本身的附加值存在差异的条件下，不同地区间的通勤、房租和土地等不可移动要素的价格也会存在差异，即不同城市和地区的拥挤成本也是存在差异的。在经济发展和工业化的后期，随着大城市和发达地区集聚程度的不断提高，不仅市场竞争更为激烈，而且通勤成本、房租、土地价格等城市成本不断攀升，使得拥挤效应不断增强，从而，产品价值链中劳动生产率较低的加工制造环节就会向市场竞争较弱、不变要素价格较低的小城市和经济落后地区扩散，并且在不同的小城市呈专业化集聚的状态，在大城市和发达地区，劳动生产率高的生产服务性及创新性经济活动得到保留并获得了进一步扩大的空间。城市间的分工互动，使不可贸易的生产要素——土地（或城市空间）在不同的生产活动中得到高效率配置，当各种外部性所导致的经济活动在大城市的集聚提高到一定水平时，在拥挤效应推动下的经济活动扩散一方面使大城市的经济活动空间得到纾解，为生产率水平更高的服务和研发活动置换出了发展空间，另一方面使小城市和落后地区原来用于农业生产的空间可以被劳动生产率更高的工业所利用，使土地这一重要生产要素得到更高效率地配置。大城市劳动生产率高的生产服务及创新活动的扩张充当了引领地区经济增长的火车头的作用，而大城市劳动生产率较高经济活动对劳动生产率较低经济活动的边际替代与这些经济活动向小城市和经济落后地区的扩散及在小城市和经济落后地区的专业化集聚，形成了大城市与小城市的产业互动及经济整体的产业结构转型升级。

对中国而言，经济发展兼具发展与转轨的双重特征，在城镇化进程中的产业结构优化升级不仅是一个经济发展的过程，而且具有经济转轨的特征，这表现为从传统城镇化向新型城镇化的转变。在对前述发展中经济体城市间的分工互动及经济的集聚、扩散与产业结构优化升级间的关系的认识基础上，可以形成我们对新型城镇化对产业结构优化升级促进机制的认识。

第二章

新型城镇化背景下产业结构优化升级的机制

第一节 城镇化的内涵与特征

一 传统城镇化的内涵与特征

城镇化是农业社会向工业社会转变过程中重要的经济和社会现象，它揭示了农村向城市转变的多维度复杂过程。1867 年，西班牙工程师塞达（A. Serda）首先使用了 urbanization（城镇化）一词，到 20 世纪 50 年代，随着世界范围内工业化加速和城市的迅速崛起，urbanization（城镇化）这一术语开始广泛地为人们所使用。那么，城镇化的内涵究竟是什么呢？从理论上看，各个学科都基于各自的视角对城镇化进行了定义，导致了现实中人们对城镇化概念的不同理解。从经济学的视角来看，城市是人类从事非农业生产活动的中心，没有产业结构的转换（农业活动向非农业活动的转换）以及由此产生的大量新的就业机会，就不会有农村人口大规模地向城市流动。因此，经济学意义上的城镇化的核心内容就是伴随着经济增长的产业结构变化过程，在这一过程中，资本、劳动力等要素资源呈现向城市集中的趋势。地理学从地域空间与人类活动之间的关系出发，强调城镇化是一个伴随着经济、社会和文化等人类活动而发生的地域空间变化过程，包括城市数量的增加、城市地域的扩大以及国土空间利用格局的转变等内容。社会学以社会规范为中心，认为城镇化意味着人类生活方式的转变，即由传统的农村生活方式转变为现代化的城市生活方式。由于中国城市中存在大量转移自农村的流动人口，中国社会学界特别强调城镇化过程中流动人口的"市民化"，认为完整的城镇化应包含流动人口的市民化，流动人口应与城市户籍人口拥有共同的身份，享有一样的公共服务待遇。人口学主要研究人口在农村和城市的分布情况，重点关注城市人口数量的变化，在人口学看来，城镇化意味着人口从农村向城市集中的过程。由于人口向城市迁移涉及社会、人口、空间和经济转换等多方面内容，再加上用人口指标来衡量城镇化水平简单易行，这一城镇化定义被很多文献所接受。综合以上各学科的观点，城镇化既包括人口和非农经济活动的地域性集中，也涉及土地利用格局和空间景观的转换，还包括城市生活方式、文化和价值观向农村地域和人口的扩散。可见，城镇化进程至少包括以下四个维度。一是产业城镇化。具体表现为国民经济结构中农业比重下降，非农产业比重上升，国民经济由农村自然经济转化为城市社会化大生产状态，并最终导致人均收入水平的提高。二是人口城镇化。具体表现为农村人口转变为城市人口，农业就业人员转变为非农业就业人员，并最终导致城市建成区人口集中度的上升。三是土地城镇化。具体表现为农村居住用地转变为城市建设用地，农业用地转变为二、三产业用地，并最终导致城市经济和景观地域的扩张。四是社会城镇化。具体表现为农村生活方式转变为城市生活方式以及现代城市公共服务体系的建立和扩张，并最终导致公众福利水平的提升。由于城镇化是一个从农村到城市的复杂的多维度转变过程，会受到自然、经济、社会和制度等诸多因素的影响，这导致不同国家和城市所走的城镇化道路并不完全一样。具体到中国来说，受特殊的国情和制度安排因素的影响，中国城镇化过程中产业、人口、土地和社会的城镇化转变并不同步。多年来，中国的城镇化进程所涉及的产业和土地转变明显快于人口和社会转变，我们可以称之为传统的城镇化模式，而这种城镇化模式具有一系列独有的特征，也引发了一系列问题。

首先，中国城市建成区扩张过快，在导致土地资源大量消耗的同时，城市所吸纳的人口并没有同步增加。根据统计，2000～2011 年，中国东部沿海城市的城市平均建成区面积由 214 平方公里增加到 532 平方公里，年均增长率为 9%，而平均总人口从 363 万增加到 496 万，年均增长率仅为 3%，城区人口规模的增长程度大大低于城市土地面积的扩张程度。中部城市的城市平均建成区面积由 221 平方公里增加到 532 平方公里，年均增长率约为 8%，而平均总人口从 153 万增加到 205 万，年均增长率仅为 2.6%，城区人口规模的增长程度也明显低于城市土地面积的扩张程度。根据住建部制定的标准，每 1 平方公里城市建成区应容纳人口 1 万，而 2008 ~ 2012 年中国 657 个城市的城市建成区面积增加了 0.97 万平方公里，而人口仅增长了 0.35 亿，城区人口吸纳能力大大低于建成区面积的扩张能力。

其次，粗放的工业发展和城镇开发模式导致投资效率低下。在经济分权体制下，近年来，各地政府为了发展经济展开了招商引资的"扑向底层"（race to bottom）的恶性竞争，为了吸引投资，各地政府纷纷为企业提供低价土地、补贴性基础设施投资，并且在工人基本权益保障和环境准入等方面降低监管标准，导致各地大量出现不同规模的工业开发区。2003 年全国开发区清理整顿结果显示，全国各类开发区总数为 6866 个，规划面积 3.86 万平方公里，到 2006 年底，中央核减各类开发区至 1568 个，规划面积压缩至 9949 平方公里。但事实上，被核减的开发区大多数只是"改头换面"而已，原有开发区的空间规模几乎没有改变，甚至有所扩大。2006 年以后，各地实际运作的工业开发区非但数量没有减少，而且用地规模还在不断扩大。为了扩大对资本的吸引力，各地政府一方面进行"三通一平""七通一平"等配套基础设施投资，另一方面制定各种税收和管理方面的优惠政策来招商引资，包括低价出让工业用地、按投资额度返还部分出让金、各种形式的税费优惠、降低劳动力社保要求和节能减排标准等。近年来，随着国内产业分工转移，工业开发区有向内地欠发达城市大规模蔓延的趋势，很多欠发达地区的县、市政府，乃至乡镇政府，都在大搞开发区建设。地方政府在招商引资竞争中获得的好处不仅限于工业企业投产后产生的、未来较稳定的增值税收入，还包括本地工业发展对服务业部门增长的推动，以及由此带来的相关营业税、商住用地土地出让金等收入的增长。正是基于这一强烈的动机，地方政府才几乎不惜成本地进行大规模招商引资，导致土地开发和招商引资竞争成为推动中国城市经济增长的普遍模式。在这一发展模式下，中国的经济增长越来越依赖于土地与资本的结合，尤其是在 2008 年全球金融危机后，中国采取了大规模刺激投资来拉动经济的政策措施，导致土地资本化趋势更加明显，土地开发和基础设施投资成为驱动中国经济增长的重要力量。随着投资规模的持续扩大，上述粗放的工业发展和城镇开发模式导致投资效率日趋低下。目前中国的投资占 GDP 的份额接近 50%，对经济增长的贡献达 80% 左右，与此同时，要素资源在不同部门和不同所有制企业之间的配置改善带来的增长红利显著减少。而剔除要素配置改善效应后，生产效率提高对经济增长的贡献从 1991～2000 年的 2.5% 降至 2001～2010 年的 0.3%（国务院发展研究中心、世界银行，2014）。

最后，人口市民化水平不足导致流动人口难以融入城市和享受均等的公共服务。在中国城镇化过程中，很多转移人口是没有改变户口性质的农民，与真正的城市居民存在巨大的身份差异[①]。这种身份差异导致他们虽然在城市中生活和就业，却享受不到与城市居民同等的权益保障和公共服务。虽然改革开放以来，随着农村劳动力流动规模的增加，中国户籍制度先后经历了一些改革，如暂住证政策的实施、农转非政策的调整、小城镇户籍制度改革和蓝印户口等，但是这些改革是十分有限的，与户籍制度相联系的居民社会福利差别仍然存在。由此，虽然流动劳动力的名义身份实现了从农民到产业工人的转变，但是他们并未成为真正意义上的城市居民，仍然难以摆脱旧的户籍制度的束缚，这给他们在城市定居和生活增加了巨大的额外成本。由于对义务教育、医疗卫生和社会保障等基本公共服务的投资激励不足，社会事业发展滞后，中国城市居民享受的公共服务水平较低，特别是非户籍流动人口在义务教育、医疗卫生和社会保障等公共服务上所面临的政策性歧视，使他们能够享受的城市公共服务严重不足，并且需要为之支付高昂的费用，导致中国劳动力流动的隐性成本较高。例如，在义务教育方面，早在 2001 年国家就出台了《国务院关于基础教育改革与发展的决定》，禁止城市公办学校对进城务工人员子女的歧视，教育部随后又出台了一些配套文件，要求城市公办学校对进城务工人员子女一视同仁。但是，各地在执行政策的过程中还是通过各种手段限制进城务工人员子女到公办学校就读。在医疗卫生方面，虽然《中华人民共和国劳

---

① 1958 年中国颁布了《中华人民共和国户口登记条例》，标志着城乡分割的二元户籍制度的诞生。这种户籍制度实质上是一种"以农补工、以乡养城"的城乡差别经济发展战略。该制度强调户口的不可迁移性，农民被固定在土地上，不能分享城市社会资源；同时，这种户籍制度又是一种不平等的身份制度，不同类型户口所附着的就业、居住、教育、社会参与、社会保障、医疗服务和公共福利服务等权益存在巨大的差异。

动法》要求各地须使所有劳动者都参加用人单位和个人共同缴费的基本医保，但与城市居民相比，进城务工人员参加医疗保险的比例较低，只有21%的进城务工人员参保（城市职工参保率为80%）。人口市民化水平不足所导致的歧视性公共服务供给使得流动人口在子女教育、住房、医疗卫生和社会保障方面需要支付高昂的费用，构成了较高的阻碍劳动力流动的制度性成本，导致流动人口的实际收入水平下降，降低了劳动力区际流动的意愿。

二　新型城镇化的内涵与特征

新型城镇化是一个颇具中国特色的概念，是相对于上述传统城镇化模式而言的。从政策层面来看，党的十六大最早正式提出"新型城镇化"概念，当时是伴随着新型工业化战略提出来的，其主旨是通过产城互动来统筹城乡经济社会发展。然而，"新型城镇化"真正广为人知是在党的十八大召开之后。十八大报告明确提出要"坚持走中国特色新型工业化、信息化、城镇化、农业现代化道路，推动信息化和工业化深度融合、工业化和城镇化良性互动、城镇化和农业现代化相互协调"，把"促进工业化、信息化、城镇化、农业现代化同步发展"作为加快转变经济发展方式的重要战略抓手之一。2012年中央经济工作会议指出，2013年经济工作的主要任务之一是积极稳妥推进城镇化，着力提高城镇化质量，首次正式提出"把生态文明理念和原则全面融入城镇化全过程，走集约、智能、绿色、低碳的新型城镇化道路"；同时将新型城镇化确立为未来拉动中国经济发展的重要力量和扩大内需的重要手段①。十八届三中全会进一步提出要"坚持走中国特色新型城镇化道路，推进以人为核心的城镇化，推动大中小城市和小城镇协调发展、产业和城镇融合发展，促进城镇化和新农村建设协调推进"。在上述会议精神的指导下，中共中央、国务院于2014年印发了《国家新型城镇化规划（2014～2020年）》，该规划按照走中国特色新型城镇化道路、全面提高城镇化质量的要求，明确了中国新型城镇化的发展路径、主要目标、战略任务以及相关领域制度与政策创新。

与国家政策相呼应，学术界对新型城镇化的论述基本上是围绕中国特

---

① 《人民日报》2012年12月17日，第1版。

色社会主义事业五位一体总体布局展开的，体现了以人为本、创新发展和统筹发展的基本意涵。牛文元（2011）将新型城镇化的核心内涵表述为"七大坚持"：一是坚持城乡统筹发展，在区域的基础上思考大、中、小城市与乡村的协调发展，逐步化解城乡二元结构，实现城乡居民共同富裕；二是坚持创新发展，在转变发展方式的基础上提升城市发展的能级，提供更多的就业机会；三是坚持绿色发展，走可持续发展的生态文明之路，达到城乡人口、资源、环境、发展四位一体的互相统筹；四是坚持均衡发展，统筹城市内部、城际和城乡之间的和谐发展与包容性增长，大力克服城市病带来的交通拥堵、环境恶劣等问题；五是坚持城市公共服务均质化发展，对教育、医疗、住房、养老保险、社会保障等民生需求实施公平正义的国民待遇；六是坚持实现城市的宜居性和文化多样性，体现城乡居民的幸福感、安全感和有尊严的劳动与生活；七是坚持构建现代化管理体系，对人口、就业、资源保障、产业布局、市政建设、城市安全、政策法规等进行科学的规划、设计与施行。张英洪（2012）结合北京城镇化发展的实践，认为新型城镇化包括以下几方面内涵：第一，新型城镇化是空间布局合理的城市化，要推进城市群大中小城市合理分布和相应集中，从"摊大饼"式扩张转向多中心城市布局；第二，新型城镇化是维护农民权益的城市化，要让农民在自己的土地上富裕起来，实现农民市民化，将土地的增值收益还给农民，有效保障农民带着集体资产进城；第三，新型城镇化是善待外来人口的城市化，构建公正的社会制度，实现外来流动人口的市民化，逐步将流动人口纳入就业、教育、医疗、社保和住房等基本公共服务保障体系，使外来流动人口共享城市发展的成果；第四，新型城镇化是产业结构优化的城市化，城市化的过程本身也是产业结构不断优化升级的过程，要大力发展民生产业，努力解决城镇化过程中的农民就业问题；第五，新型城镇化是生态环境友好的城市化，新型城镇化必须坚持全面、协调和可持续发展的原则，走资源节约型与环境友好型之路，不断提高生态文明水平，确保城市使人们的生活更加美好；第六，新型城镇化是发展民主法治的城市化，要以民主法治的方式来推进城市化，以城市化来提升民主法治水平，使城市化与民主化相互促进。程必定（2011）认为新型城镇化的核心是经济社会结构的城镇化转型，具体包括产业结构、就业结构、空间结构以及文化与观念四个方面的转型，这四个方面的转型既是新型城镇化的一般规律，也是走新型城镇化道路的基本途径。杨重光（2010）强调新型城镇化是全面的、综合的经济社会发展的道路和战略，其本质在于提升农民的经济地位，改善他们的生活状态，使农民享受与城市居民同样的经济权利和生活条件。单卓然、黄亚平（2013）认为新型城镇化是以民生、可持续发展和质量为内涵，以追求平等、幸福、转型、绿色、健康和集约为核心目标，以实现区域统筹与协调一体、产业升级与低碳转型、生态文明和集约高效、制度改革和体制创新为重点内容的城镇化过程。陆铭、高虹、佐藤宏（2012）认为新型城镇化的重要内涵之一是实现包容性就业，使更多的劳动力实现就业，分享城镇化和经济增长所带来的好处。张占斌（2014）将中国新型城镇化道路概括为六个"新"：一是新核心，要以人为核心，城镇化要围绕为人服务展开；二是新理念，更加注重包容发展，使所有人群共享城镇化发展成果；三是新动力，统筹推动新型工业化、信息化、城镇化、农业现代化，形成促进城镇化发展的合力；四是新方式，融入生态文明，建设人与自然和谐相处的美丽中国；五是新格局，以主体功能区规划为指导，形成科学的新城镇布局；六是新重点，制度等软件建设重要性更加凸显，释放改革红利。

综上所述，无论是从国家政策，还是从学术研究来看，新型城镇化的内涵都很丰富，涉及产业结构转变、人口市民化、城镇空间格局调整、生态文明建设等方面的内容。在某种程度上讲，国家试图将新型城镇化作为一个政策总抓手，以此来推动中国经济发展方式和发展动力的转换，因此，学术界在讨论新型城镇化时倾向于赋予其更多的内涵。但是，理论维度固然可以扩大新型城镇化概念的应用范围，却不利于研究问题的聚焦，为此，我们从研究的需要出发，在总结现有文献的基础上，认为新型城镇化主要有以下三个基本特征。一是包容性。从理论上讲，城镇化通过促进劳动力流动有助于实现城乡居民收入趋同，并提高城乡居民所享受的公共服务水平。但中国传统的城镇化在缩小城乡居民收入差距和提高公共服务水平方面的积极作用尚未充分显现，其原因在于各地方政府实施的带有城市倾向的身份分割政策。这些政策旨在短期内推动经济增长，达成地方发展政绩目标，它们与中国特殊的户籍制度、土地制度和住房制度等一起限制并阻碍了流动人口分享城镇化的好处，提高了劳动力的流动成本，不利于劳动力的自由流动。新型城镇化的包容性意味着城市为所有人提供平等的就业与积累财富的机会，提供大致同质的基本公共服务，实现流动人口的市民化。这无疑能大大降低劳动力流动的制度性成本，促进劳动力充分自由流动。二是开放性。由于分权竞争的影响，传统城镇化进程受限于行政边界和区域分割，决策当局着眼于单个城市的经济活动治理，不同城市之间的经济互动受到人为地割裂。各地通过行政干预扭曲要素价格进行区域分割，导致区域之间难以进行高效的基于市场力量的分工，资源的空间配置效率降低。而新型城镇化强调基于开放性的城市群战略，减少行政干预对要素价格的扭曲，城市间要素相对价格的变化对城市产业分工的作用显著。城市群内广泛存在的双向或多向的人流、物流、资金流、技术流和信息流构成了城市之间的经济联系，这种经济互动促进了不同类型城市之间的经济分工，城市体系内部分工协作对城市体系产业结构优化的重要性得到凸显。三是高效性。相对于传统城镇化，新型城镇化意味着经济增长方式的转变——从以往要素驱动的粗放型经济增长方式转向创新驱动的集约型经济增长方式。长期以来，在分权竞争的条件下，中国的城镇化进程是由快速的工业化来推动的，而快速的工业化是建立在低廉的土地、劳动力等要素成本以及税费优惠、放松环境管制等一系列优惠政策基础上的，结果导致要素资源的使用效率低下。快速的工业化一方面导致土地的非农化利用规模迅速扩张，另一方面导致劳动力非农就业水平急剧上升，这引发了城市建成区在空间上的快速扩张以及大量人口从乡村流向城市。但是，资源的稀缺性决定了这种要素驱动的低效工业化方式的不可持续性，进而也决定了与其相伴的传统城镇化进程的不可持续性。因此，新型城镇化战略的实施首先必须要改变这种经济增长方式，要更优地使用人口、土地和资本等生产要素资源，在控制劳动投入、土地利用和资本积累的条件下实现更高效率的增长。

第二节　新型城镇化背景下产业结构优化升级的机制

一　要素流动、城市产业分工与产业结构优化升级

本书认为，新型城镇化的上述三个特征并非平行关系，开放性和包容

性是中国新型城镇化战略的内在过程机制，二者促进了城镇化过程中的要素流动，要素的充分自由流动有利于城市体系内不同规模城市之间的产业分工，而分工则意味着整个城市体系产业结构的优化升级，其结果就体现为新型城镇化过程的高效性，即城市体系经济效率得到提升。可见，开放性和包容性是新型城镇化的两种过程特征，而高效性是这两种过程特征的作用结果，其中间传导机制则为高效的要素流动和城市产业分工。下面我们就在综合传统区域经济理论、新经济地理学和城市经济学理论观点的基础上，探讨要素流动、城市产业分工与城市体系产业结构演变的一般规律。

传统贸易理论较早对市场一体化、产业国际分工和区域专业化发展的关系进行了理论分析。李嘉图模型分析了在商品可以自由流动但生产要素不可流动的条件下国家之间的产业分工问题，提出了基于绝对优势的国际产业分工的观点，各国选择机会成本较低的产业进行专业化生产，从而实现完全的区域专业化分工，而这种分工格局决定了国际贸易的流向和各国产业结构的基本特征。在商品市场一体化的条件下，各城市根据机会成本选择适合自己的产业组合，实现区域产业分工，并共同分享自由贸易收益，各城市的产业结构取决于不可流动要素的相对价格。基于同样的逻辑，H-O模型认为，各个国家或城市不同类型生产要素的丰裕程度不一样，进而导致了国家或城市之间生产要素的相对价格差异，每个国家或城市应该在密集使用该国或该城市相对丰裕要素（也是相对价格较低的要素）的产品上进行专业化生产，并进口密集使用该国或该城市相对稀缺要素（也是相对价格较高的要素）的产品。这样在商品可以自由流动的条件下，自由的国际贸易体系将保证整个国际生产结构是有效率的。可见，在传统贸易理论框架内，产业的区域分工完全源自外生的技术差异和要素禀赋差异，是企业对比较利益的追求在区域层次上的表现，不可移动要素的丰裕程度和外生技术差异决定了城市专业化特征。在这种情况下形成的区域产业结构是以区际专业化分工为前提的，各城市之间的产业结构差异取决于外生的要素禀赋与相对价格差异，商品市场的一体化则促进了区域生产结构的效率。

传统贸易理论关于商品可以自由流动而要素不可流动的理论假设适应了当时不发达的国际经济状况。随着技术进步和交通网络的现代化，资本、劳动力等要素跨越国界流动的情况越来越常见，规模越来越大，对城市产业结构的影响也日益显著，国际贸易常常发生在要素禀赋相似的国家之间。对此，新贸易理论认为由于规模经济效应的存在，两国商品相对价格的差异不完全取决于二者的要素价格差异，必须综合考虑生产的技术因素。在其他条件相同的情况下，两国市场条件和经济规模的不同会导致生产成本的差异，并进而影响商品的相对价格，具有较大国内市场规模的国家会获得竞争优势。因此，在考虑市场条件之后，两国经济规模差异和不完全竞争的市场结构共同决定了商品相对价格的差异，并导致贸易、城市专业化分工和资本的跨区域流动。在新贸易理论看来，在不完全竞争和规模报酬递增的条件下，较大的国内市场规模为大规模生产提供了有利条件，为了获得报酬递增的好处，厂商大量生产并出口具有规模优势的产品，由此促进了城市之间的专业化分工。

借鉴新贸易理论的基本框架，新经济地理学认为，不完全竞争的市场结构和报酬递增会导致地理空间上的产业集聚，而产业一旦在特定的地理空间内集聚就会产生自增强效应，这种效应是厂商为了分享集中的外部经济的结果。而这样的集聚空间通常是城市，经济和人口的集中使得城市环境具有外部经济性，外部经济性扮演了吸引资源要素流入城市的角色，其来源有三。一是共享（sharing）。城市集中而有规模的市场有助于供应者利用生产的内部规模经济降低生产成本，厂商既可以根据购买者的需求提供高度专业化的商品与服务，也可以在更大范围内以更低的成本获取各类中间投入品。同时，企业也可以通过共享城市发达的市场基础设施网络，节省包括运输费用在内的贸易成本。二是匹配（matching）。城市集中而多元化的生产要素市场可以降低要素供需双方的搜寻成本，提高市场匹配效率。企业更容易招募到所需劳动力，而劳动力也更容易获得就业机会，资本市场上的融资者也更容易与资金提供者实现匹配。三是学习（learning）。城市共享的知识基础设施和制度、频繁的人际交流、多样化的知识环境，提高了知识创造、扩散和使用的效率，有助于提高厂商的创新水平和劳动力的人力资本水平。在城镇化发展的早期阶段，在上述外部效应的共同作用下，一个具有初始制造业优势的城市会出现累积循环因果效应，从而吸引更多的产业在本地集聚，这时城市体系就呈现"中心—外围"的产业格局。大量非农经济部门集中分布在中心城市，中心城市成为工业产品的输出地，而外围小城市主要从事初级产品生产，成为工业产品的输入地，从而实现了城市体系的第一阶段产业分工。这一阶段的产业分工主要表现为大城市和小城市之间的部门分工，在这种分工格局中，要素进行着从低生产率的小城市初级产品部门转移到高生产率的大城市非农部门的单向流动，从而推动了城市体系产业结构的效率改进。

但是，要素的单向流动导致经济和人口的集中，改变了城市环境，导致城市人口与经济密度上升，给城市带来了拥挤成本，而拥挤成本是一种推动要素资源向外扩散的力量。人口与经济密度的提高导致城市中经济主体对土地、房屋与通勤等非贸易品的需求急剧上升，从而引发各类非贸易品价格上涨，特别是不可流动的土地要素价格上涨，导致了厂商的生产成本和劳动力的生活成本上升。当城市人口与经济密度达到一个临界点之后，厂商和劳动力在享受外部性好处的同时，也必须忍受拥挤成本上升所带来的压力。在城市边界（规模）既定的条件下，上涨的拥挤成本就会迫使一部分资本和劳动力迁出城市，那些对地价敏感的低附加值制造业环节和低素质人力资本就会率先向外部转移，而用地较少的服务业与高附加值制造业环节以及高素质人力资本因为对抗地价上涨的能力较强而选择留在城市。这种双向流动势必会推动城市间产业功能的分工，大城市服务和高附加值制造功能进一步加强，而小城市的标准化制造功能也有所提升。在这种情况下，大城市从过去的非农产业集聚中心进一步向高附加值服务和高端制造集聚中心转变，小城市则从过去的初级产品区向制造加工基地转变，城市体系实现了第二阶段产业分工。这一阶段的产业分工本质上是大城市和小城市之间在产业内价值链上的功能分工，在这种分工格局中，高端要素进一步向大城市高附加值产业功能集中，与此同时，低端要素则向小城市流动，要素的双向流动进一步推动城市体系产业结构的优化升级。

二 包容性与劳动力流动

新经济地理学经典模型在垄断竞争、冰山型运输成本和收益递增的假设条件下，引入要素流动机制，通过厂商的生产区位和消费者的消费区位选择来揭示产业空间分布格局的形成机制①。其中，垄断竞争的厂商根据利润最大化的原则选择生产区位，理性的消费者根据效用最大化的原则选择消费区位，使得区域经济发展中普遍存在三种不同的经济效应。第一种是市场接近效应（market access effect），也称需求关联效应（demand lingkage effect）或后向关联效应（backward linkage effect）。劳动力（既是生产者也是消费者）从其他城市迁往本地将使本地对工业品的需求增加，本地市场规模变大，为了靠近更大的市场，其他城市的厂商也会迁入本地。而外部厂商的迁入会导致本地劳动力需求增加，这将吸引劳动力流入，并使本地市场需求进一步增加，而本地市场需求的增加将使本地厂商利润增加，这又进一步吸引更多厂商进入。这样一个循环累积的过程推动了经济活动的空间集聚。第二种是生活成本效应（living cost effect），也称成本关联效应（cost linkage effect）或前向关联效应（forward linkage effect）。厂商从其他城市迁往本地，使本地厂商数量增加，本地生产的制成品种类和数量增多，需要从外地输入的商品种类和数量减少，支付的贸易成本下降，导致本地制成品的价格指数较低。这意味着本地生活成本下降和实际工资水平提高，这将吸引劳动力流入，劳动力供给增加将使本地名义工资下降，降低了厂商的平均成本，本地厂商利润增加，这又进一步吸引更多厂商进入。这是一个导致经济集聚不断自我强化的循环累积过程。第三种是市场拥挤效应（market crowding effect）。厂商在空间上的集中一方面加剧了争夺消费者的市场竞争，致使本地厂商需求减少和边际收益下降，企业的盈利能力下降；另一方面扩大了对土地、房产、公共服务等非贸易品的需求，导致非贸易品价格上涨，本地经济吸引力下降，从而产生一个抑制集聚的作用。前两种效应构成了推动产业地方化集聚的向心力，后一种效应则扮演了推动产业扩散离心力的角色。

从上面的分析可以看出，劳动力区际流动是城市体系产业空间结构形

---

① 包含要素流动的新经济地理学基本模型主要有 Krugman（1991）的核心 - 边缘模型、Martin & Rogers（1995）的自由资本模型、Forslid & Ottaviano（2003）的自由企业家模型等。而在新经济地理学的研究中，还有一些模型在不考虑要素流动的情况下分析了产业集聚的机制，包括 Krugman & Venables（1995）、Venables（1996）和 Fujita & Krugman（1999）提出的核心 - 边缘垂直联系模型，Robert-Nicoud（2002）的自由资本垂直联系模型，Ottaviano（2002）的自由企业家垂直联系模型等。

成的重要机制。劳动力既是生产者也是消费者，其流动一方面为厂商提供了充足的劳动供给，另一方面也带来了市场需求的地域性集中，而市场需求的集中会吸引更多厂商进入本地。因此，劳动力的跨区域流动在很大程度上影响了厂商的生产定位（资本流动），引发了产业在城市体系内的集聚和扩散，并进而对城市体系内产业分工产生了重要影响。那么，究竟有哪些因素影响了劳动力的区际流动呢？

区域经济理论的发展表明，劳动力根据效用最大化标准来选择就业和生活区位，而在典型的城镇化进程中，劳动力的效用满足来源于一定收入条件下对差异化工业品和地方公共服务产品的消费组合。为此，我们假设城市 1 的代表性消费者的效用函数为 Cobb-Douglas 形式，具体如式（1）：

$$U_1 = M_1^{\mu} H_1^{1-\mu} \tag{1}$$

其中，M_1 是消费者选择的差异化工业品，H_1 是消费者购买的公共服务产品，μ 是消费者用于工业品消费的支出份额，并满足 $0 < \mu < 1$，$1-\mu$ 是消费者用于公共服务产品的支出份额。M_1 满足替代弹性不变（CES）的函数形式，有式（2）给出：

$$M_1 = \left[\int_{i=0}^{n_1+n_2} C_i^{\frac{\varepsilon-1}{\varepsilon}} \right]^{\frac{\varepsilon}{\varepsilon-1}} \tag{2}$$

其中，C_i 表示消费者对 i 种工业品的消费数量，n_1 是城市 1 生产的工业品种类数，n_2 是城市 1 消费的由城市 2 生产的工业品的种类数，ε 为任意两种工业品之间的替代弹性，并满足条件 $\varepsilon > 1$。

在上述假定的前提下，劳动力区位选择的基本逻辑如下：假定在初始条件下两个城市人口规模相同，劳动力向城市 1 转移导致该城市经济和人口密度上升。这一方面会导致城市 1 对公共服务产品的需求增大，公共服务产品价格上涨；另一方面也会导致城市 1 市场规模扩大和差异化工业品供给数量增多，工业品之间的替代弹性系数上升，工业品的价格指数下降。理性的消费者就需要通过对公共服务产品和差异化工业品的消费组合进行选择来实现自己的效用目标。当消费者对多样化的产品偏好增强，并能够忍受城市 1 公共服务产品价格上涨的压力时，劳动力会继续向城市 1 流动，导致城市 1 的经济密度进一步上升，差异化工业品的种类增多，消费者面临更加多元的消费选择，公共服务产品价格上升。而随着城市 1 公共服务产品价格上涨，一部分消费者的效用水平下降，他们宁愿减少差异化工业品消费选择的多样性而转移到公共服务产品价格较低的城市2，这导致一部分劳动力从城市1撤出，并引发城市1的相关产业向外扩散。在城市2，虽然消费者面临的差异化工业品供给的多样性不如城市1，工业品的价格指数也相对较高，但较低的公共服务产品价格足以弥补消费者在这方面的效用损失。因此，均衡条件下城市1和城市2消费者的实际效用水平相等，并由此决定了劳动力在两个城市之间的分布模式。

由于消费者的效用满足来源于工资收入预算下的消费组合，因此，我们可以用劳动力的实际工资水平来进一步说明劳动力在两个城市之间分布的均衡实现机制。在一国内部区域之间不存在移民限制的情况下，劳动力流动成本与收益的比较，即流动的净收益决定了劳动力流动的规模和方向。劳动力要素的流动收益主要是工资水平的增加，即流动后工资水平相对于流动前的增量。流动成本主要包括劳动力迁徙成本，流入地相较于流出地日常消费支出的增加以及流入地住房、医疗和教育等公共服务费用支出的增加。当典型的劳动力消费差异化工业制成品和公共服务产品（包括住房、医疗、教育等）时，城市1劳动力的实际工资为 $\omega 1 = \dfrac{w1}{P1}$，其中，$P1 =$

$p1_s^{1-\mu} p1_m^{\mu}$，$p1_m = \left(\displaystyle\sum_{i=1}^{n_1} p_i^{1-\varepsilon} + \sum_{i=1}^{n_2} \tau p_i^{1-\varepsilon} \right)^{\frac{1}{1-\varepsilon}}$；城市2劳动力的实际工资为 $\omega 2 =$

$\dfrac{w2}{P2}$，其中，$P2 = p2_s^{1-\mu} p2_m^{\mu}$，$p2_m = \left(\displaystyle\sum_{i=1}^{n_1} \tau p_i^{1-\varepsilon} + \sum_{i=1}^{n_2} \tau p_i^{1-\varepsilon} \right)^{\frac{1}{1-\varepsilon}}$。在上述二式

中，$w1$、$w2$ 分别表示城市1和城市2劳动力的名义工资，$P1$、$P2$ 为两个城市的总价格指数，$p1_s$、$p2_s$ 为两个城市公共服务产品的价格，$p1_m$、$p2_m$ 为两个城市工业制成品价格，μ 表示消费者总支出中用于工业制成品消费的比例，$1-\mu$ 为消费者用于公共服务产品的支出比例，并有 $0 < \mu < 1$；p_i 表示第 i 种工业制成品的价格，n_1、n_2 分别表示两个城市的厂商数量和工业制成品的种类，ε 为任意两种工业制成品间的替代弹性，τ 为冰山型运输成本。由此，劳动力区际流动的方向和规模将取决于两个城市实际工资水平差距（$\omega 1 - \omega 2$），两个城市实际工资水平差距（$\omega 1 - \omega 2$）越大，则劳动力从城市2流向城市1的动力越强，流动规模越大；反之，劳动力从城市2流向城市1的动力越弱，流动规模越小。

在城市体系的开放性增强和市场一体化水平提高的情况下，当城市 1 的经济密度增加到一定水平之后，公共服务产品作为非贸易品会产生一种扩散力量，推动劳动力向外转移，城市体系产业的空间结构也会因而发生转变。随着厂商和劳动力流入城市 1，城市 1 的经济密度上升，在价格指数效应的作用下，城市 1 的工业制成品价格指数降低，这在一定程度上提高了劳动力的实际工资水平。但劳动力流入使得城市 1 对公共服务产品的需求不断增加，导致公共服务产品价格不断上涨，这抑制了劳动力实际工资水平的上升。因此，城市 1 劳动力的实际工资 $\omega1$ 取决于当地工业制成品和公共服务产品价格指数的变化幅度，如果公共服务产品价格指数过高，即便工业制成品的价格指数较低，城市 1 的实际工资 $\omega1$ 也会趋于下降。同时，由于厂商和劳动力大量迁出，本地生产的工业制成品种类和数量较少，需要从外地输入的工业制成品种类和数量较多，支付的贸易成本也较高，城市 2 的工业制成品价格上升，这在一定程度上降低了劳动力的实际工资水平，但由于公共服务产品需求不断减少，公共服务产品价格下降，这又相当于提高了本地的实际工资水平。因此，只要城市 2 的公共服务产品价格下降得足够多，即使工业制成品的价格指数相对较高，其实际工资 $\omega2$ 也会趋于上升。两地实际工资水平的上述变动导致城市 2 的劳动力流向城市 1 的净收益下降，当城市 1 的实际工资小于城市 2 时（$\omega1 - \omega2 < 0$），就产生了一种新的离心力：劳动力对城市 2 较高的实际工资做出反应，从城市 1 迁出流向城市 2，从而引发城市体系产业分工格局的变动。

需要强调的是，住房、医疗、教育等地方公共服务产品的价格形成不仅受到市场供求力量的影响，还在很大程度上受到政府在城镇化进程中所推进的政策影响，而这种政策差异正是不同城镇化模式的差别所在。如果政府对公共服务产品的投入力度足够大，对居民的公共服务产品消费提供适当的补贴，并实施对所有人群提供均等化公共服务的"包容性"政策，那么，虽然劳动力流入增加了对本地公共服务产品的需求，但需求的增加所导致的公共服务产品价格的上涨就会受到控制，这无疑会提高劳动力的实际工资水平，促进劳动力高效的区际流动，从而有助于城市体系的产业分工。反之，如果政府对公共服务产品投入力度不够，并对不同身份居民实施歧视性公共服务供给政策，那么，这种缺乏"包容性"的政策安排会降低劳动力的实际工资水平，阻碍劳动力的区际流动，从而不利于城市体系的产业分工,在整体上降低城市体系产业配置效率。

从以上分析可以看出,新型城镇化的包容性特征由于促进了居民收入分配和公共服务产品供给的公平性,会在以下两个方面对城市体系产业结构产生重要影响。一方面,新型城镇化的包容性意味着城市为所有人提供平等的就业与积累财富的机会,并使其在城市范围内获得同质的基本公共服务。另一方面,通过综合配套改革促进农业人口流动,使他们能够享受与城市居民同等的公共服务,保障他们也能获得均等的基本公共服务产品。持续的收入增加机会、平等的收入分配以及均等化的公共服务产品配给有利于提高城市的实际工资水平,降低人口流动的成本,提高城市对流动人口的吸引力,促进人口跨区域自由流动,从而促进城市分工,形成推动城市产业结构升级的力量。

三 开放性与资本流动

当城市经济密度达到一定水平之后,城市环境对企业不仅意味着可以享受外部性收益,还意味着要承担越来越高的拥挤成本,特别是城市地价上涨所带来的成本压力。在城市空间有限的条件下,由于土地的不可再生性与不可流动性,当大量资源为了追求外部性收益涌入城市,整个城市的土地价格则会持续上涨。地价上涨将对那些难以通过加成定价方式转移土地成本压力的竞争性制造业部门形成挤出效应,从而迫使一部分从事标准化制造的厂商从城市迁出,转移到土地价格相对低廉的地区。这意味着随着城市经济密度的上升,地价将会推动资本进行跨区域流动,城市体系的产业结构也将会发生调整。

但是,上述地价推动资本流动的机制隐含了另一个重要假设,即城市的边界相对稳定,正因为城市边界不能发生改变,地价上涨才会迫使一部分资本外流。但是在中国,城市边界通常是不稳定的,它不仅取决于城市外部性与拥挤成本之间的权衡,还在很大程度上受到政府行政力量的影响。为了增加本地的经济吸引力,减缓资本外流的进程,政府可以通过行政干预将城市周边的农村地区划入城市,来扩大城市边界,从而为压低土地价格提供可能。这种压低地价的行为扭曲了土地要素的价格,使地价上涨的压力在城市内部得到释放,在一定程度上阻碍了资本的跨区流动,并最终对城市产业结构转换产生重要的影响。

为了更清楚地揭示地价扭曲对资本流动的影响，我们可以用图2-1进一步说明地价扭曲和资本流动之间的互动关系。图2-1揭示了在一个包含两个城市的城市体系中地价扭曲影响资本流动的三种情形。$C^0 C^4$线表示城市1（大城市）和城市2（小城市）总的资本存量，$C^0 V$和$C^4 V$均为资本的边际产值线，AA、$A^1 A^1$分别代表城市1、城市2初始的资本边际产值曲线。假定在初始条件下两个城市资本存量存在较大差异，产业高度集聚在城市1，城市1的经济密度较高，城市2的经济密度较低，因此，城市1和城市2的资本存量分别为$C^0 C^3$和$C^3 C^4$，城市1的资本存量显著高于城市2。根据土地价格扭曲的不同情况，城市体系产业空间分布格局的动态变化存在以下三种情形。

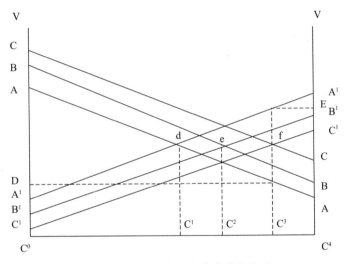

图2-1　地价扭曲和资本流动的关系

第一种是最理想的情形。在这种情况下，假定城市体系的开放性极高，不存在土地价格扭曲的行为，土地价格完全反映了各城市经济密度差异所引起的土地市场供求关系差异，此时，就会发生充分的资本跨区域流动，并导致低附加值资本从大城市向小城市转移。在图2-1中，初始状态下城市1的资本存量远高于城市2。在资本边际产值递减规律作用下[①]，城

---

① 这里资本边际产值曲线的轨迹仍然遵循新古典经济学关于资本边际报酬递减的假设，而资本边际产值曲线整体向右上方移动则刻画了产业集聚所导致的收益递增效应。

市 1 的资本边际产值应低于城市 2，即 $C^0 D < C^4 E$。在现实中，这种情况表明城市 1 的经济密度达到一定水平后，由于地价上涨、劳动力工资水平上升和市场竞争的加剧，资本的投资回报率低于要素价格较低的城市 2。这表明城市 1 已不再具备某些产业，特别是低附加值产业发展的比较优势。为了追求更高的投资回报，城市 1 的厂商便有了向城市 2 转移的动力，区域之间发生了资本（产业）的转移。这在图中表现为城市 1 的资本存量从 $C^0 C^3$ 减少到 $C^0 C^1$，有 $C^3 C^1$ 单位的资本从城市 1 流向了城市 2，城市 2 的资本存量便由最初的 $C^3 C^4$ 上升为 $C^1 C^4$。由于资本存量减少，城市 1 的资本边际产值率提高，而由于资本存量增加，城市 2 资本的边际产值率下降，此时，两个城市资本边际产值曲线相交于 d 点，两城市资本边际产值达到均等状态。可见，在不存在土地价格扭曲的条件下，为了降低土地成本，那些对土地价格敏感的资本要素便会发生充分的区际流动。此时，由于地价变动的方向与公共服务产品价格变动的方向完全一致，资本和劳动力便会发生同向的相互调适的跨区域流动，城市产业结构转换就可以顺利实现。

第二种是极端情形。在这种情况下，我们假定城市体系的开放性极低，各城市采取了最大化的扩张城市边界的行为，使地价上升的成本压力在城市内部得到完全释放，从而最大限度地扭曲了土地价格，其结果是资本的流动性降低，低附加值资本难以从城市撤出，这将促进产业继续在大城市集聚，城市产业结构转换就难以顺利实现。在城市 1 的资本边际产值较低的情况下，政府压低地价的行为同样可以实现两地资本要素边际产值率的均等化。由于地价上涨的压力在城市内部完全释放，城市 1 资本的投资回报率并没有受到地价的影响而下降，同时，随着经济密度上升的外部经济收益扩大，城市 1 资本的投资回报率上升，导致城市 1 资本的边际价值曲线整体向右上方移动到 CC 位置，这时，城市 1 的资本没有向外转移的动力。在城市 1 资本不流动的情况下，城市 2 劳动力大量流入城市 1，导致城市 1 劳动力要素丰裕度上升，工资水平下降，厂商的劳动力成本下降，这进一步强化了城市 1 的资本黏性。与此同时，城市 2 资本的边际价值曲线则向右下方移动到 $C^1 C^1$ 位置，这是因为在劳动力有限供给的情况下，劳动力流出会导致城市 2 劳动力要素丰裕度下降，工资水平上升，厂商的生产成本上升，资本的投资回报率下降。这时，两个城市资本的边际价值曲线相交于 f 点，在 f 点两个城市的资本存量与初始状态相比没有变化，城市 1 没有发生产业扩散现象，资本也没有外流，而城市 2 的劳动力则大量流向城市 1。可见，在劳动力流动性较高的条件下，城市的地价扭曲会阻碍资本的跨区域流动，这时，由于地价变动的方向与公共服务产品价格变动的方向不一致，资本和劳动力便不会发生同向的流动，而往往会出现劳动力追逐资本的区际流动，这会进一步加强大城市的产业集聚，而城市产业结构转换进程受阻。

第三种是较为现实的情形。在这种情况下，地方政府地价扭曲的程度处于前述的两种情形之间，城市土地价格存在一定程度的扭曲，比第一种情形要高，比第二种情形要低。这时，会发生一定程度的资本和劳动力的同向区际流动，使得大城市在经济密度达到临界点后同时发生资本和劳动力外流，从而引发城市产业结构转换。在图 2-1 中，由于地价压低的空间有限，城市拥挤成本的上升影响了本地资本回报率水平，导致城市 1 资本的边际价值曲线只能从 AA 向上移动到 BB 位置，城市 1 的资本外流规模小于第一种情况。与此同时，由于资本增加的数量有限，城市 2 资本的边际价值曲线也只能从 A^1A^1 向右下方移动到 B^1B^1 位置。在这种情况下，两个城市的资本边际价值曲线相交于 e 点，城市 1 的资本存量从 C^0C^3 减少为 C^0C^2，有 C^3C^2 单位的资本流向了城市 2。此时，由于地价变动的方向与公共服务产品价格变动的方向不完全一致，资本和劳动力会发生一定程度的同向流动，城市产业结构转换的效率可以在一定程度上实现。

以上第一种情形揭示了在不存在土地价格扭曲的条件下资本流动的机制，由于城市地价变动的方向与公共服务产品价格变动的方向完全一致，资本和劳动力便会发生同向的相互调适的跨区流动，进而促进城市产业结构优化升级。第二种情形刻画了在完全地价扭曲的条件下资本跨区域流动的机制。由于地价上涨的压力在城市内部得到释放，地价变动的方向与公共服务产品价格变动的方向不一致，资本和劳动力便不会发生同向的跨区域流动，出现劳动力追逐资本的区际流动现象，大城市经济密度进一步提高，城市产业结构优化进程受阻。第三种情形描述了土地价格扭曲处于中间状态下的资本流动机制，由于地价变动的方向与公共服务产品价格变动的方向在一定程度上吻合，资本和劳动力会发生一定程度的同向流动，这在一定程度上促进了城市产业结构优化升级。目前，第三种情形可能更符合中国城镇化的现实，而新型城镇化战略的开放性特征要求各地减少价格扭曲，努力消除阻碍要素流动的制度性障碍，将有利于第一种资本跨区域流动情形的出现，从而有助于推进中国城市产业结构的优化升级。

四 城镇化与产业结构优化升级的分析框架

基于上述理论分析，我们可以构建城镇化与产业结构优化升级的理论框架，具体如表 2-1 所示，本书将按照这一理论框架进行相应的理论与实证分析。

表 2-1 城镇化与产业结构优化升级的理论框架

	传统城镇化	新型城镇化
包容性	公共服务歧视	公共服务均等化
开放性	地价扭曲	消除地价扭曲
要素流动	单向流动：从低生产率的小城市初级产品部门转移到高生产率的大城市部门	双向流动：大小城市之间基于价值链功能差异的双向流动
产业分工	城市功能分工：中心城市成为工业产品基地，而外围小城市主要从事初级产品生产	城市功能分工：大城市向高附加值服务和高端制造集聚中心转变，小城市则成为专业化制造加工基地
产业结构优化升级	各城市产业效率提升	各城市产业效率提升

表 2-1 构建了一个"要素流动—城市功能分工—产业效率提升"的理论分析框架，我们将基于这一理论框架来研究新型城镇化背景下产业结构优化升级问题。根据该理论框架，我们可以将城镇化与产业结构优化升级的关系划分为以下两种情况。（1）传统城镇化背景下产业结构优化升级。在传统城镇化背景下，各个城市基于各自的行政辖区边界实施相关的产业政策，阻碍了市场力量作用下的要素流动，具体措施有二。一是通过地价扭曲进行区际分割，具体做法是利用行政力量扩张城市边界，压低工业地价水平，使地价上升的压力在城市内部得到释放，其结果是大城市地价难以反映城市环境的变化，从而产生资本黏性，导致产业的高度集中。二是通过公共服务歧视进行身份分割，即对不同身份居民实施歧视性公共服务供给政策，这降低了劳动力的实际工资水平，阻碍了劳动力的区际流动。在上述两种分割政策安排下，资本和劳动力从低生产率的小城市初级

产品部门转移到高生产率的大城市工业和服务业部门,大城市成为多元产业集聚区,小城市劳动力外流。城市产业结构不能反映市场力量导致的要素相对价格变化,不利于城市体系产业分工,在整体上降低了城市体系产业效率。(2)新型城镇化背景下产业结构优化升级。在新型城镇化背景下,各个城市基于城市群实施一体化的产业政策,有利于市场力量作用下的要素流动,具体措施有二。一是通过消除地价扭曲减少区际分割,促进区域市场一体化,地价可以真实地反映城市环境的变化,资本可以基于城市环境的变化而自由流动。二是通过公共服务均等化消除身份分割,即对不同身份居民实施均等的公共服务供给政策,这提高了劳动力的实际工资水平,降低了劳动力流动的成本,促进了劳动力的区际流动。在上述两种一体化政策安排下,当城市经济密度达到一定的临界点后,资本和劳动力在大城市和小城市之间发生了基于价值链功能差异的双向流动,大城市向高附加值服务和高端制造集聚中心转变,小城市则从过去的初级产品区向制造加工基地转变。各个城市的产业结构充分反映了市场力量导致的要素相对价格变化,产业效率得到提升,城市体系产业结构实现了优化升级。

从特定的时间截面来看,上述两种情形可以看成两种类型城镇化与产业结构优化升级的关系。我们将基于这一理论框架对中国不同地区城镇化以及产业结构优化升级的过程进行类型比较分析,以揭示中国不同地区城镇化以及产业结构优化升级过程的共同性和差异性。此外,从纵向的角度来看,上述两种情形也可以看成不同城镇化发展阶段下产业结构优化升级的不同路径和机制,我们将基于这一理论框架,对中国城镇化进程中产业结构变化的历史轨迹进行实证分析,揭示其发展的阶段性特点。

五 主要变量的内涵与度量

(一)产业结构优化升级及其度量

产业结构升级概念可以追溯到罗斯托所提出的经济增长阶段论。罗斯托(1985,1988)运用总量部门分析法,根据生产技术标准提出经济增长的六阶段论,依次是传统社会阶段、准备起飞阶段、起飞阶段、走向成熟阶段、大众消费阶段和超越大众消费阶段。在此基础上,罗斯托认为一个国家应该选择具有扩散效应的部门作为主导产业部门,将主导产业的生产优势传递到其他关联产业当中去，带动和促进其他产业发展，而产业结构的调整升级是经济社会发展从一个阶段到另一个阶段的关键。中国在十六届五中全会上，做出了推进产业结构优化升级的部署，即要形成以高新技术产业为先导、基础产业和制造业为支撑、服务业全面发展的产业格局。近年来国内学者对产业结构升级的研究成果较多，从不同角度对产业结构升级进行了定义。周振华（1996）从产业结构形态论的角度出发研究，认为产业结构升级就是产业结构从低级形态向高级形态的发展。刘志彪（2000）认为产业结构升级包括劳动力结构调整、产业部门升级、产品结构升级以及行业内生产要素配置效率提高四个方面，强调生产效率、生产技术以及产品附加值在产业结构升级中的作用。张耀辉（2002）认为产业结构升级就是高附加值产业替代低附加值产业的过程，创新和要素升级是产业结构升级的关键。陈明森（2004）将产业结构升级分为产业结构合理化、产业结构高度化以及产业结构高效化三个方面。姜泽华和白艳（2006）认为产业结构升级和产业升级是两个不同的概念，两者之间既有联系又有区别。产业结构升级应包含三方面内容：一是产业结构规模扩大，即参与交易活动的产业数量有所增加或原有各产业之间交易活动的容量有所增加；二是产业结构水平提高，具体包括先进技术设备、生产工艺、新材料的使用，高素质劳动力的参与，产业规模扩大以及经营方式改善、管理水平提高等；三是产业结构联系紧密，即一个产业的生产与其他产业之间关联程度和生产要素互通程度得到了提高。张晓宏（2012）强调生产率、需求以及技术水平对产业结构升级的贡献，认为结构升级的外在表现是经济良性发展和国际贸易条件改善。由此可以看出，虽然现有文献对于产业结构升级内涵的界定存在一定程度的差别，但在以下四点基本上达成了共识：一是产业结构升级意味着技术创新水平的提升；二是产业结构升级包含了生产要素利用率的提高；三是产业结构升级带来了产业国际分工地位的提升；四是产业结构升级意味着产品附加值的提高。

在总结现有文献的基础上，本书认为产业结构优化升级是指一个地区的整个产业体系由低技术水平、低附加价值状态向高技术水平、高附加价值状态演变的趋势，这种演变趋势至少包括以下两个维度。（1）产业结构优化。具体有两层含义：一是国民经济结构中不同生产率行业相对产出规模和比重的变化，产业结构优化意味着高生产率产业的相对规模和比重上升；二是一个地区行业内企业在全球分工链条中所处地位的变化，具体表现为企业核心能力由低端的加工制造功能向高端的研发设计、精密制造和品牌营销功能的转化，反映了一个地区产业的分工高度。(2) 技术水平升级。其含义为伴随着经济发展各产业部门取得的技术进步，具体表现为行业生产效率和产品附加值的提高，反映了一个地区产业的技术高度。产业在上述两个方面调整升级的结果是整个产业体系的效率提升，这种结构升级具有内生增长效应，对维持地区长期增长意义重大。

本书聚焦于新型城镇化背景下城市体系产业结构优化升级问题，其基本逻辑是新型城镇化的包容性和开放性特征促进了要素流动，要素流动推动了城市体系内不同规模城市之间的产业分工，即各个城市产业的生产效率与其不可移动要素价格（地价）相匹配，而这种分工的结果则是推动了城市体系的产业结构优化升级和效率提升。基于上述逻辑，本书采用产业的劳动生产率度量城市体系产业结构优化升级的实际水平，具体计算方法如式（3）：

$$V = \sum_{i=1}^{n} x_i v_i, \text{其中}, v_i = \frac{p_i}{l_i}, x_i = \frac{p_i}{p} \tag{3}$$

在式（3）中，v_i 表示 i 行业的劳动生产率，p_i 表示 i 行业的增加值，l_i 表示行业的就业人数；x_i 表示 i 行业的增加值占全部行业总增加值的比重，p 表示全部行业增加值的加总值。

（二）要素流动

要素流动包括劳动力流动和资本流动两方面，本书重点测量劳动力流动。目前，国内研究劳动力流动的文献大多是用人口迁移数据作为代理变量。例如有的文献用城市常住人口和户籍人口的差来衡量劳动力流动的实际水平，但这种方法在实证分析的过程中遮蔽了包含户籍转移的人口流动的信息，它只能反映不包含户籍转移的人口流动的信息。另外，也有文献用家庭单位劳动力外出务工时间和家庭单位劳动力外出务工比例来衡量劳动力流动（孙文凯等，2011）。但这种办法一方面只能反映劳动力流动的规模和数量信息，不能揭示劳动力流动的方向，另一方面这种方法缺乏必要的数据支撑，尤其是样本覆盖面较宽的长时序数据。因此，为了能够同时揭示劳动力流动的数量与方向，并考虑到数据的可得性，本书利用城市人口的自然增长率与实际增长率之差来衡量城市所涉及的劳动力流动情况，差为正，表示劳动力流入城市；差越大，表示流入城市的劳动力数量也越大。

（三）城市分工

区域产业分工有两层含义：一是各区域的产业结构差异，它反映了区域之间产业分工的状况，区域之间产业结构差异越大，区域之间产业分工的水平越高；二是各区域的产业功能差异，它反映了一个地区的综合比较优势以及由此而来的专业化功能分工。为此，我们用以下两个指标来衡量中国的区域产业分工水平。

首先，我们用联合国工业发展组织（UNIDO）国际工业研究中心推荐的产业同构系数来衡量城市之间的产业分工水平，有公式（4）：

$$S_{ij} = \sum_{k=1}^{n} X_{ik} X_{jk} \Big/ \sqrt{\sum_{k=1}^{n} X_{ik}^2 \cdot \sum_{k=1}^{n} X_{jk}^2} \tag{4}$$

其中：S_{ij} 表示两个地区产业同构系数值，i、j 分别表示两个相比较的地区；n 表示产业数目，X_{ik} 表示地区 i 第 k 产业占整个国民经济的比重；X_{jk} 表示在地区 j 第 k 产业占整个国民经济的比重。S_{ij} 的取值为 0～1，数值越大，表明两个地区产业结构越相似，区域分工程度就越低，反之，表明两个地区产业结构差异越大，区域分工程度就越高。当 $S_{ij} = 1$ 时，表示两个地区产业结构完全一致，区域之间不存在专业化分工。当 $S_{ij} = 0$ 时，表示两个地区产业结构完全不同，区域之间完全做到了"你有我无，你无我有"的专业化分工。在通常情况下，当 $S_{ij} < 0.5$ 时，区域产业结构差异较大，区域之间产业分工水平较高。如果 $S_{ij} > 0.5$，则表示区域产业结构差异较小，区域之间产业分工水平较低，区域产业结构趋同。此外，从动态视角来看，如果 S_{ij} 趋于上升，则区域产业结构趋同，区域分工水平趋于下降；如果 S_{ij} 趋于下降，则区域产业结构趋异，区域分工水平趋于上升[③]。

其次，我们借鉴 Duranton and Puga（2005）、赵勇和魏后凯（2015）的研究，用城市功能分工系数来衡量城市间产业功能分工水平，具体计算方法如式（5）所示。

$$z_{ij} = \frac{\sum_{k=1}^{n} l_{iks}(t) \Big/ \sum_{k=1}^{n} l_{ikm}(t)}{\sum_{k=1}^{n} l_{jks}(t) \Big/ \sum_{k=1}^{n} l_{jkm}(t)} \tag{5}$$

在式（5）中，$\sum_{k=1}^{n} l_{iks}(t)$ 表示在 t 时期城市群中城市 i 中生产性服务业的从业人数，$\sum_{k=1}^{n} l_{ikm}(t)$ 表示在 t 时期城市群内城市 i 中制造业的从业人数。

$\sum_{k=1}^{n} l_{jks}(t)$ 表示在 t 时期城市群内城市 j 中生产性服务业的从业人数，

$\sum_{k=1}^{n} l_{jkm}(t)$ 表示在 t 时期城市群内城市 j 中制造业的从业人数。s 代表生产性服务业从业人员，m 代表制造业从业人员，k 代表城市中的产业，k = 1，2，…，n。z_{ij} 的取值越大，城市群内城市 i 与城市 j 的产业功能分工水平就越高。

第三章

中国城镇化演进与产业结构优化升级

第一节　中国城镇化与产业结构变迁

一　中国城镇化的发展历程

1949 年新中国成立时，全国共有人口 5.4 亿，其中仅有 10.64% 的人口居住在城市，近 90% 的人口居住在农村，反映出当时的中国尚是一个工业化城镇化水平极低的农业国家的国情。伴随着如火如荼的新中国建设，中国的城镇化随之起步。图 3－1 显示了 1949 年新中国成立至 2015 年的城镇化率变化情况，纵轴是以百分比显示的城镇化率水平。图 3－1 直观展示了中国城镇化一波三折的发展历程：先是经历了一个由工业化建设带动的城镇化的小高潮，随后二十年进入了一个停滞阶段，至改革开放后再次启动，从此进入持续上升阶段。1970 年，中国城镇化率只有 17.38%，不到同期世界平均城镇化率 36.54% 的一半。1980 年，世界平均城镇化率上升到 39.32%，比十年前上升了 2.78 个百分点；中国城镇化率上升到 19.39%，比十年前仅增加了约 2 个百分点，尚低于世界平均增幅。但是，从此之后，中国经济腾飞和新一轮工业化进程带动中国城镇化进入快车道，中国城镇化水平与国际城镇化水平的差距不断缩小。到 2015 年，中国城镇人口总量达到 77116 万，城镇化率达到 56.1%，比世界平均水平高约 1.2 个百分点。预计到 2025 年，中国城镇化率将达到世界中等收入国家的平均水平。

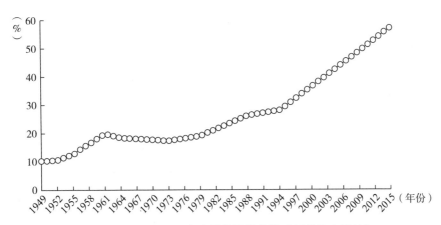

图 3-1 1949～2015 年中国的城镇化率（以常住人口计）

资料来源：《中国统计年鉴》。

表 3-1 世界及部分国家城镇化率

单位：%

区域	1970 年	1980 年	1990 年	2000 年	2010 年
世界	36.54	39.32	42.88	46.61	51.52
中国	17.38	19.39	26.41	36.22	49.95
高收入国家	68.78	71.77	74.10	76.53	80.23
上中等收入国家	32.45	36.57	43.39	50.63	59.75
中等收入国家	28.82	32.65	37.88	42.92	48.99
低收入国家	14.82	18.61	21.48	24.26	27.60
美国	73.60	73.74	75.30	79.09	82.14
日本	71.88	76.18	77.34	78.65	90.54
德国	72.27	72.84	73.12	73.07	73.82
俄罗斯	62.47	69.75	73.39	73.35	73.65
巴西	55.91	65.47	73.92	81.19	84.34
印度	19.76	23.10	25.55	27.67	30.93
韩国	40.70	56.72	73.84	79.62	82.93

资料来源：世界银行 WDI 数据库和《中国统计年鉴》。

1949～1959 年是中国城镇化建设的第一个小高潮。在经历长达半个多世纪的动乱后，国民生活和经济建设终于走上正轨，一批新兴工业企业和新兴工业城市的建设，吸引大批农村人口进城就业，中国历史上迎来了第一次城镇化小高潮。到1959年，中国城镇化率达到了19.75%，平均每年增长0.91个百分点。但是，国民经济发展严重失衡随即带来了经济大幅滑坡，"大跃进"运动对农业生产产生了严重的影响，全国各地粮食缺口巨大。在此背景下，必须缩减城市人口，控制城市人口的口粮分配。1961年6月，中共中央下达《关于精减职工工作若干问题的通知》，动员在"大跃进"运动中新迁入城市的农村人口回归农村，从事农业生产，鼓励1957年前来城镇工作的农村职工自愿回乡。1962年以后，全国逐步撤销了52个城市，动员近3000万"城镇人口"返回农村从事农业生产，同时将部分地级市降为县级市，调整行政区划。城镇化率也从1961年的19.29%下降到1963年的16.84%，城市人口锐减了1427万。

此后，中国进入近20年的抑制城镇化时期，城镇化率缓慢下降，1960～1977年，平均每年下降0.12个百分点。到1977年，中国城镇化率为17.55%，比1959年还低了2.2个百分点。中国城镇化倒退的直接原因是当时低下的农业生产效率，这一因素决定了中国难以养活太多的非农业人口，而缺乏资金的工业部门也无法提供足够的城市就业岗位。

1978年，中国开始实行改革开放政策，不仅吹响了中国经济建设的号角，而且成为重启中国城镇化的钥匙。沿海地区由于具有开放的区位优势，引领了这一轮城镇化发展。中国沿海地区经济特区的设立，以及国家审时度势采取的梯队式对外开放战略，推动了沿海地区城镇化加速发展，城市人口增长迅猛，其中深圳、中山等小渔村开始迅速发展，逐步成为享誉全国的大城市。表3-2显示了2000年和2010年常住人口规模100万以上城市中城镇化率排名前10的城市。在2000年，排名前10的城市中有4个来自最早改革开放的珠三角地区。其中，深圳、珠海两座改革开放后新成立的城市分列全国第1和第4。到2010年，排名前10的城市中有6个来自珠三角地区，其中，深圳常住人口已经突破1000万，跻身全国超大型城市之列。东莞和佛山的常住人口也分别超过800万和700万。

表 3-2　中国城镇化率排名前 10 的城市（常住人口规模 100 万以上）

2000 年				2010 年				
排名	城市	常住人口	城镇人口	城镇化率（%）	排名	城市	常住人口	城镇人口	城镇化率（%）
1	深圳	7008831	6480340	92.46	1	深圳	10358381	10358381	100
2	伊春	1249621	1126748	90.17	2	佛山	7197394	6771895	94.09
3	上海	16407734	14489919	88.31	3	上海	23019196	20555098	89.30
4	珠海	1235437	1056169	85.49	4	东莞	8220207	7271322	88.46
5	太原	3344392	2755726	82.40	5	厦门	3531347	3119110	88.33
6	武汉	8312700	6787482	81.65	6	中山	3121275	2740994	87.82
7	广州	9942022	8090976	81.38	7	珠海	1562530	1369538	87.65
8	北京	13569194	10522464	77.55	8	北京	19612368	16858692	85.96
9	鹤岗	1099079	844927	76.88	9	伊春	1148126	964391	84.00
10	佛山	5337709	4006681	75.06	10	广州	12701948	10641408	83.78

资料来源：2000 年和 2010 年全国人口普查数据。

　　考虑到城市承载能力的限制，注意到农村人口大规模向城市流动的必然趋势，国家也在全局层面探索新型的城乡协调发展思路。1981～1984年，国务院分别批准沙市、常州、重庆、武汉、沈阳、大连进行城市经济体制改革综合试点。1982 年提出改革地区体制，实行市管县体制，逐步打破城乡壁垒，推动城乡经济协调发展。1984 年中央颁布《关于调整建镇标准的报告》，着力关注小城镇的建设，其中规定了镇的设置标准。（1）总人口在 20000 以下的乡，乡政府驻地非农业人口超过 2000 的，可以建镇；人口在 20000 以上的乡，乡政府驻地非农业人口占全乡人口 10% 以上的，可以建镇。（2）少数民族地区、人口稀少的边远地区、山区和小型工矿区、小港口、风景旅游区、边境口岸等，非农业人口不足 2000，如确有必要，也可以建镇。此后全国小城镇数量快速增加。1984 年，该报告出台半年内全国新建近 2000 个镇，数量众多的镇成为吸收农村剩余劳动力的"蓄水池"，在提高农村城镇化水平、增加农民收入、缩小城乡差距等方面起到了重要作用。

　　1992 年，中共十四大召开，确立了建立社会主义市场经济体制目标，计划经济被国家宏观调控所取代，改革进入了新的阶段。到 1995 年第八个五年计划结束时，中国城镇化率达到 29.04%，平均每年增加 0.6 个百分点。

从第九个五年计划开始，中国城镇化正式驶入了快车道，平均每年增长 1.29 个百分点，意味着平均每年有 1600 万农村人口进入城市就业和生活。2011 年是中国城镇化过程中的标志性节点，那年中国城镇化率首次超过 50%，达到 51.27%，在中国几千年历史上城镇人口第一次超过农村人口。城镇化的自身内涵也在不断扩大，城市功能、城市内部的形态、城市之间的分工合作对充分发挥城市效率变得越来越重要。对外开放尤其是 2001 年加入世界贸易组织后，中国越来越多的城市开始参与全球产业大分工，在生产要素上呈现管理向大城市等高层次区域集聚、生产向小城市等低层次范围扩散的特征。城市内部的管理、城市之间的分工合作也日趋复杂，以往传统城市内部单中心的空间布局向多中心扩散，城市功能高度聚合的中心城区发展商业、娱乐等第三产业，工业等第二产业向外迁移至周边小城市，两者之间依靠便捷的交通网络进行串联，相互配合。此外，在城镇化建设中，公共交通、城市公共基础设施、节能环保、城市传统和历史文化保护、建设宜居城市等方面受到空前重视。资源问题以及环境问题的凸显使得生态、宜居、集约高效的城市建设理念变成一个一般性的阐述，慢慢成为中国城镇化的核心理念。政策设计者越来越清楚地意识到未来的城市必须走集约、开放、绿色的发展道路，新型城镇化的思路逐步酝酿成熟。

党的十八大以来，探索中国特色城镇化道路被放在了重要位置，"坚持走中国特色新型工业化、信息化、城镇化、农业现代化道路"，强调以人为本的城镇化。为了实现这一目标，国家大力推进户籍制度改革，逐步实现城市基本公共服务向所有常住人口覆盖；同时提出"城乡要素平等交换，公共资源均衡配置"。党的十八届三中全会通过《中共中央关于全面深化改革若干重大问题的决定》，其中提出："全面放开建制镇和小城市落户限制，有序放开中等城市落户限制，合理确定大城市落户条件，严格控制特大城市人口规模"，关注城镇化进程中人这一核心主体。

二 中国城镇化的空间特征

中国是一个国土面积广阔，人口分布和经济发展水平差异较大的国家。在计划经济时期，国家把国土空间大致划为"三线"，其中一线地区包括沿海和沿边区域，如江苏、浙江、广东、上海、新疆、西藏、内蒙古等。三线地区包括深处内地的四川、陕西、贵州、甘肃、宁夏、青海、云南 7 个省（区）以及河北、河南、湖南、湖北、广西、山西等紧邻内地的 6 省份，总计 13 个省（区）。二线地区则指的是处于一、三线地区间的省份，如江西、安徽等。出于战备的考虑，国家将经济建设重心向交通不便的三线地区倾斜，兴建了一批城市，如湖北十堰、四川攀枝花等都是典型的三线城市。例如，1966～1980 年，中央政府历时三个五年计划将沿海工业内迁，大力建设西北、西南、鄂西、湘西等区域，使中西部地区不少新型工业城市兴起。这种抑制沿海地区发展的区域发展战略客观上推动了中西部地区的工业化和城镇化进程。改革开放后，东部沿海地区的巨大区位优势得到了充分释放。随着全球产业资本向中国东部沿海地区转移，大量劳动力流向东部沿海地区，推动了东部沿海地区城镇化快速发展，东部和中部、西部地区之间的发展水平差距重新拉大，中国城镇化在空间上形成了明显的东高西低梯队结构。

这里我们通过对比 2000 年和 2015 年两个时间点中国城镇化的空间分布特征，考察自 2000 年以来中国城镇化的基本空间特征及演化趋势。借鉴计划经济时期的三线划分方法，我们以省（含自治区、直辖市）为单元按城镇化率水平将全国分为五个梯队，分类基准取当年的全国城镇化率水平。高于全国城镇化率 10 个百分点以内的省为中等偏高城镇化地区（第三梯队）；高于全国城镇化率 10～20 个百分点的省为高度城镇化地区（第二梯队）；再往上的称为前沿城镇化地区（第一梯队）；如果某省城镇化率比全国城镇化率低 10 个百分点以内我们称为中等偏低城镇化地区（第四梯队）；比全国城镇化率低 10 个百分点以上的称为低城镇化地区（第五梯队）。

以此标准观察，2000 年，全国城镇化率为 36.12%。我们取 36% 作为 2000 年全国城镇化率的分类基准，2000 年全国城镇化水平可按如下标准划分为五个梯队：第一梯队的城镇化率大于 56%，第二梯队的城镇化率在 46%～56%，第三梯队的城镇化率在 36%～46%，第四梯队城镇化率在 26%～36%，第五梯队城镇化率小于 26%。具体来看，第一梯队为港澳台地区和北京、上海、天津三个东部直辖市，北京、上海、天津三个直辖市的城镇化率分别达到了 77.54%、88.31% 和 71.99%。第二梯队主要分布于东北地区、长三角地区和珠三角地区，前者是新中国最先开始建设的老工业基地，后两者是改革开放后率先发展起来的富裕地区。其中，广东城镇化率最高，达到 55%，紧随其后的是辽宁 54.24%、黑龙江 51.94%、吉林 49.68%、浙江 48.67%。这五个省份是当时中国的高度城镇化地区。第三梯队包括内蒙古、福建、江苏、湖北、海南和山东，仍然以东部沿海地区为主，同时包含人口较少的内蒙古以及工业化基础较好的湖北。第四梯队覆盖了中部大部分省份和部分西部省份。农业大省河南和一些自然环境相对恶劣的西部省份均属于城镇化的第五梯队。整体上，2000 年中国城镇化格局呈现明显的"东高西低"的梯队特征。

经过 15 年的快速城镇化，到 2015 年中国城镇化率已经从 2000 年的 36.12% 上升到 56.10%，上升了近 20 个百分点。即使是全国城镇化率最低的西藏自治区，2015 年的城镇化率也达到了 27.74%，超过了 2000 年第五梯队的城镇化率上限。沿用之前的分类思路，我们取 56% 作为 2015 年全国城镇化率的分类基准，五个梯队的分类标准依次为：城镇化率超过 76% 为第一梯队，66% ~ 76% 为第二梯队，56% ~ 66% 为第三梯队，46% ~ 56% 为第四梯队，0 ~ 46% 为第五梯队。

从梯队分布来看，虽然自 2000 年以来中国城镇化率上升很快，但是中国城镇化格局并没有发生明显变化，依旧维持着东高西低的梯队特征。除了港澳台地区以外，超过全国城镇化率 20% 以上的前沿城镇化地区依旧是东部三个直辖市。高度城镇化地区和中等偏高城镇化地区（第二、第三梯队）依旧位于东部地区。

尽管总体特征没变，但是与 2000 年相比，2015 年中国的城镇化格局还是发生了一些值得注意的变化。最主要的变化是东北地区的城镇化率上升速度大幅落后于全国平均水平。在这 15 年间，其中表现最好的辽宁省的城镇化率只提高了 13.11 个百分点，总体水平达到 67.35%，属于高度城镇化地区。黑龙江和吉林只提高了 6.86 个百分点和 5.63 个百分点，上升速度均远远落后于全国平均水平。其结果是，二省均退出了第二梯队。2015 年，黑龙江的城镇化率为 58.8%，属于第三梯队；吉林的城镇化率为 55.31%，属于第四梯队。邻近东北三省的内蒙古城镇化速度也落后于全国平均水平，从之前的中等偏高城镇化地区变成了中等偏低城镇化地区。

相对不那么显著的变化是，2015 年中部地区在全国城镇化梯队中的位置略有上升。虽然中部地区各省份依然主要位于第四梯队，在全国处于中等偏低水平。但是，相比于 2000 年，不仅河南从第五梯队升入第四梯队，而且重庆市得益于直辖的政策效应，城镇化水平从 2000 年的 33.6% 迅速上升到 2015 年的 62.6%，提升了 29 个百分点，进入了第三梯队。

三　中国城镇化与工业化的协同发展过程

工业化和城镇化是过去 200 多年人类经济活动中两个最重要的趋势。前者彻底改变了人类的物质财富水平，后者彻底改变了人类的生活形态。工业化的核心不是简单的工业部门的规模扩大，而是必须不断创造更高效率的新产业，推动产业结构持续变化，维系经济持续增长。这种新产业的创造和壮大过程，又高度依赖城市。城市一方面是孵化新技术、新产业的创新空间，另一方面为大规模现代化生产提供必需的基础设施支撑。这使得产业结构优化升级与城镇化之间存在紧密的互动关系：新产业部门依赖城市孵化，新产业部门又吸引更多劳动力向城市集聚。当劳动力从农业部门向工业部门流动时，他们必须同步完成从农村向城市的流动，因此所有国家在快速工业化的同时都伴随着快速城镇化。

但是工业化和城镇化的关系远非简单的同步。首先，人的流动是受多方因素驱动的，很难保持与产业结构完全适宜的水平。理论上城市所容纳的人口应该与城市经济部门所提供的就业岗位一致。但是在发展中国家，大量农村人口在改变贫困的渴求驱动下，源源不断地涌入城市，远远超过了城市提供就业岗位的能力，形成了城市失业大军。这种城镇化快于工业化的情况在发展中国家普遍存在。

反过来，实行计划经济和赶超战略的国家往往会执行一套优先发展资金需求量大、劳动力需求量小的重工业部门，同时严格控制人口从农村向城市流动，这也会直接扭曲城镇化和工业化之间的内在联系。例如在改革开放之前，中国的工业化走的是规模小、资本密集度高的道路，所能提供的就业岗位有限。对此，中国实施了城乡有别的户籍制度，城镇化程度被严格限制。改革开放以来，中国承接国际产业转移，劳动力需求巨大，供给不足，促使中国逐步放松户籍制度，允许农村人口自由进城就业，但不提供与城市户籍人口同等的公共服务。这导致了城镇化发展受限，造成消费需求不足、服务业发展滞后等新问题，制约了产业结构向更高级阶段演进。

（一）1949～1978 年：城镇化与工业化发展不协同

1949～1978 年，中国实行的是高度集中统一的计划经济体制。面对严峻的外部安全威胁，这个时期中国产业发展的核心思路是建立独立自主的工业体系尤其是国防工业体系，中国选择了一条优先发展资本密集型重工业的道路。由于资本密集型产业在耗费大量资本的同时所能提供的就业岗位相对有限，故在计划经济时期，中国的工业化发展不仅无法与城镇化发展协同，而且是直接相悖的。为了筹集发展重工业所需的资金，政府只能让绝大多数劳动力生产尽可能多的农产品为工业化建设提供资金，同时尽可能压缩城市规模以降低城市对农产品的消耗。以严格控制人口流动为目的的户籍制度就是在这种背景下出台的。

但是，工业化和城镇化必须协同发展的客观规律是难以完全抗拒的。在这个时期中，从 1949 年到 1960 年的十余年间，中国经历了一个工业化和城镇化同步推进的阶段。在"一五"计划中，以苏联援建的 156 个项目为核心，900 多个大中型项目重点分布于中国 17 个省份，特别是辽宁、黑龙江等省。这些大项目建设客观上产生了大量用工需求，为大量农村劳动力提供了城市就业岗位，钢城马鞍山、煤城平顶山等一大批新兴工矿业城市拔地而起。到 1960 年，中国工业占国民经济的比重从 1952 年的 22.88% 上升到 47.47%，城镇化率相应从 1952 年的 12.46% 上升到 19.75%。随着"大跃进"运动遭受严重挫折，当时低下的农业生产率无法养活日渐庞大的城市人口，中国城镇化水平大幅度回落。直到 1981 年，中国城镇化率才再一次超过 1960 年的水平。

计划经济时期另一个重要的城镇化工作是 1965～1980 年的三线建设，其目标是将沿海工业内迁至西北、西南、鄂西、湘西等战略安全地区。这个工作推动了中西部地区的工业化和城镇化，但抑制了区位条件更好的东部沿海地区发展。由于工业化方向依然是发展资本密集型重工业，尤其是国防工业，新兴城市既不能提供充分的就业岗位，又缺乏基础设施投资资金，导致从整体上看，尽管中国工业比重在上升但城镇化率却在缓慢下降。到 1977 年，中国第二产业比重已经高达 46.85%，但城镇化率只有 17.55%。代表经济结构优化的另一个重要指标——第三产业比重则仅为 23.64%。（见图 3 - 2）

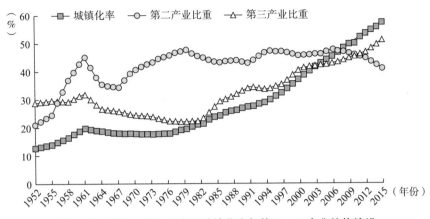

图 3-2 1952~2015 年中国城镇化率与第二、三产业结构演进

资料来源：《中国统计年鉴》有关各年。

（二）1978 年至 1990 年代中期：工业化推动城镇化发展

1978 年 12 月，中共十一届三中全会在北京召开，做出了把党和国家的工作重点转移到社会主义建设上来和实行改革开放的战略决策。中国经济发展模式从封闭转为开放，比较优势开始在产业发展中发挥决定性作用。在短短几十年时间内，中国依靠劳动力人口优势承接全球产业转移，成为全球最大的制造业基地。这些转移到中国的产业大多是劳动密集型的，主要集聚在东部沿海地区，导致了大规模的人口向东部流动，推动了这些地区城镇化迅速发展。

仅仅从产业结构来看，中国的工业比重似乎在整个 20 世纪 80 年代都在持续下降（见图 3-2）。但这主要是中国工业内部结构调整的结果。计划经济时期优先发展重工业的经济发展战略为中国建立了完整的工业体系，有其现实性与合理性，但人民日常生活所需的轻工业部门发展严重滞后。改革开放不仅释放了市场活力，也使中国庞大的劳动力资源禀赋得到有效利用。轻工业部门投资少，需要雇用的劳动力多，中国的工业化进程终于和城镇化进程有效结合起来。深圳、珠海、中山、东莞等以往名不见经传的沿海小城镇乃至乡村通过产业集聚迅速引起人口集聚，从而发展成为全国瞩目的明星城市。

这个时期产业结构调整的另一个重要特征是第三产业开始起步（见图 3-2），尤其是服务业发展较快。自 1960 年第三产业达到 31.94% 的阶段性高点之后，中国经济中的第三产业比重就开始了长达近 20 年的持续下滑。到 1979 年，第三产业比重降到最低点，只有 21.63%。显然，第三产业比重持续下滑和中国城镇化率水平偏低有着密切的关系。进入 20 世纪 80 年代之后，虽然国家依然把重点放在发展制造业上，但是城镇化率的提升不可避免带动了第三产业的发展。到 1996 年，中国第三产业在国民经济中的占比上升到 32.77%，超过了 1960 年的历史高点。

（三）1990 年代中期以来：城镇化与第二、三产业互动发展

1990 年代中期以来，中国产业结构发生了新一轮调整。国民经济中的第二产业占比在维持了几年的相对稳定后于 1996 年达到了 47.57% 的历史最高点，此后开始逐渐下降（见图 3-2）。相应的，第三产业比重稳定上升，于 2001 年突破 40% 大关，2012 年超过第二产业比重，标志着中国产业结构发生了重大优化升级。

由于服务业属于城市型产业部门，服务业比重的快速增长以及服务业在国民经济中重要性的提升，意味着中国的城镇化发展反过来成为促进产业结构优化升级的重要动力。在城市生活的人口越多，对服务业的需求就越大，服务业发展就越快，就越会吸引人们迁往城市生活。在第二阶段人口迁往城市的主要动力是寻求工作岗位；到了第三阶段，寻求更好的科教文卫服务、寻求更齐备的城市公共设施、寻求更便捷高质的生活，已经成为人口向城市尤其是向大城市迁徙的不可忽视的原因。

第二节　中国劳动力流动政策与流动情况

一　中国劳动力流动政策

户籍制度是中国对人口流动进行管理的主要制度。新中国刚刚成立时，国家大力推进工业化，吸引了大批农村劳动力进入城市就业，引发了中国第一波城镇化。但在当时的农业生产条件下，农村粮食产量的增长速度赶不上由城市人口增加带来的对商品粮需求的增长速度。1951 年 7 月 16 日，公安部制定并颁布了《城市户口管理暂行条例》，这是新中国成立后第一部户口管理条例，基本统一了城市户口登记制度。1953 年 10 月 16 日，中共中央做出《关于实行粮食的计划收购与计划供应的决议》，计划

控制粮食的供应即统购统销，同时规定城镇居民一律凭购粮凭证或城镇户口购买粮食，这两项决定极大地控制了农村人口向城镇的流动。1955 年 6 月，国务院发布《关于建立经常户口登记制度的指示》，规定全国城市、集镇、乡村都要建立户口登记制度，开始统一全国城乡的户口登记工作。在 1956~1957 年不到两年的时间里，国家连续颁发 4 个限制农村人口流入城市的文件。1958 年 1 月，全国人民代表大会常务委员会第九十一次会议通过《中华人民共和国户口登记条例》，开始对人口自由流动实行严格限制和政府管制。第一次明确将城乡居民区分为"非农业户口"和"农业户口"两种。

改革开放之后，东部沿海地区工业部门尤其是劳动力密集型的轻工业部门发展迅猛，产生了对劳动力的极大需求。农村家庭联产承包责任制的实施也在不断释放农村生产力，粮食产量持续增长，客观上具备了支撑人口大规模向城镇流动的条件。1984 年国务院颁发《国务院关于农民进入集镇落户问题的通知》，规定"到集镇务工、经商、办服务业的农民和家属，在集镇有固定住所，或在乡镇事业单位长期务工的，公安部门应准予落常住户口，及时办理入户手续，发给《加价粮油供应证》，统计为非农业人口"。在此新规定下，大量农村劳动力进城务工，改变了原有的"离土不离乡，进厂不进城"的乡村工业化模式。

但是，随着人口流动数量的不断增加，滞后的户籍制度导致大量人口处于"人户分离"状态，由此导致了严重的社会问题。大量进城务工人员为所在城市做出了贡献却难以享受全部的公共服务和公共品。另外，这些外来人口也多在其常住地政府的管理范围之外，因此产生了严重的社会管理问题。为适应这些新形势，国家开始了逐步放松户籍管理政策的探索。其核心是逐步消除城乡户籍在获取公共服务上的差异，降低流动人口，尤其是农村人口在城市落户的门槛。2001 年 3 月 30 日，国务院批转了公安部《关于推进小城镇户籍管理制度改革的意见》，对办理小城镇常住户口的人员不再实行计划指标管理。2013 年 11 月，《中共中央关于全面深化改革若干重大问题的决定》指出要"创新人口管理，加快户籍制度改革，全面放开建制镇和小城市落户限制，有序放开中等城市落户限制，合理确定大城市落户条件，严格控制特大城市人口规模"。2014 年 7 月，《国务院关于进一步推进户籍制度改革的意见》颁布，规定要"进一步调整户口迁移政策，统一城乡户口登记制度，全面实施居住证制度，加快建设和共享国家人口基础信息库，稳步推进义务教育、就业服务、基本养老、基本医疗卫生、住房保障等城镇基本公共服务覆盖全部常住人口。到 2020 年，基本建立与全面建成小康社会相适应，有效支撑社会管理和公共服务，依法保障公民权利，以人为本、科学高效、规范有序的新型户籍制度，努力实现 1 亿左右农业转移人口和其他常住人口在城镇落户"。

二　中国劳动力流动的特征

户籍制度是阻碍城乡人口自由流动的关键制度性障碍。户籍制度改革，尤其是大城市的户籍制度改革，有助于解决城市非户籍人口带来的诸多社会经济问题，加快劳动力的跨地域流动。我们可以从两个维度来衡量这种流动：一是人口空间分布的变化，二是户籍人口和常住人口的数量差异变化。

从表 3 - 3 可以看出，2000 ~ 2015 年，中国人口持续不断地向经济发达的东部地区流动。北京、天津、上海、江苏、浙江、广东是中国经济最发达的地区，也是人口流动的主要目的地。2000 年，上述省、市共有常住人口 24402.6 万，占当年全国总人口的 20.57%。2010 年，上述省、市共有常住人口 29297.8 万，占当年全国总人口的 21.98%。2015 年，上述省、市总常住人口达到 30497.1 万，占全国人口比重为 23.20%。

表 3 - 3　东部主要经济发达地区常住人口数量和全国占比

	2000 年		2010 年		2015 年	
	常住人口（万）	占全国人口比重（%）	常住人口（万）	占全国人口比重（%）	常住人口（万）	占全国人口比重（%）
北京市	1356.9	1.14	1961.2	1.47	2170.5	1.58
天津市	984.9	0.83	1293.9	0.97	1547.0	1.13
上海市	1640.8	1.38	2301.9	1.73	2415.3	2.77
江苏省	7304.4	6.16	7866.1	5.90	7976.3	5.80
浙江省	4593.1	3.87	5442.7	4.08	5539.0	4.03
广东省	8522.5	7.19	10432.0	7.83	10849.0	7.89
合计	24402.6	20.57	29297.8	21.98	30497.1	23.20

资料来源：《中国统计年鉴》有关各年以及中国 2000 年和 2010 年人口普查数据。

考虑到不同地区在自然出生率和死亡率上可能出现的差异，另一个有效反映人口流动的指标是常住人口增长率和自然人口增长率之间的缺口（差值）。自然人口增长率是用新出生人口减去死亡人口除以上期总人口数，反映的是在没有人口流入流出变化的情况下一个地区的人口增长速度。如果其高于常住人口增长率则说明这个地区出现了人口净流出，反之，则说明这个地区出现了人口净流入。常住人口增长率与自然人口增长率的缺口大小可以衡量一个地区人口流入或流出的速度。

图3-3是"十五"期间（2001～2005年）中国31个省（自治区、直辖市）常住人口增长率与自然人口增长率之差。图中显示，出现显著人口净流入的地区有北京、天津、上海、江苏、浙江、福建、广东、西藏、宁夏和新疆。前7个是中国经济发达的东部省市。其中，上海和北京的常住人口增长率与自然人口增长率之间缺口最大，说明中国这两个最发达的大城市对人口的吸引力最高。在东部，广东是中国改革开放最早的地区，也是中国传统的劳动力流入大省。但是，在"十五"期间其两个增长率之间的缺口小于江苏和浙江，主要原因应该是长三角地区在2000年初期有一轮大力度的开放，吸引了大量劳动力流入。呈现人口净流入的三个西部边疆省份，本地人口基数很低，人口净流入的原因是，国家开始实施西部大开发战略，在西部启动了一些大工程大项目，以及当地特色农业和旅游业

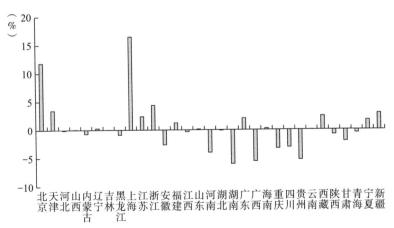

图3-3 "十五"期间31个省（区、市）常住人口
增长率与自然人口增长率的缺口

资料来源：《中国统计年鉴》。

兴起，这些都增加了对劳动力的需求。人口流出的省份主要集中在河南、湖南、广西、重庆、四川、贵州和甘肃等中西部省份，这些地区人口密集而经济相对欠发达，自改革开放以来一直是中国主要的劳动力输出省份。

图 3-4 显示的是"十一五"期间 31 个省（自治区、直辖市）常住人口增长率和自然人口增长率的缺口。相比于"十五"期间，北京、上海、天津的缺口继续放大，其中北京达到 22.78%，天津达到 20.8%，取代上海成为全国最吸引人口流入的两个地区。这显示出"十一五"期间，以北京和天津为核心的京津冀都市圈迎来了一轮高速发展机遇，吸引了人口流入。相比之下，江苏、浙江、福建三个经济发达省份虽然延续了人口流入，但是缺口变小说明人口向这些地区流入的速度有所放缓。但是，广东人口流入速度进一步加快，增长率缺口较之"十五"期间有所上升。之所以出现这个情况，很可能是因为"十五"期间长三角地区快速发展对广东产生的人口分流效应减弱。值得注意的是，"十一五"期间辽宁成为显著的人口流入地区，这可能是因为中央实施振兴东北老工业基地战略带来的人口集聚效应。

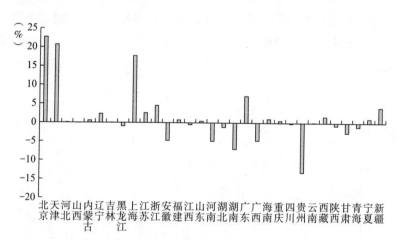

图 3-4 "十一五"期间 31 个省（区、市）常住人口增长率与自然人口增长率的缺口

资料来源：《中国统计年鉴》。

"十一五"期间中西部主要人口流出大省中，除了贵州人口流出速度继续加快外，其他地区的人口流出都大幅减少。例如，四川在"十五"期间常住人口增长率和自然人口增长率的缺口是 -3.07%，到"十一五"期

间缩小到 -0.2%，流入流出人口几乎持平。传统的人口流出大市重庆甚至出现了人口流入现象，"十五"期间重庆两个人口增长率缺口是 -3.26%，到"十一五"期间变为 0.57%。由此可见，"十一五"期间尽管人口向东部流动的趋势依然保持但是已经放缓。

中西部地区人口向东部流动的放缓趋势延续到"十二五"时期。图 3-5 显示的是"十二五"期间全国 31 个省（自治区、直辖市）常住人口增长率与自然人口增长率的缺口。我们发现东部地区除了天津外，其他省份常住人口增长率与自然人口增长率的缺口都大幅度缩小，广东为 0.65%，江苏为 0.16%，人口流入流出几乎达到平衡。浙江 -0.65% 的缺口值，表明浙江出现了人口流出情况，说明有大量外来务工人员离开了浙江回到中西部地区。依旧保持人口大幅度流入的除了北京、上海、天津之外，最引人注目的是重庆，其常住人口增长率与自然人口增长率的缺口上升为 2.67%，超过了"十五"时期的广东和"十一五"时期的江苏。四川的缺口值转正，成为人口净流入地区。

那么，究竟是什么原因使改革开放以来的西部向东部人口流动的趋势快速放缓呢？主要原因有两个：第一，经过改革开放前 30 年的人口流动，中西部地区尤其是中西部农村地区可以流出的劳动力基本都已经流出，新

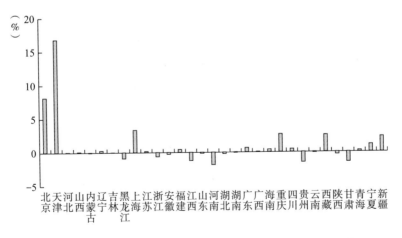

图 3-5 "十二五"期间 31 个省（区、市）常住人口增长率
与自然人口增长率的缺口

资料来源：《中国统计年鉴》。

增可流动人口数量有限；第二，人口流动的方向发生了变化。图3-6显示了2008~2015年中国农民工的数量和外出农民工占比的情况。从该图可以看出，随着中国总人口自然增加，中国农民工数量还是一直略微增长的。但是离开户籍所在地到外地务工的农民工比例自2010年以来呈现持续下降态势。农民工本地就业量增加，说明随着中国中西部地区工业化和城镇化加速，本地创造就业岗位的能力正在逐步增强。

图3-6 2008~2015年中国农民工数量及外出农民工占比

三 中国劳动力自由流动的制约因素

劳动力自由流动是实现高效有序城镇化的关键。在理想化的情况下，劳动力的流向和效率配置方向是一致的。生产率越高的地区集聚劳动力的能力就越强，城市规模也就越大。大城市、城市群、大都市区就是在效率法则的作用下依靠人口自由流动而逐步形成的。而不恰当的政策设计以及劳动力自身的能力限制会阻碍劳动力的自由流动，进而限制城镇化的进程。

首先，传统的户籍管理制度是阻碍中国劳动力自由流动的主要因素。早期的户籍制度严格限制农村人口向城镇流动，基于效率法则的自由流动基本是不存在的。改革开放后，虽然对人口流动的限制放松，但户籍制度依旧沿用下来。户籍制度背后是不均等的公共服务配置制度。持有农业户口者可以拥有自己的宅基地、农业用地等，而持有非农业户口者则可以吃"商品粮"，享受诸如医疗、教育、就业、社保等城市服务和便利。在城乡有别的户籍制度之下，多数农民只能以短期务工形式进入城市，为中国工业化提供足够的劳动力，却无法长期在城市定居，其本人及其家属被排除在城市医疗和教育服务体系之外。因此这种流动并不是完全自由意义上的人口流动，这也是国家要进行户籍制度改革的重要原因。中国正在积极推进户籍制度改革，深化户籍制度改革是积极稳妥推进新型城镇化进程的关键环节。近年来，中国政府对流动人口的管理，从暂住证制度向居住证制度，从计划指标控制转向准入条件调控，多数城市的落户准入条件逐步放宽，非农业户籍人口城市间迁移环境大为改善。但是，几乎所有的城市都实行人口准入制度，对人口的流动就业和权益保障进行干预。2013 年，党的十八届三中全会对进一步加快户籍制度改革提出了方向和目标："加快户籍制度改革，全面放开建制镇和小城市落户限制，有序放开中等城市落户限制，合理确定大城市落户条件，严格控制特大城市人口规模。"2014 年，国务院发布《关于进一步推进户籍制度改革的意见》，要逐步取消农业户口与非农业户口性质区分，统一登记为居民户口，体现户籍制度的人口登记管理功能，而不再让农业户口与非农业户口的性质区分成为人口流动的限制性因素。从目前的发展看，农村人口自由流向小城镇已不是问题，但有一点需要关注，即小城镇对农村人口吸引力不强，不只是因为小城镇的公共服务尚未健全，更在于其缺乏产业支撑，提供不了足够的就业岗位以及较高的工资待遇。这进一步说明户籍制度改革，不是简单的名称转换，而是要加大对小城镇建设的各种支持。

其次，城市行政层级差异导致的城市之间公共服务不均也是阻碍劳动力自由流动的重要原因。除了就业之外，寻求优质的公共品供给是人口向城市流动的另一个根本性动机。理论上讲，随着城市规模不断扩大，生活成本会增加和交通拥堵情况会加剧，部分相对低效率的产业部门和劳动者会转移到生产成本更低的城市。但在中国现有的城市管理体制下，很大一部分公共品的供给是和城市行政级别挂钩的。流动到中小城市的劳动者，很难获取与大城市类似的公共品服务。不同规模城市之间公共品供给的差异是客观存在的，也是符合经济规律的。因为高质量的公共品，例如一流的医院、音乐厅等，往往需要足够大的人口规模和足够高的人口密度，才能得到充分利用。但是，不同规模城市之间公共品供给的差异过大，尤其这种差异不是基于规模—效率的原则，而是主要来自城市之间行政级别的差异，就会客观上扭曲劳动者的流动区位选择，降低劳动者的合理流动意愿，导致大城市过度膨胀和中小城市发育不足。

最后，各种市场失灵也会阻碍劳动力的自由流动。对城市而言，市场失灵主要源于城市经济的外部性。城市在集聚人口的同时，会通过共享、匹配、学习等机制，产生城市经济的正外部性，提高所有流入人口的劳动效率。另外，人口集聚也会产生拥挤效应，不断提高各项生活成本。在理想的环境下，大城市规模扩张到成本收益临界点后，劳动者就会在效率法则驱动下向其他城市流动。但是这种流动是建立在其他城市已经具备了一定规模经济的前提下的。如果其他城市规模过小，缺乏规模经济支撑，劳动者不愿意流入，就会导致小城市永远不能发育，而大城市过度膨胀的低效率配置格局也会固化。

对劳动力流动的阻力分析表明，不恰当的制度安排和市场失灵都会阻碍劳动力自由流动，进而降低要素的空间配置效率。因此，除了要加快改革抑制劳动力自由流动的旧制度、旧政策，政府部门还要针对市场自身缺陷，出台有效政策，弥补市场失灵，降低人口流动的门槛。例如，目前大城市日益攀升的房价就对外来劳动力形成了强烈的挤出效应，如果任由这种现象蔓延，大城市不能再吸引优秀的青年人才，其城市活力尤其是创新力就会逐步消退。深圳是中国最具创新力的城市，其薪酬水平和人才需求都排在全国城市的前三位。但北京大学社会调查研究中心和智联招聘联合发布的《2016 中国年度最佳雇主总报告》显示，在大学生理想的就业城市中，深圳仅位于第六，不仅被北上广甩在后面，也被非一线城市杭州和成都超越。阻碍青年人进入深圳的重要原因是深圳的房价暴涨，大大提高了外来就业者的生活成本。为了应对房价上升对青年人才的挤出效应，深圳市一方面为高校毕业生入户提供补贴，另一方面筹集建设保障性住房和人才住房。

第三节　中国城市分工的进展

一　城市产业分工与功能分工

资源配置的效率不仅取决于其在产业部门之间的分布，而且取决于它在空间的分布。不同于国家或省份之间的区域分工，决定城市分工的机制不仅有不可流动的区位禀赋特征（例如邻近海港或矿区的地理区位），还有城市经济的外部性特征。城市经济的外部性可以分为两种（Ohlin，1935；Abdel-Rahman and Fujita，1990；Eberts and McMillien，1999）：一种是源于行业内部的马歇尔外部性，这种外部性只惠及行业内部，也就是说，相同行业的企业布局在一起能够得到好处，而不同行业的企业布局在一起是没有额外收益的，只会带来高成本；另一种是源于行业间的雅各布斯外部性，它描绘了多样化环境（例如产业多样化）给集聚带来的益处。不同的产业部门产生的外部性类型不尽相同，对产业的空间布局也会产生不同的影响，最终导致了城市的分工。

两种外部性的机制差异导致了两类不同的城市分工形态。如果城市外部性以马歇尔外部性为主，城市之间的分工形态便主要是行业间分工。这是因为马歇尔外部性主要发生在行业内部，相互溢出的多个行业集聚在同一个城市不能产生额外收益反而只会导致成本上升。这种情况下最有效率的空间配置状态是每个城市都专攻一个可以产生外部性的行业，城市之间通过行业分工获取配置效率（Glaeser et al.，1992；Henderson et al.，1995）。

若马歇尔外部性和雅各布斯外部性同时发生，则大城市和小城市之间会产生功能分工。大城市多样化的环境对于孵化新产业和复杂技术更有效，因为新企业往往不清楚自己的优势在哪里，它们只能小规模地生产以进行试错，这时大城市多样化的环境则是有利的。此外，不同行业部门在同一地区集聚有利于跨行业的知识碰撞，为新产品、新技术的发展和新产业的孵化提供知识创新的温床。而当创新孵化成功后，出于降低成本的考虑，企业倾向于迁往专业化的小城市进行标准化的批量生产，在那里它们可以更好地利用马歇尔外部性。因此，从功能分工的角度来看，大城市和小城市的分工未必体现在产业上，而是体现在同一产业链条内部。大城市更适宜成为创新中心和服务中心，小城市更适宜成为制造中心（Duranton and Puga，2001）。

城市间无论如何分工，都需要互动，这时产品和要素的流动在其中发挥了关键作用（Abdel-Rahman and Anas，2004；Combes et al.，2005）。产品的流动主要受运输成本影响。当不存在运输成本时，产品流动不成问题；当运输成本适中时，企业只能布局在贴近市场的区域，如大城市或枢纽城市（Fujita et al.，1999）。要素的流动则关系到空间结构的优化问题（Duranton，2007）。在成熟的市场机制作用下，通过要素的充分流动，不同规模的城市会自发地对其产业结构进行调整，在城市体系中形成错落有致的分工次序，最终不同的城市都能实现其效率。

资本和劳动力是最主要的可流动要素。一般来说资本的流动成本比较低，因此劳动力流动的自由度对城市分工往往发挥着关键性的作用。从产业分工的角度来看，劳动力流动和城市分工往往会表现出阶段性的演进特征。在工业化初期，现代产业部门规模小种类少，发展现代产业部门需要尽快实现规模经济，相应地，要求生产要素在空间尽可能集聚，劳动力集中流向少数先发展起来的城市，与之相应的，城市之间出现产业分工。到工业化中期，工业部门已经具备了相当规模，产业门类不断增加，相应的城市规模已经发展到一定程度，大城市的拥挤效应开始出现，已经不适合无上限扩展。发展相对成熟的产业部门开始向其他城市转移，以寻求包括地价、工资在内的更低生产成本。相应地，劳动力开始在不同地区、不同城市之间分流，城市之间产业分工会出现一个先缩小、后扩大的变动趋势。缩小的力量来自产业转移，扩大的力量来自不同产业在不同地区的选择机制。少数城市成长为创新中心，主要进行高科技产业和新兴产业的孵化，其他城市则发展成为成熟产业的制造中心。随着城市创新功能在经济增长中的重要性日益突出，这种趋势到工业化后期也变得日益明显，城市功能分工也随之不断深化。

二　中国城市产业分工进展

中国幅员辽阔，下辖 330 多个地级行政单位，2800 多个县级行政单位，这些城镇体系是以少数国家中心城市为骨干支撑起来的。按照《全国城镇体系规划（2006－2020 年）》，国家中心城市是在全国具备引领、辐射、集散功能的城市，作为中国大区域内等级位次高、能量强的经济中心，是社会化大生产的基地，具有生产集中、分工细密、行业和部门比较齐全的特点，形成了一个相对独立的复杂分工体系。其经济结构是区域经济结构的反映，其经济结构的变化会影响区域经济结构的变化，是区域产业升级的先锋。根据《2017 国家中心城市发展报告》，全国有北京、天津、上海、广州、重庆、成都、武汉、郑州 8 个国家中心城市，在空间布局上覆盖了中国主要人口集聚的华北、华东、华南、西南和华中地区。因此，分析国家中心城市之间的产业分工水平，可以帮助我们从整体上把握中国大区域之间的城市产业分工水平。

此外，东北是中国的老工业基地，也是中国城镇化率水平很高的地区。沈阳不仅是辽宁的省会，也是东北最重要的工业基地。为了把东北纳入分析，我们在 8 个国家中心城市之外，增加了沈阳。另外，有些经济带中包含了 2 个国家中心城市（例如，华北的北京和天津，西南的成都和重庆，华中的武汉和郑州），这有利于我们比较同一地理区位城市分工情况；有些经济带中只有一个国家中心城市（例如，华东的上海，华南的广州），而这些地区是中国经济最发达、城镇化率最高的地区。因此，我们又分别增加了华东的杭州、华南的深圳和东北的大连。杭州是浙江的省会城市，深圳是中国创新龙头城市、计划单列市、经济特区，大连是东北地区的计划单列市，它们都是各自经济带中最重要的区域中心城市。这样，我们就一共有了 12 个样本城市，分别覆盖了中国东北、华北、华东、华中、华南、西南六个大经济带，并且每个经济带内部有 2 个样本城市，这样我们在观察这 12 个样本城市的分工进展的同时，还可以对同一经济带内部城市分工情况进行观察。

由于服务业通常归于非贸易部门，因此，测度两个城市之间的产业分工，尤其是测度中心城市的产业分工，主要测度的是工业部门之间的分工。例如，有些城市可能是以重化工业为主导，有些城市更倾向于发展劳动密集型的轻工业。在计算上，我们使用了各个城市的统计年鉴数据，它们报告了各个城市历年工业部门的总产值。

表 3 - 4　2005 年 12 个样本城市产业同构系数

	北京	天津	上海	杭州	广州	深圳	成都	重庆	郑州	武汉	沈阳	大连
北京												
天津	0.788											
上海	0.828	0.943										
杭州	0.703	0.715	0.808									
广州	0.842	0.768	0.864	0.802								
深圳	0.624	0.815	0.782	0.555	0.503							
成都	0.725	0.682	0.768	0.721	0.864	0.340						

续表

	北京	天津	上海	杭州	广州	深圳	成都	重庆	郑州	武汉	沈阳	大连
重庆	0.708	0.457	0.578	0.543	0.819	0.099	0.834					
郑州	0.513	0.334	0.373	0.456	0.455	0.104	0.597	0.539				
武汉	0.751	0.767	0.770	0.631	0.748	0.348	0.787	0.694	0.470			
沈阳	0.785	0.593	0.699	0.686	0.818	0.238	0.904	0.862	0.583	0.767		
大连	0.569	0.534	0.599	0.412	0.527	0.312	0.405	0.332	0.206	0.532	0.470	

资料来源:《中国城市统计年鉴（2005）》。

表 3-4 显示了 2005 年 12 个样本城市的产业同构系数。2005 年，这 12 个样本城市的平均产业同构系数为 0.616，说明城市分工处于相对偏低的水平。值得注意的是，北京、上海、广州三个传统一线城市之间的产业同构系数远远高于样本整体水平，也高于同一经济带组内城市产业同构平均水平，均值约达 0.845。2005 年，北京和广州的产业同构系数为 0.842，上海和广州的产业同构系数为 0.864，北京和上海的产业同构系数为 0.828，说明这三个传统一线城市，始终处于高度产业竞争状态。受竞争驱动，"你有的我也要有"成为各个城市管理者规划产业发展方向时重要的考虑因素，直接导致了城市之间的产业同构。

我们进一步观察同一经济带内部两个城市之间的分工水平。按照城市所处的区位，12 个城市可以分为六组，分别是东北的沈阳与大连、华北的北京与天津、华东的上海与杭州、华中的武汉与郑州、华南的广州与深圳、西南的成都与重庆。这样，12 个城市就可以划分为 6 组，其组内产业同构系数均值为 0.645，也高于样本整体水平，说明同一经济带内部城市间的分工程度要低于总体上的城市分工水平。这种差异可以从自发市场机制和行政扭曲两方面来解释。一方面，从自发市场机制来看，同一经济带内部城市地理区位类似，资源禀赋类似，历史环境类似，自然会导致产业同构度相对较高；同时，两个地理邻近城市之间不可避免会产生"双城记"式的竞争。另一方面，在北京、上海、广州之间出现的"你有的我也要有"的行政驱动会扭曲要素流动和产业配置，最终会加剧了地理相近且行政级别相近的城市之间产业趋同。但是，组内高度同构也不是绝对的，大致上，我们可以将城市组分为高分工和低分工两类。高分工的城市组有重庆和成都、上海和杭州、北京和天津。而其他三组城市组内同构度相对较低。

表 3-5 2010 年 12 个样本城市产业同构系数

	北京	天津	上海	杭州	广州	深圳	成都	重庆	郑州	武汉	沈阳	大连
北京												
天津	0.721											
上海	0.883	0.797										
杭州	0.665	0.634	0.759									
广州	0.850	0.736	0.887	0.732								
深圳	0.604	0.430	0.720	0.348	0.432							
成都	0.797	0.739	0.905	0.785	0.806	0.600						
重庆	0.717	0.665	0.697	0.648	0.903	0.130	0.703					
郑州	0.448	0.406	0.375	0.499	0.382	0.068	0.564	0.511				
武汉	0.840	0.832	0.828	0.681	0.891	0.368	0.779	0.867	0.415			
沈阳	0.657	0.629	0.710	0.747	0.710	0.209	0.846	0.762	0.593	0.712		
大连	0.654	0.648	0.735	0.625	0.694	0.257	0.708	0.636	0.385	0.653	0.823	

资料来源：《中国城市统计年鉴（2010）》。

表 3-5 显示的是 2010 年 12 个样本城市的产业同构系数。与 2005 年相比，2010 年 12 个样本城市的平均产业同构系数上升为 0.643，表明 12 个样本城市之间的分工水平有所下降。北京、上海、广州三个一线城市的产业同构度依然是最高的，北京和上海同构系数为 0.883，北京和广州同构系数为 0.850，广州和上海同构系数为 0.887，三个一线城市同构系数均值约为 0.873，不仅远远高于 12 个样本城市的平均产业同构系数，也高于 2005 年三个一线城市产业同构系数均值。不过，在城市分工水平总体下降的趋势下，上海和北京的分工水平有了大幅度下降，产业同构系数从 2005 年的 0.943 下降到 0.883，虽然还是全国最高，但下降幅度非常明显。

虽然 12 个样本城市之间的整体分工水平有所下降，但与 2005 年相比，2010 年同一经济带内部城市之间分工水平基本维持不变，6 组城市组组内产业同构系数均值为 0.642，略低于 12 个样本城市的平均产业同构系数。这表明，这 5 年来城市分工水平的下降，主要来自各大经济带之间产业结构趋同，可能是因为产业从沿海向内陆地区扩散。在产业转移政策和沿海要素价格（工业用地价格和劳动力价格）快速上升的情况下，一些沿海地区的制造业企业开始向中西部地区转移。在上一节中，我们从中西部地区人口向东部地区流动速度放缓的分析中，也可以间接地看到这种趋势出现。

表 3 - 6　2015 年 12 个样本城市产业同构系数

	北京	天津	上海	杭州	广州	深圳	成都	重庆	郑州	武汉	沈阳	大连
北京												
天津	0.556											
上海	0.755	0.771										
杭州	0.592	0.629	0.793									
广州	0.839	0.705	0.939	0.745								
深圳	0.421	0.452	0.671	0.526	0.516							
成都	0.670	0.685	0.898	0.652	0.811	0.853						
重庆	0.786	0.729	0.923	0.688	0.931	0.586	0.842					
郑州	0.613	0.552	0.679	0.651	0.608	0.637	0.609	0.704				
武汉	0.850	0.750	0.926	0.709	0.927	0.524	0.819	0.933	0.646			
沈阳	0.663	0.647	0.777	0.622	0.786	0.193	0.565	0.834	0.514	0.830		
大连	0.454	0.702	0.678	0.587	0.637	0.231	0.504	0.574	0.416	0.566	0.684	

　　资料来源：《中国城市统计年鉴（2015）》。

　　表 3 - 6 显示，与 2010 年相比，2015 年 12 个样本城市的整体分工水平依然在下降，产业同构系数均值上升为 0.675。这与产业持续向中西部地区转移的大趋势是一致的。相比之下，北京、上海、广州三个一线城市之间的产业同构系数有所下降，均值降到 0.844，不仅低于 2010 年，也略低于 2005 年。三个一线城市产业同构系数下降，主要是因为北京与上海的分工深化。2015 年，北京与上海的产业同构系数降到 0.755，北京与广州的产业同构系数降到了 0.839。北京与天津的产为同构系数更下降到 0.556 的相对较低水平。这说明北京优化首都功能取得了明显的效果。但是，上海和广州的产业同构系数上升到 0.939，取代北京和上海成为 12 个样本城市中产业同构系数最高的两个城市。

　　同一经济带内部的城市分工水平整体上也在下降。6 个城市组组内产业同构系数的均值上升为 0.675，显示在"十二五"期间，沿海与内陆中心城市工业部门结构趋同的趋势并没有发生改变。成都和重庆、武汉和郑州是拉高经济带内部产业同构系数的主要城市组。成都和重庆的产业同构系数从 2010 年的 0.703 反弹到 2015 年的 0.842，郑州和武汉的产业同构系数从 2010 年的 0.415 上升到 2015 年的 0.646，体现出中西部地区城市承接产业转移有高度的相似性。与 2010 年相比，2015 年上海和杭州、广州和深圳的产业同构系数虽然也在上升，但上升的幅度要小很多。

三 中国城市功能分工进展

城市功能分工，指不同城市在经济活动中的生产制造功能与设计销售等服务功能之间的分工。这种功能分工主要发生在大城市与中小城市之间，随着产业链的延长，大城市将其产业活动中的生产制造环节剥离出来，配置在要素成本相对较低的中小城市进行。

在全球价值链体系下，功能分工可以跨越遥远的地理距离，在全球任何地方进行，由此产生了一小批全球城市。这些城市集聚了全球最高端的生产要素和跨国公司总部，负责协调全球化的生产销售活动。但是从全球来看，这种有能力跨越遥远的地理距离进行分工协调的城市是非常少的，如纽约、伦敦等，主要分布在西方发达国家。在目前的中国，城市功能分工更多发生在地理范围相对较近的城市群中。例如，广州和佛山就是城市功能分工的典型例子，广州集聚了广东省主要科教文卫资源，2015 年第三产业比重达到 67.11%，工业比重只有 31.64%。邻近广州的佛山是全国知名的制造业强市，第二产业比重达到 60.46%，服务业比重只有 37.83%。两个相邻城市的第二、三产业比重恰好倒了个个儿。佛山服务业比重偏低的主要原因，就是广州与佛山两个城市之间形成了高度的功能分工，广州发达的金融、设计、销售等服务业部门直接为佛山的制造业发展提供服务。一般来说，中国各个省会城市往往是各个省份经济最发达的城市，也是服务业部门相对齐全的城市，在功能定位上，就有承担各省主要科教文卫服务的功能。如果将每个省份的城市视为一个城市群，省会城市就是其中心城市。我们可以用各省会城市与各省其他城市之间的制造业和服务业的功能分工来测度中国各省份内部的城市功能分工水平。

表 3 – 7　2000 年、2010 年、2015 年中国 25 个省（区）
城市群的功能分工指数

排名	时间	省（区）	功能分工指数	时间	省（区）	功能分工指数	时间	省（区）	功能分工指数
1	2000	新疆	4.650	2010	新疆	5.127	2015	新疆	3.523
2	2000	内蒙古	1.877	2010	福建	1.747	2015	广东	3.270
3	2000	宁夏	1.748	2010	辽宁	1.619	2015	江苏	2.765
4	2000	山东	1.339	2010	内蒙古	1.616	2015	四川	1.661
5	2000	辽宁	1.336	2010	浙江	1.578	2015	山东	1.656
6	2000	福建	1.291	2010	广东	1.491	2015	浙江	1.632
7	2000	吉林	1.161	2010	江苏	1.417	2015	内蒙古	1.531
8	2000	安徽	1.155	2010	山东	1.305	2015	宁夏	1.440
9	2000	广东	1.119	2010	黑龙江	1.229	2015	河北	1.407
10	2000	甘肃	1.113	2010	湖北	1.178	2015	黑龙江	1.298
11	2000	浙江	1.100	2010	河北	1.140	2015	福建	1.201
12	2000	湖南	1.075	2010	广西	1.035	2015	陕西	1.186
13	2000	广西	1.027	2010	云南	1.021	2015	湖北	1.158
14	2000	湖北	1.006	2010	吉林	0.941	2015	辽宁	1.121
15	2000	江苏	0.998	2010	湖南	0.937	2015	云南	1.035
16	2000	河北	0.996	2010	河南	0.897	2015	山西	1.023
17	2000	黑龙江	0.981	2010	安徽	0.869	2015	河南	0.941
18	2000	河南	0.931	2010	陕西	0.868	2015	广西	0.928
19	2000	陕西	0.924	2010	山西	0.832	2015	海南	0.916
20	2000	四川	0.864	2010	四川	0.736	2015	吉林	0.864
21	2000	江西	0.715	2010	江西	0.713	2015	湖南	0.802
22	2000	云南	0.708	2010	贵州	0.616	2015	甘肃	0.798
23	2000	山西	0.702	2010	甘肃	0.592	2015	江西	0.606
24	2000	海南	0.701	2010	宁夏	0.566	2015	贵州	0.439
25	2000	贵州	0.672	2010	海南	0.300	2015	安徽	0.437
	2000	全国平均	1.207	2010	全国平均	1.215	2015	全国平均	1.345

　　注：由于本书在后面章节，计算了北京、上海、天津三个直辖市与周边城市的功能分工水平，故此表中未计入三市数据。另外，青海省由于部分年度数据欠缺，未计入本表。

　　资料来源：相关年份《中国城市统计年鉴》。

表 3 - 7 显示了 2000 年、2010 年和 2015 年 25 个省（区）城市群的功能分工指数。我们可以得到如下五个判断。第一，随着工业化和城镇化的推进，中国城市群的整体功能分工水平在不断上升。2000 年，基于省（区）城市群的全国平均功能分工指数是 1.207，2010 年为 1.215，2015 年上升为 1.345。第二，中国城市群功能分工的大小分布形态也在发生正向的变化。2000 年，在 25 个省（区）城市群样本中，仅有 6 个城市群的功能分工指数高于全国平均水平，而在 2010 年和 2015 年，高于全国平均水平的城市群均为 9 个。第三，地广人稀的资源依赖型省份功能分工指数较高，但随着经济发展，更多人口涌入，城市功能分工水平会逐渐下降。这些省份往往位于边疆地区，由于人口稀少，主要服务业功能集中在省会。除了省会之外，其他城市基本上是高度专业化的工业矿业城市，导致城市功能分工指数很高。最典型的是新疆，2000 ~ 2015 年，其城市功能分工指数一直居于全国第一的位置，但是随着自治区内其他城市的服务业随着人口流入和经济增长有所发展，新疆的城市功能分工指数开始下降。2000 年，城市功能分工指数排名前三的全部为西部省（区）。其中，新疆 2000 年城市功能分工指数为 4.650，2010 年上升为 5.127，2015 年下降为 3.523。内蒙古 2000 年城市功能分工指数为 1.877，位居全国第二，2010 年下降到 1.616，2015 年再进一步下降到 1.531。2000 年，宁夏的城市功能分工指数为 1.748，位居全国第三，2010 年下降为 0.566，2015 年虽然功能分工指数再度上升到 1.440，但无论指数值还是在全国的排名都低于 2000 年。第四，对大部分省份而言，其省域城市群的功能分工指数是随着工业化和经济水平的提升而提升的。例如，在 2000 年，城市功能分工指数排名前六的省（区）中，只有福建和山东属于东部沿海地区；2010 年，进入前六的省（区）东部地区增加了福建、浙江、广东三省；2015 年，进入前六的进一步增加了广东、江苏、山东、浙江四省。广东是中国工业化和城镇化水平最高的地区，借助工业化和城镇化的推动，广东的城市功能分工指数从 2000 年的 1.119，全国排名第九，上升为 2010 年的 1.491，全国排名第六，再上升为 2015 年的 3.270，全国排名第二。另两个明显的例子分别是江苏和浙江，其指数值分别从 2000 年的 0.998、1.100 上升到 2010 年的 1.417、1.578，再到 2015 年的 2.765 和 1.632。在 2000 年，广东、江

苏、浙江三省的功能分工水平都低于全国平均水平,到 2015 年这三省的城市群功能分工水平已经分列全国第二、第三和第六。

由此看出,除了少数地广人稀的资源依赖型地区外,中国的城市功能分工水平是在持续深化的。这种深化得益于工业化和城镇化的持续深入,城市的效率和孵化创新能力得到不断提高。这种效率能力的提升,又进而转化为加快产业结构优化升级的动力。

第四节 中国产业结构优化升级情况

一 全国整体产业结构优化升级情况

在工业化和城镇化过程中,一个国家的产业结构会经历从农业到工业,再从工业到服务业的渐次演进过程。根据世界银行《世界发展指标》数据库,2010 年美国服务业占 GDP 比重为 79%,英国为 78%,法国为 59%,即便是在以高度重视实体经济著称的日本和德国,服务业比重也分别达到 72% 和 71%。因此,对于已经成功实现工业化的国家而言,服务业比重是体现一个国家经济结构高级化水平的重要指标。

提高服务业比重与城镇化发展密切相关。城镇化带来的人口集聚效应和生活方式改变,不仅能显著增加对服务业的需求,而且能不断提升服务业部门的生产效率。图 3 - 7 显示了 2000 ~ 2015 年中国城镇化率与第二、三产业结构变动情况。该图直观地显示,中国城镇化发展趋势与第三产业发展趋势越来越一致。如果说"十五"期间,城镇化对工业部门的拉动效应和对第三产业的拉动效应还处于一个僵持阶段,那么从"十一五"开始,城镇化对第三产业的拉动效应变得越来越显著。2000 年,全国第二产业占 GDP 比重为 45.54%,然后在一个小区间内波动,到 2006 年上升到 47.56% 的最高点,此后进入稳定下降通道,到 2015 年,已经下降到 40.93%。与之对应的是,2000 年,第三产业比重为 39.79%,在经历"十五"初期的波动后,从 2004 年开始稳步上升。2013 年,中国第三产业占比 46.67%,首次超过工业部门,从此替代第二产业,成为中国第一大产业部门。到 2015 年,中国第三产占比达到 50.19%,首次超过了国民生产总值一半以上。

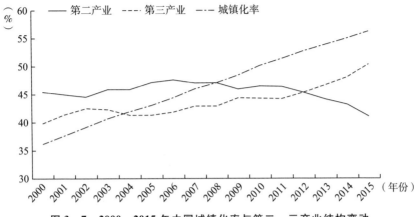

图 3 - 7 2000 ~ 2015 年中国城镇化率与第二、三产业结构变动

资料来源：《中国统计年鉴》有关各年。

劳动生产率最直观地反映了产业优化升级的结果。图 3 - 8 展示了 2000 ~ 2015 年中国第二产业和第三产业实际劳动生产率的提升情况，图中显示，在 2000 ~ 2015 年，中国第二产业和第三产业劳动生产率保持着基本同步的增长势头。2000 年，第二产业人均创造增加值为 4.56 万元，此后 15 年，以年均 5.59% 的复合增长率稳定增长。第三产业生产率略低于第二产业，2000 年人均增加值为 3.99 万元，之后 15 年的年均复合增长率为 6.65%，增速略高于第二产业。到 2015 年，以当年价格计算，第二、三产业部门的人均生产率分别达到 12.36 万元和 10.48 万元，折合成 2000 年不变价格，约为 7.10 万元和 6.02 万元。

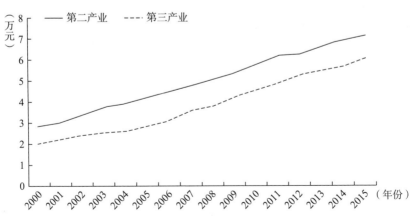

图 3 - 8 2000 ~ 2015 年中国第二产业和第三产业实际劳动生产率提升情况

资料来源：中国国家统计局国家数据库。

劳动生产率的稳步上升，源于资本深化、技术进步以及资源在行业和空间的配置效率提升。尤其值得重视的是，中国第三产业劳动生产率的提升速度不是低于，而是略高于第二产业劳动生产率的提升速度。一般来说，服务业可以分为生产率绝对水平和进步速度都相对较低的传统服务业，以及生产率绝对水平和进步速度都相对较高的现代服务业。中国服务业劳动生产率的快速增长，反映出中国服务业的增长更多来自高生产率现代服务业部门的推动。由于服务业的发展，尤其是现代服务业的发展，需要以现代化城市作为载体，因此中国劳动生产率的提升，尤其是服务业生产率的稳步上升，说明中国城镇化对产业结构优化升级发挥了重要作用。

二　中国城市产业结构优化升级情况

2000～2015 年，中国城市普遍发生了从第二产业到第三产业的产业结构调整。表 3－8 显示了 2000 年和 2015 年中国三个直辖市与二十七个省会城市第二、三产业变动情况。2000 年，三个直辖市和二十七个省会城市第二产业占 GDP 比重的均值为 44.15%，仅仅比全国 45.54% 的平均水平低 1.39 个百分点。第三产业占比均值为 47.05%，超过全国平均水平（39.79%）7.26 个百分点。到 2015 年，三个直辖市和二十七个省会城市第二产业占 GDP 比重的均值下降为 40.47%，和全国平均水平（40.93%）差距为 0.46 个百分点，说明其第二产业比重下降速度要慢于全国整体水平。在第三产业方面，2015 年三个直辖市和二十七个省会城市第三产业比重均值上升到 55.28%，与全国平均水平（50.19%）的差距拉大到 5.09 个百分点。这表明，直辖市和省会城市的服务业发展更快，这也验证了之前对城市分工发展的分析，大城市与小城市之间的功能分工是推动中国城镇化产业升级的重要动力。

虽然中国整体上呈现第二产业比重下降的趋势，但是依然有一些省会城市在进一步发展第二产业。从表 3－8 来看，2000 年，第二产业占比最高的是兰州，第二产业占 GDP 的比重达到 52.60%；第二是杭州，第二产业占 GDP 的比重达到 51.30%；接下来依次是贵阳、天津、郑州、太原。上海、广州和北京三大一线城市的第二产业比重分别为 47.50%、43.40% 和 38.10%，除上海外，另外两个直辖市的第二产业比重都低于直辖市与省会工业占比的平均值。2015 年，不同城市的第二产业比重发生了巨大变化，南昌、合肥、银川、长沙和长春分别位列前五。第二产业占 GDP 比重最高的南昌，占比达到 54.50%，比值甚至超过了 2000 年排名第一的兰州。排名第二的合肥，第二产业占比也达到了 52.60%，与 2000 年兰州的占比一致。比较 2000 年和 2015 年，有 11 个城市的第二产业比重不降反增，这些城市全部位于中西部，属于承接沿海地区产业转移的城市，按照第二产业比重增加幅度从大到小排序，依次是长沙、南宁、银川、南昌、长春、西宁、合肥、重庆、沈阳、武汉、郑州。

但是，从表 3-8 来看，这些城市的产业结构都表现出向第三产业发展的趋势，而且这种趋势不仅仅限于沿海地区。其中第三产业增幅较大的前 10 个城市分别是呼和浩特、北京、兰州、贵阳、上海、杭州、广州、太原、西安和南京，东部城市和西部城市各 5 个。从 2000 年到 2015 年，呼和浩特的第三产业占比上升了 25.66 个百分点，推动其第三产业占 GDP 的比重在 2015 年达到了 67.86%。北京第三产业占比增长了 21.35 个百分点，2015 年第三产业占 GDP 的比重为 79.65%，是第三产业占比最高的城市。上海和广州的第三产业占 GDP 的比重也分别达到了 67.76% 和 67.11%，均远远高于 55.28% 的样本城市平均水平。

我们进一步分析中国城市工业部门内部产业升级情况。为了简便起见，我们沿用了前文进行城市产业分工分析的城市样本，仅仅比较 8 个国家中心城市，以及另外 4 个重要的地区中心城市。这 12 个城市样本两两成对，覆盖了中国东北、华北、华东、华南和西南地区，又可以简单划分为东部和中西部地区。由于采矿等行业主要依赖特定地理区位的自然资源，故我们主要分析制造业部门变化。

表 3-8 2000 年和 2015 年中国三个直辖市与二十七个省会城市
第二、三产业变动情况

城市名	2000 年第二产业占 GDP 的比重（%）	2015 年全市第二产业占 GDP 的比重（%）	第二产业占比变动（百分点）	2000 年第三产业占 GDP 的比重（%）	2015 年全市第三产业占 GDP 的比重（%）	第三产业占比变动（百分点）
北京	38.10	19.74	-18.36	58.30	79.65	21.35
天津	50.00	46.58	-3.42	45.50	52.15	6.65
石家庄	46.50	45.08	-1.42	38.90	45.84	6.94

城市名	2000 年第二产业占 GDP 的比重（%）	2015 年全市第二产业占 GDP 的比重（%）	第二产业占比变动（百分点）	2000 年第三产业占 GDP 的比重（%）	2015 年全市第三产业占 GDP 的比重（%）	第三产业占比变动（百分点）
太原	48.70	37.30	-11.40	47.00	61.34	14.34
呼和浩特	43.80	28.06	-15.74	42.20	67.86	25.66
沈阳	44.20	47.77	3.57	49.40	47.53	-1.87
长春	43.20	50.11	6.91	42.50	43.69	1.19
哈尔滨	33.90	32.39	-1.51	48.50	55.92	7.42
上海	47.50	31.81	-15.69	50.60	67.76	17.16
南京	48.40	40.29	-8.11	46.20	57.32	11.12
杭州	51.30	38.89	-12.41	41.20	58.24	17.04
合肥	48.60	52.60	4.00	40.00	42.75	2.75
福州	46.50	43.60	-2.90	40.00	48.66	8.66
南昌	47.20	54.50	7.30	42.20	41.22	-0.98
济南	44.00	37.82	-6.18	46.10	57.18	11.08
郑州	49.20	49.29	0.09	45.10	48.64	3.54
武汉	44.20	45.68	1.48	49.10	51.02	1.92
长沙	40.90	50.92	10.02	47.80	45.06	-2.74
广州	43.40	31.64	-11.76	52.60	67.11	14.51
南宁	30.30	39.46	9.16	53.20	49.68	-3.52
海口	25.90	19.25	-6.65	71.70	75.84	4.14
重庆	41.30	44.98	3.68	40.90	47.70	6.80
成都	44.70	43.73	-0.97	45.70	52.81	7.11
贵阳	50.90	38.34	-12.56	40.00	57.17	17.17
昆明	47.10	39.98	-7.12	44.70	55.28	10.58
西安	47.70	36.65	-11.05	45.80	59.55	13.75
兰州	52.60	37.34	-15.26	42.20	59.98	17.78
西宁	43.80	48.03	4.23	47.40	48.66	1.26
银川	43.80	52.27	8.47	45.00	43.81	-1.19
乌鲁木齐	36.90	29.92	-6.98	61.70	68.88	7.18

资料来源：相关年份《中国城市统计年鉴》。

表 3 - 9 显示了 2005～2015 年 12 个样本城市制造业内部结构变化，图 3 - 9 显示了 2005～2015 年 12 个样本城市制造业内部结构变化的平均值，

从图表中我们可以看出城市制造业内部结构变化的趋势。从图 3-9 可以看到，以汽车制造为代表的交通运输设备是比重扩张最快的制造部门，12 个城市平均占比扩张了 8.35 个百分点。其次是 IT 制造业，平均扩张了 4.38 个百分点。文娱用品、食品、专用设备等制造业部门也有显著扩张，而发生了急速收缩的部门主要有黑色金属冶炼研压业和石油加工业。

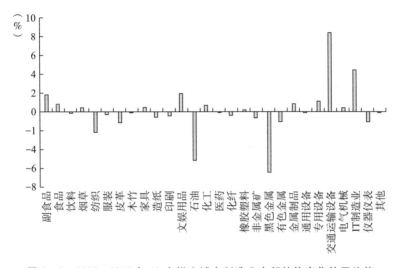

图 3-9 2005～2015 年 12 个样本城市制造业内部结构变化的平均值

但是，不同城市之间的制造业结构变化不尽相同。东部城市和中西部城市的制造业结构变化既有共同趋势，也有显著差异。最重要的共同趋势是大部分城市的交通运输设备制造业的比重都显著增加，只有重庆和杭州出现了比重下降（见表 3-9）。2005～2015 年，交通运输设备制造业迅速成为中国经济重要的支柱。这种国家层面的产业结构优化升级，在微观层面直接体现为各大城市的产业升级。

东部城市与中西部城市的制造业结构变化最大差异是 IT 制造业。2015 年，在 6 个东部样本城市中，天津和北京的 IT 制造业大幅下降，与 2005 年相比，天津的 IT 制造业下降了 16.98 个百分点，北京下降了 4.56 个百分点。而在 6 个中西部样本城市中，IT 制造业的比重大幅度上升，体现了东部地区产业向中西部地区转移，带动了中西部地区产业升级。成都的 IT 制造业增幅最大，2015 年比 2005 年上升了 22.93 个百分点；其次是郑州，上升了 20.27 个百分点；第三是重庆，上升了 15.44 个百分点。

表 3 – 9   2005 ~ 2015 年 12 个样本城市制造业内部结构变化

单位：百分点

简称	北京	上海	广州	重庆	天津	武汉	成都	郑州	杭州	深圳	沈阳	大连
副食品	0.13	0.06	0.80	0.96	1.73	1.99	- 1.85	- 1.25	0.28	- 0.12	1.09	6.69
食品	0.41	0.53	0.15	0.12	4.08	0.03	- 0.38	- 1.04	0.15	- 0.27	- 0.24	1.19
饮料	- 0.20	- 0.42	0.03	- 0.38	- 0.44	0.11	- 0.03	- 0.33	- 0.24	- 0.05	0.33	0.24
烟草	0.00	1.87	- 0.05	- 1.27	0.09	0.92	- 0.48	0.58	0.94	0.04	- 0.20	0.00
纺织	- 0.59	- 1.56	- 1.57	- 1.10	- 0.90	- 0.68	- 0.85	- 1.57	- 2.95	- 0.50	- 0.70	- 0.24
服装	- 0.08	- 1.31	- 0.19	0.35	- 0.05	- 0.27	- 0.36	0.78	- 0.87	- 0.18	0.21	- 0.12
皮革	- 0.01	- 0.16	- 0.91	0.26	- 0.23	0.05	- 1.75	- 0.29	- 1.23	- 0.25	- 2.80	0.12
木竹	- 0.03	- 0.33	- 0.09	0.27	- 0.29	0.16	- 0.31	- 0.10	- 0.24	- 0.16	0.52	- 0.06
家具	0.12	0.39	0.59	0.09	- 0.26	- 0.04	1.68	0.21	0.18	- 0.44	0.46	- 0.55
造纸	- 0.16	- 0.01	- 0.75	0.49	0.06	- 0.68	- 0.46	- 2.16	- 0.85	- 0.27	0.32	0.59
印刷	- 0.37	- 0.23	- 0.07	0.34	0.13	- 0.35	- 0.69	- 0.93	- 0.15	- 0.62	- 0.10	- 0.02
文娱用品	0.81	0.26	0.82	0.50	1.62	1.14	0.36	0.61	0.66	3.79	0.53	0.04
石油	- 3.20	- 1.40	- 1.44	- 0.14	- 1.07	- 4.89	3.92	- 0.33	- 0.42	0.21	- 0.21	- 22.70
化工	- 0.89	2.42	- 0.72	- 2.91	- 0.35	0.64	- 3.14	- 1.25	1.77	- 0.50	- 1.02	9.56
医药	2.27	0.73	- 0.01	- 0.41	- 0.21	- 0.52	- 3.01	- 0.88	1.56	0.35	- 1.23	1.06
化纤	- 0.03	- 0.45	- 0.01	0.00	- 0.04	0.03	- 0.36	- 0.20	- 1.46	0.00	0.01	0.01
橡胶塑料	- 0.41	- 0.11	- 1.71	1.04	- 0.33	1.59	- 1.05	0.02	1.10	- 0.21	- 0.05	0.40
非金属矿	- 0.64	- 0.38	- 1.16	0.15	- 0.03	0.33	- 9.42	1.79	0.66	0.19	3.28	1.06
黑色金属	- 3.34	- 4.50	- 2.24	- 2.98	3.01	- 16.45	- 4.94	- 4.21	- 1.99	- 0.41	- 4.16	3.07
有色金属	- 0.18	- 0.27	0.63	- 2.12	1.96	- 0.23	- 1.32	- 8.19	2.34	1.35	- 1.32	0.40
金属制品	0.10	- 0.81	- 0.80	1.47	1.20	2.12	1.13	- 0.43	- 0.39	- 0.94	0.64	1.15
通用设备	- 1.36	1.05	0.46	- 1.31	0.83	- 2.47	- 0.62	0.14	0.69	1.73	1.20	- 1.07
专用设备	- 0.48	1.00	0.11	- 0.96	2.80	1.51	- 0.47	- 0.82	0.35	1.23	- 1.06	3.03

续表

简称	北京	上海	广州	重庆	天津	武汉	成都	郑州	杭州	深圳	沈阳	大连
交通运输设备	13.13	7.77	8.10	-7.49	4.33	8.25	2.99	0.13	-1.25	1.63	7.33	5.18
电气机械	-0.44	0.73	-0.03	0.40	-1.09	3.42	-1.20	-0.09	2.85	0.62	-1.60	-1.56
IT制造业	-4.56	-4.53	1.76	15.44	-16.98	4.53	22.93	20.27	-1.48	-2.38	-1.31	-7.38
仪器仪表	-0.13	-0.66	-0.79	-1.05	-0.55	-1.04	-0.46	0.12	-0.19	-2.14	0.13	-0.20
其他	0.13	0.31	-0.91	0.24	1.01	0.80	0.16	-0.59	0.19	-1.68	-0.04	0.12

资料来源：各城市统计年鉴。

|第四章|

城镇化演进与产业结构优化升级的国际经验

经济发展是一个动态的过程，在不同的阶段，城市发展的动力、功能和产业结构具有不同的特征。从世界各国城市发展和产业升级的历史看，城镇化大体可以分为三个阶段：第一个阶段是集聚阶段，要素流动导致人口和产业向城市集聚，城市的人口密度和经济密度提高；第二个阶段是产业转移阶段，过多的人口集聚在有限的土地上，导致地价上升，人口密度和经济密度较高的城市开始向外转移产业；第三个阶段是城市分工和互动阶段，城市根据各自比较优势，形成产业和功能上的分工和互动。本章梳理了美国、日本城镇化演进与产业结构优化升级的经验教训，为中国在推动新型城镇化过程中促进产业结构优化升级提供借鉴。

第一节 美国城镇化演进与产业结构优化升级

一 美国城市的集聚阶段（18世纪70年代—20世纪50年代）

美国城市的集聚阶段可以追溯到殖民地时期。18世纪90年代以前，美国尚处于殖民地时期，此时的城市主要分布于东海岸，城市的规模较小。人口在2500以上的城市一共25个，其中25000以上的城市只有两个。在就业结构上，基于波士顿、费城、纽约的数据，22%的人口从事商业和贸易活动，24%从事制造业，50%从事服务业，4%从事行政管理工作。这些城市的兴起并不是工业化带动的，而主要是基于商业和贸易需求。

这些港口城市的兴起源于规模报酬递增和沿海区位带来的运输成本降低。殖民地需要向欧洲国家运输产品，而海运是当时唯一可以抵达这些地方的运输方式，为了节约运输成本，东海岸集聚了大量的商贸企业和就业机会，逐步发展为早期的城市。当然，城市的形成规模还受腹地规模和港口质量影响：腹地规模决定了港口城市所能容纳的商业活动数量，进而影响城市能够带来的规模报酬；港口质量则决定了运输成本，影响企业的选址和城市的规模。当城市开始形成，这里集聚的就不仅是商业和贸易人员，这些人会产生对面包、衣服、肥皂等产品以及餐饮、住宿、商务等服务的需求，带动当地的作坊、商店和相关服务业的就业。这里生产的商品和提供的服务大部分是满足当地的需求，而拥有这些良好设施的城市也更能吸引企业和人口的流入，进一步壮大城市的规模。因此，虽然商贸是城市最初形成的动力，但城市的进一步发展更像是内生的演变，累积循环效应带来了城市的不断发展。

1783 年独立战争之后，美国成为一个独立的国家，对于美国的港口城市来说，商贸的重要性有所降低，此时城市的发展动力转为工业化。从图 4-1 可以看到，工业化开始之后，相比早期，美国的城镇化水平快速提升，城市化率从 1820 年的 7% 上升到 1920 年的 51%，超过一半的人口居住在城市。此时，城市的数量明显增加，规模也明显变大了，形成了 2722 个人口在 2500 以上的城市，3 个人口在 100 万以上的大城市。这一时期的工业化和城镇化具有较强的关联，尽管工业化和城镇化往往是同步发生的，然而现有研究发现美国的工业化出现在农村这一事实，却暗示了工业化导致城镇化的可能性。在工业化过程中，分散的小作坊式的生产逐步被企业代替。企业生产的一个重要特征是规模经济，由于投入了厂房和生产设备等不变成本，企业的生产规模越大，平摊到每一单位产品上的成本越低。但企业的大规模生产的一个不足之处是需要更大的市场，因此需要将产品运输到更远的地方。Krugman（1991）强调了金钱外部性的作用，认为接近大市场能够节约运输成本，企业会向大城市集聚，而这种集聚带来劳动力的流动，进一步扩大了市场规模，依靠这种累积循环城市得以形成。Henderson（1974）则更强调技术外部性，企业集聚在一起产生技术外部性可以提高企业的技术，从而带来更多企业的集聚。然而，不管是哪一种外部性，都涉及要素的流动，主要是劳动力的流动。正是劳动力的流动才形成了大的市场需求，劳动力向特定地区集聚也满足了集聚的企业对大量要素的需求，降低了生产成本。在地理位置上，工业化过程中形成的城市大多接近港口和资源地区，这使得其在节约地方公共物品和运输成本方面具有优势，因此，多数城市是在殖民地时期城市的基础上规模扩大形成的。许多因素都表明，工业城市的集聚是由交通和资源方面的区域比较优势决定的，在此基础上，人口向这些地区的进一步流动，增加了城市的人口数量。因此，美国工业化和城镇化的一个主要的现象是要素，尤其是劳动力，不断向城市流动。

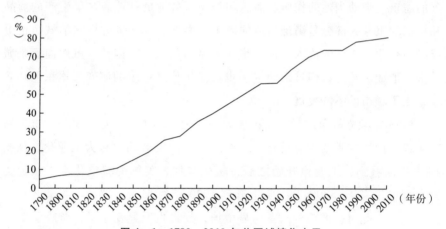

图 4 - 1　1790 ~ 2010 年美国城镇化水平

资料来源：美国人口普查数据。

另外，在早期规划上，美国很多城市采取了限制城市扩张的政策，将城市限制在一定空间范围之内。这一方面是由于地方政府和城市规划者缺乏远见，没有预测到城市的人口流入未来会如此大。在工业化以前，总人口和城市人口数十年增长缓慢，而工业化和城镇化带来总人口和城市人口的暴增是规划者没有预想到的。另一方面是由于政府官员、城市居民等对城市扩张感到恐惧，他们认为城市已经太大了，进一步扩张是荒唐和难以接受的，他们不欢迎人口向城市流入，认为流入人口分享了教育、医疗等资源，抢走了就业机会，带来城市道路的拥挤和环境恶化。因此，早期的城市扩张是受到一定限制的，但是这种限制没能阻止劳动力的继续流入，相反，限制城市的土地和空间范围，却使有限土地上的人口增加，带来更严重的拥挤，最终城市规划者不得不供应郊区的土地，建设公共设施和住房。与其限制城市的扩张，美国纽约的城市规划更为可取。1811 年，纽约城市委员会给曼哈顿规划的新增建成区面积是当时曼哈顿建成区面积的 7 倍，为大量流入人口预留了土地和空间。即使如此，到 19 世纪末，这些预留的土地也都变成了建成区，1810~1900 年，纽约人口从 9.6 万增加到 185 万，增加了近 19 倍，拥挤的情况日益严重。纽约需要进一步扩张土地，以容纳不断增加的人口，缓解过度拥挤的交通和基础设施压力。事实上，早期美国大部分城市存在土地供应不足的问题，导致了住房价格上涨、公共设施不足和交通拥挤。

因此，早期的工业化和城镇化过程中，在集聚经济的作用下，一方面，人口和企业不断向大城市流入；另一方面，土地供应不足，土地扩张的速度远远不能满足新增人口的需求。这样最终导致城市的人口和经济密度逐步提高。

当然，城市人口和经济密度的提高并不能说一定是不好的，城市经济学理论认为人口密度增加能够提高城市的集聚经济，有利于提高企业的生产率和促进技术进步。然而，如果密度过高显然也会导致很多问题，如企业之间竞争加剧、过度拥挤和城市难以管理等。在实证研究中，Carlino et al.（2007）发现城市密度提高有助于创新，但是当密度超过一定值时，反而不利于创新。因此，更可能的真实情况是这种密度会存在一个最优区间，过高和过低的密度都是不利的。那么，美国的城市密度是否过高呢？对这个问题目前尚没有研究给出准确的答案。但根据一些历史资料测算，在工业化和城镇化时期，美国的城市密度达到顶峰，之后逐步降低，这在一定程度上反映这一时期美国城市的密度可能是过高的。这种过高的人口和经济密度带来的集聚经济，有利于美国城市的发展，但是不可持续，过多的人口和过多的产业需要在城市之间进行有效的专业化分工。

二　美国城市的产业转移阶段（20 世纪 50 年代—20 世纪 70 年代）

20 世纪 50 年代以后，美国的产业结构由第二产业向第三产业转变，制造业的区位也呈现扩散的趋势，工业化时期依托制造业发展起来的东海岸和东北部的城市开始向外转移产业，制造业比重降低，周围的城市承接这些转移的产业，形成了一些新的工业城市。

为了描述制造业的空间转移，需要得到不同时期各个地区的制造业相对比重，通过跨时期制造业比重的变化来分析制造业的空间转移过程。最简单的方法是估计各个城市的区位商。假设有 M 个区位，S_i 表示区位 i 的制造业占该区位就业比重，x 表示全部地区制造业占全部地区总就业比重，则区位 i 的区位商为：

$$LQ(i) = \frac{s_i}{x}$$

因此，区位商实际上是某个产业在某个地区就业份额与该产业在全部地区就业份额的比重。如果区位商大于 1，表明这种产业在该地区是相对专业化的；如果区位商小于 1，则表明这种产业在该地区的就业份额相对较小。通常采用就业人数、产值或者销售额等计算区位商。

首先，计算美国制造业的区位商，以对美国各个制造业的区位专业化模式有个概括了解。根据美国各个普查区数据①，表 4 - 1 列出了 1997 年美国制造业在 9 个普查区的区位商。制造业的空间分布是相对集中的，主要集中在中部东北地区和中部东南地区，这两个地区的制造业区位商分别为 1.36 和 1.34。相对而言，其他地区的制造业比重较低，山地地区制造业区位商只有 0.65。这样的结果很容易理解，制造业相对来说是容易进行产品贸易的，根据 Krugman（1991）的新经济地理理论，运输成本较低时，前后向关联形成的累积循环作用会导致产业的地理集中。中部东北地区和中部东南地区由于经济和人口集中，具有更大的市场规模，自然成了制造业集聚的"中心"。

---

① 美国的 9 个普查区分别为新英格兰地区（缅因州、新罕布什而州、佛蒙特州、马萨诸塞州、罗德岛、康涅狄格州）、中大西洋地区（新泽西州、纽约州、宾夕法尼亚州）、中部东北地区（俄亥俄州、印第安纳州、伊利诺伊州、密歇根州、威斯康星州）、中部西北地区（明尼苏达州、艾奥瓦州、密苏里州、北达科他州、南达科他州、内布拉斯加州、堪萨斯州）、南大西洋地区（德拉玛州、马里兰州、华盛顿特区、弗吉尼亚州、西弗吉尼亚州、北卡罗来纳州、南卡罗来纳州、佐治亚州、佛罗里达州）、中部东南地区（肯塔基州、田纳西州、亚拉巴马州、密西西比州）、中部西南地区（阿肯色州、路易斯安那州、俄克拉荷马州、得克萨斯州）、山地地区（蒙大拿州、爱达荷州、怀俄明州、科罗拉多州、新墨西哥州、亚利桑那州、犹他州、内华达州）和太平洋地区（华盛顿州、俄勒冈州、加利福尼亚州、阿拉斯加州、夏威夷州）。

表 4 – 1　1997 年美国 9 个普查区的制造业区位商

	美国就业份额	中部西南地区	中部东北地区	中部东南地区	中大西洋地区	山地地区	新英格兰地区	太平洋地区	南大西洋地区	中部西北地区
制造业	12.88	0.86	1.36	1.34	0.85	0.65	1.06	0.94	0.88	1.03

其次，制造业的空间分布并不是一成不变的，随着经济发展、运输成本和其他经济变量的变化，制造业空间区位也会改变。Holmes and Stevens（2004）用 1947 年和 1999 年美国普查数据，分析了美国制造业空间布局的演变。

1947 年，美国的制造业主要分布在 3 个区域：制造业带、皮德蒙特工业区和加利福尼亚工业区。尤其由东北部和五大湖地区构成的制造业带，集中了超过一半的大型制造业企业。而其他地区制造业比重很低，美国中部制造业企业很少，内华达州和怀俄明州只有 2 家就业超过 250 人的制造业企业，而新墨西哥州只有 1 家。到 1999 年，制造业的空间布局出现变化，尽管制造业带、皮德蒙特工业区和加利福尼亚工业区仍然集中了大量的大型制造业企业，但集中程度降低，制造业开始向中部地区分散。1999 年相对于 1947 年大型制造业企业仅增加 20%，但中部地区大型制造业企业增加了几倍，这表明中部的制造业比重增加与三大制造业区域的制造业转移有很大关系。田纳西州、阿肯色州和密西西比州的制造业都有大幅度增长。

为了分析制造业比重的相对变化，表 4 – 2 计算了 1947 年和 1999 年美国主要地区制造业区位商。1947～1999 年，尽管皮德蒙特工业区和加利福尼亚工业区制造业集聚度仍在上升，但制造业带的制造业集聚度大幅下降，而美国其他地区制造业集聚度则大幅上升。这表明，目前美国制造业仍然集中在三大制造业区域，但集中程度开始下降，制造业开始向中部地区转移。这种转移不是伴随中部地区人口和其他产业增长而同比例发生的，而是呈现了中部更快的制造业增长。

表 4 – 2　1947 年和 1999 年美国主要地区制造业区位商

	美国	制造业带	皮德蒙特工业区	加利福尼亚工业区	美国其他地区
1947 年	1	1.43	1.22	0.72	0.43
1999 年	1	1.06	1.38	0.98	0.89

因此，二战以后到 20 世纪末，美国的城市处于产业转移的阶段，这一阶段的主要特征是制造业的空间扩散，早期的制造业中心开始向周围转移制造业，带动周围中小城市的发展。大城市转移了关联性相对较低的制造业，缓解了城市的拥挤，也能够腾出土地和空间发展高端服务业。而中小城市由于转移的制造业的集聚，也有助于进一步推动城镇化。

三 美国城市的分工和互动阶段（20 世纪 70 年代至今）

20 世纪 70 年代以后，美国的城市分工形式发生了变化，逐步由产业专业化向部门专业化转变。城市之间的产业专业化程度逐步降低，部门专业化程度却逐步增加。这种分工和互动是市场自发的选择，也有助于各个城市发挥各自的比较优势，提高整个城市体系的效率。

Christaller（1966）以及 Holmes and Stevens（2004）等对城市的产业专业化进行了研究，认为不同制造业具有不同的规模经济，因此，不同规模的城市适合发展不同的制造业。事实上，不同的城市不仅在产业上有差异，在功能上也有差异。20 世纪中期以后，美国大城市和中小城市在功能上的差异要远大于产业上的差异。这种功能差异体现在大城市以生产性服务业为主，承担创新、管理和服务的功能；中小城市则以制造业为主，承担专业化生产的功能。

Duranton and Puga（2005）最早注意到了美国城市的功能专业化趋势。由表 4 - 3 可以看出，1977～1997 年，美国各个规模城市的产业专业化水平是逐步降低的；而 1950～1990 年，各个规模城市的功能专业化水平是逐步提高的。此外，对于不同规模的城市而言，其专业化的功能也不同。可以看到，规模越大的城市，管理人员比重越高，并且在此期间是一直增加的；规模越小的城市，生产工人的比重越高，并且在此期间是一直增加的。这反映出大城市和中小城市在功能分工上的专业化不同趋势，即大城市逐渐以管理功能为主，而中小城市以生产制造功能为主。

表 4 - 3 美国城市的专业化水平演变

城市人口	产业专业化			功能专业化			
	1977	1987	1997	1950	1970	1980	1990
500 万以上	0.377	0.376	0.374	10.2	22.1	30.8	39.0

续表

城市人口	产业专业化			功能专业化			
	1977	1987	1997	1950	1970	1980	1990
150 万 – 500 万	0.366	0.360	0.362	0.3	11.0	21.6	25.7
50 万 – 150 万	0.397	0.390	0.382	– 10.9	– 7.8	– 5.0	– 2.1
25 万 – 50 万	0.409	0.389	0.376	– 9.2	– 9.5	– 10.9	– 14.2
7.5 万 – 25 万	0.467	0.442	0.410	– 2.1	– 7.9	– 12.7	– 20.7
7.5 万以下	0.693	0.683	0.641	– 4.0	– 31.7	– 40.4	– 49.5

注：产业专业化用基尼系数计算，越大代表专业化水平越高，功能专业化为管理人员相对生产工人的比重。

资料来源：Duranton and Puga（2005）。

对于美国城市功能分工的形成原因，Duranton and Puga（2005）构建了理论模型进行解释。其设定企业由总部和生产厂房构成，总部需要多样化的生产性服务，而生产厂房需要专业化的中间投入，并且总部和生产厂房空间上接近可以节约管理成本。当管理成本很高时，企业会一体化，即总部和厂房位于同一个城市，这样可以节约管理成本；当管理成本降低到一定程度时，企业的总部和厂房会选择不同的城市，因为总部选择生产性服务丰富的城市可以节约运营成本，而厂房选择专业化中间投入丰富的城市可以节约生产成本。最终，会形成不同功能的城市，大城市由于总部的集聚而承担管理功能，小城市由于生产工厂的集聚承担专业化生产功能。这种功能分工和企业的组织形式的变化是一致的。当城市的规模不大也不是十分拥挤，土地和要素成本相对于其他地区不高，而管理成本很高时，总部和厂房之间需要空间上接近以节约管理成本，此时管理和生产都在同一个城市进行，形成一体化的企业，城市集聚的是特定产业内的企业，表现为产业的专业化。而当城市规模变大变拥挤，土地成本和要素成本很高，而管理成本较低时，企业的总部和厂房可以分别位于不同的城市，当节约的运营和生产成本超过增加的管理成本时，企业会选择将不同功能置于不同的城市。在 20 世纪中期，随着通信技术和计算机网络的发展，信息传输变得更加便捷，大大降低了管理成本，因此推动了企业组织形式的变化，进而带来了城市专业化模式由产业专业化向功能专业化转变。

功能专业化从大类上可以分为管理功能和生产功能，但是具体到数据上，很难划分管理人员和生产工人，并且缺乏这种划分的统计数据。在实证研究中，常常以生产性服务业来表示管理功能，以制造业来表示生产功能。要在实证上考察美国大城市与小城市功能上的差异，首先需要定义大城市和小城市。一些研究按照大都市区的边界界定城市，但用大都市区的边界界定城市存在与中国以地级市定义城市一样的问题，即假设了城市市区内是均匀分布的，事实上，大都市区既包括人口密集的商业区和工业区，也包括人口密度较低的地区，这不利于我们的分析。为此，这里采用 Holmes and Stevens（2004）的基于郡的测量方法和数据，但分析的侧重点有所差异。将距离郡中心 30 公里以内的人口视为城市人口。并将城市以规模排序后按照美国人口分为四个等份，即每个规模城市的就业人口占全国的 25%，我们要比较这四个不同规模城市的产业结构和功能差异。表 4 - 4 计算了各个产业在不同规模城市的区位商，LQ1 - LQ4 是城市规模依次递增的，为了便于理解，我们将其定义为小城市、中等城市、大城市和特大城市。

表 4 - 4 2000 年美国各个产业在不同规模城市的区位商

产业	LQ1（小城市）	LQ2（中等城市）	LQ3（大城市）	LQ4（特大城市）
粮食及畜牧业	2.75	0.85	0.31	0.08
采矿业	2.50	0.78	0.28	0.44
制造业	1.18	1.13	0.93	0.76
零售贸易	1.08	1.07	1.00	0.86
住宿和餐饮服务	1.03	1.04	1.06	0.87
艺术、休闲和娱乐	0.84	0.97	1.17	1.03
仓储运输	0.73	0.93	1.03	1.31
批发贸易	0.66	0.93	1.03	1.31
金融保险	0.62	0.92	1.13	1.33
科学和技术服务	0.46	0.78	1.11	1.64

首先，从各个产业的分布看，不同产业在不同规模城市的分布并不一样。粮食及畜牧业、采矿业主要集中在小城市，这些城市人口密度最低，可以看作农村地区或者邻近农村的地区，大城市尤其是特大城市的农业比重非常低。这很容易理解，粮食及畜牧业自然在农村和小城市所占比重更高，而采矿业一般要依赖资源产地并且污染较大，大城市一般也会远离采

矿业或者说采矿业较少出现在大城市周围。制造业、零售贸易、住宿和餐饮服务在中等城市和小城市占比相对较高。制造业处于向中等城市和小城市集聚的过程之中，随着城市功能分工的推进，中等城市和小城市的制造业比重会进一步提高。住宿和餐饮服务，艺术、休闲和娱乐是典型的生活性服务业，这类服务业具有明显的不可贸易性，因此，尽管它们在中等城市和小城市占比相对更高，但在各个规模城市中的差异不会太大。仓储运输、批发贸易、金融保险、科学和技术服务等生产性服务业主要集中在大城市和特大城市中，它们在大城市和特大城市的区位商均大于1，而在中等城市和小城市的区位商均小于1。美国的服务业，尤其是生产性服务业向大城市和特大城市集中的情况早已引起城市经济学家的注意（Holmes and Stevens，2004），但对于这种现象尚缺乏统一的解释。

其次，从产业结构看，不同规模城市的产业结构差异也很明显。这事实上与上述产业分布是同一个问题的两个方面，不同产业在不同城市的分布即形成了不同城市的产业结构差异。从不同规模城市产业结构差异的角度，更容易理解大城市与小城市的功能差异以及各自在整个城市体系中的角色。从产业结构看，小城市（包括部分农村地区）主要集中粮食及畜牧业和采矿业，以及部分制造业、零售贸易、住宿和餐饮服务。规模最小的城市专业化于粮食及畜牧业和采矿业；有部分小城市专业化于制造业，这来自大城市制造业的区位转移，或者是大城市周边的卫星城市；还有部分小城市是承担服务功能的，为本地农业和城镇公共服务，因此，零售贸易、住宿和餐饮服务占有相当比重，这部分小城市属于消费型的小城市。中等城市则主要集中制造业、零售贸易、住宿和餐饮服务，Henderson（1997）比较了美国中等城市和大城市，发现中等城市通常是制造中心或者管理服务中心，并且产业结构非常专业化。大城市往往是生产性服务中心，产业结构是多样化的。制造中心是非常专业化的，生产特定种类的产品并且出口比重较高，其他一些中等城市是大学等教育中心，以及主要为农业生产提供零售、维修、运输和金融服务，需要靠近市场。

大城市主要集中艺术、休闲和娱乐，仓储运输，批发贸易，金融保险，科学和技术服务业，大部分是生产性服务业。这种集中在特大城市中更为显著，除了艺术、休闲和娱乐业，其他四个产业在特大城市的区位商都超过了1.3。大城市集中生产性服务业和总部经济，并向周围其他城市出口生产性服务。Duranton and Puga（2005）研究了大城市和小城市的功能专业化分工，当管理成本降低时，城市会形成专业化分工。大城市通过提供多样化的生产性服务降低总部运营成本，成为总部经济中心，小城市则通过专业化生产降低生产成本。因此，大城市和小城市在产业和功能上紧密相连，各自形成了特定的产业结构并在城市体系中承担特定的功能。不同规模城市不仅在静态的资源配置和功能分工上不同，在动态的研发创新和生产上也有差异，Duranton and Puga（2001）描述了多样化城市在培育新产业方面的功能，通过多样化产业结构，城市更容易孵化新产业和新经济。这些研究从特定的方面，分析了美国大城市和小城市产业和功能分工背后的机制。

另外，值得注意的是，大城市在艺术、休闲和娱乐方面具有较高的集中度，这比较符合直观，毕竟大型的娱乐场所、博物馆、音乐厅等只有在大城市才有，小城市人口规模较小，难以支持大型的娱乐场所。Glaeser et al.（2001）强调了大城市的消费功能，认为美国大城市人口的增长，并非来自生产方面的集聚优势，更多地来自多样化、丰富和高品质的消费功能。这是一个较新且非常重要的视角，城市经济学家往往过于强调城市集聚经济中的技术外部性，认为城市的形成和发展来自集聚对提升生产率的作用，而城市带来的拥挤成本降低了收入，往往是不利于消费的。然而，城市的存在有多方面的因素，其中，城市提供的多样化消费选择、大的不可分性的设施的共享以及人与人之间更便利的面对面交流、安全的环境和高质量的教育医疗等，往往成为吸引人口流入的重要因素。Glaeser et al.（2001）分析了城市的人口增长和舒适性的关系。城市的舒适性包括了平均气温、是否靠海、人均电影院数量等变量。他们认为，城市的舒适性和人口增长之间存在显著的正相关关系。当然，这种关系可能是由于舒适性和其他变量存在相关性，但 Glaeser et al.（2001）发现，这种关系在控制生活成本后，仍然是十分稳健的。并且工资对人口增长的影响要小于房价对人口增长的影响，即大城市的居民更能够承受较低的实际收入，而在空间均衡下，这无疑是由于大城市更适宜生活。

总的来看，20 世纪 70 年代之后，城市的专业化模式由产业专业化向功能专业化转变，大城市成为总部经济和创新中心，小城市成为专业化生产基地，这种分工模式有助于不同规模城市发挥比较优势，促进产业的升级和城市体系效率提升。

案例1：纽约的功能转换与产业升级
——发展生产性服务业，打造世界金融中心

二战以后，美国经济经历了长达30年的持续繁荣，在此阶段，制造业占有相当大的比重，尤其是在大城市中。然而，1970年以后，在整体产业结构向服务业转变以及制造业区位变化的过程中，各个城市经历了城市功能的转换。总体来看，大城市从制造业中心逐步向服务业中心和总部经济转换，制造业开始向中小城市转移。随着城市功能的转换，纽约、洛杉矶、芝加哥等原先的制造业中心功能弱化，转向发展服务业，尤其是生产性服务业，为周围的中小城市制造业提供金融、商务等服务。与此同时，广大中小城市也迎来了发展机遇，通过制造业的转移带来就业和地区发展。

纽约的城市功能转换，是工业城市转型的成功典型。在二战前，纽约是美国的制造业中心。20世纪50年代，纽约的制造业开始出现衰落趋势，制造业就业增速降低甚至呈现负增长，而服务业就业增速提高。此时，纽约开始转型发展服务业，尤其是高端生产性服务业。到20世纪80年代，纽约已经发展成为国际金融中心、商务中心和公司总部中心，从制造业中心转型为以商品和资本交易为主的金融、商务和总部中心，并以生产性服务业驱动城市的经济发展。

纽约充分发挥了政府与市场的双重作用，积极推动城市功能转换和产业结构升级。这种功能转换一方面结合了纽约自身在交通、教育和金融等方面的比较优势。在人才方面，纽约有纽约大学、哥伦比亚大学和康奈尔大学等多所著名大学和研究院，为本地发展知识和技术密集型的生产性服务业提供了人才保障，除此之外，纽约每年还有大量高素质劳动力流入，进一步增加了当地的高素质人才比重。这种功能转换另一方面也依赖纽约市政府发挥积极作用，制定和实施城市创新发展战略，推动城市产业结构升级。大学、研究机构和企业建立产学研合作，研发高科技产品，建立工业园区带动中小企业和高科技企业发展；重视基础设施建设，建立完善的立体交通网络，充分发挥城市在人才上的吸引力，以发展人力资本密集型的金融、商贸等高端生产性服务业。

案例 2：匹兹堡的功能转换与产业升级
——从以钢铁为支柱产业向多元经济转换

匹兹堡位于宾夕法尼亚州西南部，水路交通发达，是通往美国西南部的交通枢纽。19 世纪，匹兹堡的支柱产业为钢铁产业，是美国的"钢都"，卡内基钢铁公司的总部便在匹兹堡。然而，20 世纪 70 年代，随着世界钢铁需求下滑以及日本、韩国钢铁业的崛起，匹兹堡钢铁业出现了严重的产能过剩，钢铁企业开始大量裁员，钢铁产业的衰退使单一产业结构的匹兹堡面临困境，沦为萎靡不振的老工业城市。此外，钢铁企业的集聚带来严重的污染，也使得城市的吸引力和竞争力降低，匹兹堡面临城市功能的重大转换，以重构城市竞争力。

20 世纪 90 年代，匹兹堡开始在产业结构、环境、服务等方面进行改革，开始向高技术制造业、旅游、金融和商贸等产业转型。首先，颁布了烟雾消除法案，以消除钢铁产业带来的烟雾污染，改善环境；对旧厂房进行拆除，兴建了大量的办公楼群、运动场、会议中心，改善工业园区的基础设施，使城市面貌焕然一新，吸引人才流入和发展旅游经济。其次，调整产业结构，改变了原先过于依赖钢铁产业的单一产业结构，提出发展多元化的服务业经济，发展高新技术、教育、旅游、医疗和各项文化产业，重构城市产业竞争力。具体来看，一方面，匹兹堡并未完全抛弃制造业，而是保留了高技术制造业，大力发展以医疗和机器人制造为代表的高技术产业，吸引电脑软件、生物技术、机器人制造企业进入。目前，匹兹堡已有超过 300 家技术密集型企业，创造了大量就业岗位。另一方面，匹兹堡大力发展多元化的服务业，依托旧工业基地的历史遗产，对港口、码头、仓库等一些历史遗产进行修复，使之成为展示城市历史发展的珍贵素材，打造工业旅游，比如钢铁大楼、玻璃大厦等。这些都成为这座城市独特的文化历史，也发展为具有特色的旅游业。最后，城市的发展离不开人才，匹兹堡在城市功能转换中重视大学的作用。匹兹堡大学和卡内基梅隆大学在生物医药和计算机领域具有较强的研究基础，为当地企业输送了技术和人才。高校和企业的合作创造了新技术、新产业和新岗位，使匹兹堡成为医学和临床治疗的国际性中心，也使卡内基梅隆大学成为计算机科学和机器人研究的国际性中心。

案例3：洛杉矶的功能转换与产业升级
——从制造业向高技术产业和现代服务业转型

洛杉矶位于美国西海岸加州南部，是仅次于纽约的第二大都市区。洛杉矶的发展得益于第二次世界大战，当时政府通过采购、设立军事基地和设施等方式向该地区投入大量资金，使本来拥有一定工业基础的洛杉矶发展成为美国的第三大制造业城市。但到20世纪60年代，随着欧洲和日本经济复苏，美国的经济地位在一定程度上受到削弱，加之20世纪70年代的石油危机，使洛杉矶乃至整个美国的制造业都出现了一定程度的衰退。

为了振兴经济，洛杉矶利用自身的比较优势，依托已有的制造业基础，大力发展高技术产业和现代服务业。在高技术产业方面，洛杉矶依托原有的飞机制造业向关联产业扩展，发展一批具有高技术含量的航空和电子企业。此外，洛杉矶在工程设计、生物技术和环保产业方面也处于世界领先地位。在现代服务业方面，洛杉矶打造了好莱坞电影、迪士尼乐园等世界知名品牌，娱乐业的繁荣带动了音像、电视、出版、旅游等产业的发展，在洛杉矶从事娱乐产业的人员达到60万以上。此外，洛杉矶还是美国仅次于纽约的第二大金融中心，多家银行在洛杉矶设立总部或者分支机构，为高技术制造业和现代服务业提供金融支持。在高技术产业和现代服务业的带动下，洛杉矶的经济实现成功转型，成为美国西部地区的高技术和研发中心，集聚大量科学家和高技术人才。

在城市功能转换过程中，洛杉矶注重和周边城市的相互作用，在产业、功能上和周边城市形成专业化分工。通过将部分传统产业转移出去，为具有比较优势的高技术产业和现代服务业发展腾出空间，鼓励废弃空间利用，集约用地，增强城市的集聚力。同时，通过和周边城市在产业上的互动，促进周边城市的繁荣，周边城市的繁荣业进一步带动洛杉矶的发展。

第二节　日本城镇化演进与产业结构优化升级

一　日本城市的集聚阶段（1950～1970）

日本在第二次世界大战后，制度没有发生大的变化，数据质量也较好，并且日本有大量关于城市功能和产业升级的研究，这有利于跟踪二战以来，日本城市产业和功能的演变。经过战后的恢复，到20世纪50年代，日本人口开始向大都市迁移。图4-2显示，从1955年开始，日本东京、大阪和名古屋三个大都市区人口净流入，并在20世纪60年代达到顶峰，随后人口的流入速度下降，到20世纪70年代基本结束。尽管东京的人口在之后持续净流入，这可能与东京特殊的政治、经济和文化地位有关，但大阪和名古屋的人口在20世纪70年代之后，基本维持稳定了。

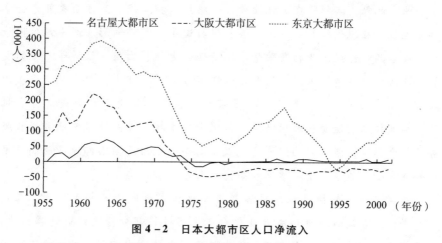

图4-2　日本大都市区人口净流入

资料来源：日本民政部。

这一时期，日本大都市区的人口净流入，与新经济地理学派的基本结论一致，可以看作经济集聚力量的作用。同时，技术外部性也在某些制造业中起作用，比如传统文献强调的技术溢出等。Fujita et al.（2004）将推动产业和工人快速集中到三个都市区的因素归结为以下五点：①依赖土地的农业比例的降低，大量农业工人释放出来；②利用进口原材料来代替国内生产，比如煤炭和钢铁等，使这些原材料摆脱区位的约束；③不依赖土地的第二和第三产业比重的提高；④具有密切技术联系的制造业比例的增加，如电子、交通、通用机械和材料等；⑤全国范围内交通网络的发展，如铁路、高速公路和港口等。这些因素推动劳动力向三大都市区流动，因为大城市具有多样化的消费品和中间品，能吸引工人和企业。大城市还拥有更大的市场规模，可以节约运输成本，并且具有技术溢出、劳动力共享等有关的外部性，这些都可以提高企业的技术和节约企业的成本，吸引企业进入，从而导致了三大都市区的人口流入。

日本在城市的集聚阶段，在产业结构上表现为第一产业向第二产业和第三产业转变，在空间分布上表现为产业向东京、大阪和名古屋三大都市区集聚。二战之后，日本经济在经历短暂的恢复之后，进入高速增长阶段，这种高速增长一直持续到20世纪70年代。在这个高速增长阶段，日本的产业结构经历了从第一产业向第二产业和第三产业转变的过程，至1970年，日本第二产业比重达到最高点45%（见图4-3）。与此同时，日本的经济也在向东京、大阪和名古屋三大都市区集聚，包括制造业和服务业。为什么是向这三大都市区集聚？因为这三大都市区具有优越的地理、政治、经济条件，它们具有的初始禀赋条件（多样化的消费品、中间品）使得累积循环在这三个大都市区发生作用。然而，这种向大都市区集聚的趋势不会一直持续下去，随着大都市区人口规模增加，拥挤成本增加，集聚成本最终会超过集聚收益，大都市区人口饱和，日本经济空间分布进入扩散阶段。

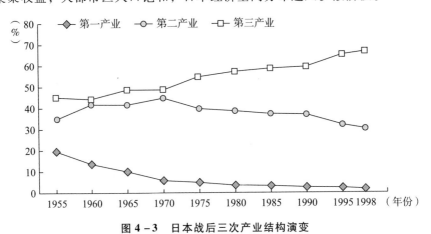

图4-3 日本战后三次产业结构演变

资料来源：（日本）国家统计年报。

二 日本城市的产业转移阶段 (1970~1990)

20 世纪 70 年代，日本的产业结构由第二产业向第三产业转变，在经济的空间分布上扩散和集聚并行。20 世纪 70 年代，集聚导致土地价格和要素价格上升，三大都市区人口增速减缓，产业和人口向周边地区扩散，最终导致了"太平洋产业带"的形成，这个产业带在 20 世纪 70 年代初期从东京大都市区延伸到九州北部。

从理论上看，这种迁移符合新经济地理理论，Tabuchi（1988）也为此提供了经验研究支持，指出该时期日本的收入差距，推动了地区产业和人口的迁移。在大阪、名古屋大都市区进入扩散阶段的时候，东京却是个例外，东京的人口一直是增长的，导致了所谓"东京单级区域系统"。然而，东京这样人口持续增长在全球范围内并不是个例，同时期世界上其他国家也出现了人口重新向大城市集聚的趋势，只不过在其他国家一般是大城市经过一段时间的停滞甚至人口流出之后，才会有人口重新流入，东京却一直是人口净流入的大城市。人口向大都市区流入的原因在于 20 世纪 70 年代信息技术的发展，使"运输成本"（包括运输产品、劳动力、知识的广义成本）进一步降低。信息技术发展降低了对人与人之间面对面交流的要求，人们可以在相对较远的距离进行交流，东京发达的公共交通也大幅度降低了城市的拥挤成本。Fujita et al.（2004）指出，运输成本降低导致经济空间的收缩，使得原先不稳定的系统向东京、大阪和名古屋集中，在重新建立稳定区域系统过程中，这三大都市区中注定有一个要成为顶级城市，其他两个降为次一级城市。在这三个大都市区中，东京毫无疑问最有竞争力。

如果将日本分为中心大都市区、次中心和外围地区，就会发现日本中心大都市区和次中心以及外围地区产业结构变化相反，如图 4-4 所示。1970 年以前，中心大都市区 GDP 和就业比重不断提高，日本经济是不断向大都市区集聚的，与此同时，中心大都市区的制造业 GDP 和就业比重与城市加总经济和就业同步，也是不断提高的，可见，日本中心大都市区的增长是由于制造业集聚导致的。而在 1970 年以后，中心大都市区的 GDP 和就业比重均有所下降，这主要是由于大阪和名古屋人口和产业的流出，东京在此阶段人口仍然是增长的。与此同时，中心大都市区的制造业 GDP

和就业急剧下降，下降速度远超过城市总产值和人口的下降速度。这表明1970 年以后，中心大都市区的制造业大量外迁，而服务业比重和就业不断提高，中心大都市区产业开始向其他服务业转型。与此同时，大都市区周围的次中心和外围地区由于得到转移的产业，开始逐步发展，带动了次中心和外围地区的就业。

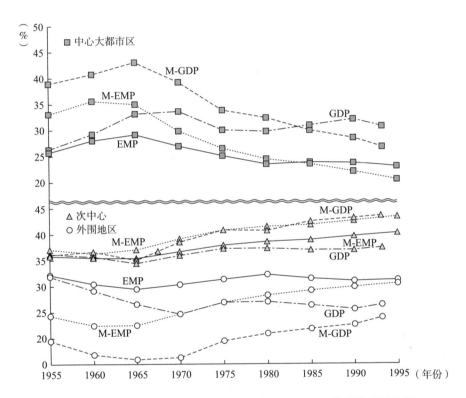

图 4-4 日本中心大都市区、次中心和外围地区 GDP 比重和就业比重

注：中心大都市区为东京和神奈川（东京大都市区）、爱知（名古屋大都市区）、大阪和兵库（大阪大都市区的核心），次中心是除中心大都市区以外的太平洋产业带地区，外围地区指除中心大都市区及太平洋产业带地区之外的地区，包括小城镇和农村地区。GDP 为总 GDP，M-GDP 为制造业 GDP，EMP 为总就业，M-EMP 为制造业就业。

资料来源：日本人口普查年报。

在经济增长方面，中心大都市区在战后人均 GDP 一直是提高的，这从中心大都市圈 GDP 比重和就业比重曲线之间距离不断增加可以看出来。但1970 年之前和 1970 年之后，城市增长的动力是不同的。在 1970 年之前，中心大都市区的增长是制造业带动的，制造业 GDP 和总 GDP 两条曲线基本上是平行的，在该阶段，服务业对总 GDP 的贡献较小。此外，制造业生产率（M-GDP 与 M-EMP 的比值）在1960～1970 年呈上升趋势，并与加总的生产率呈正相关关系。在 1970 年以后，中心大都市区的生产率是逐步提升的，制造业生产率提升的幅度非常小，说明中心大都市区加总的生产率的提升并不能由制造业生产率的提升来解释。1970 年以后，服务业 GDP 比重和就业都有所增加，并且服务业 GDP 比重增长大于就业增长，即服务业生产率是逐步提升的。可见，1970 年以后，日本中心大都市区生产率的提升是由服务业生产率提升带来的。

相比之下，日本次中心和外围地区产业结构呈现与中心大都市区相反的变化。1970 年以前，相比中心大都市区制造业和加总经济增长，日本次中心和外围地区 GDP 和就业以及制造业 GDP 和就业都处于停滞状态。1970 年以后，相比于中心大都市区制造业比重降低，次中心和外围地区的制造业 GDP 和就业都是增长的，制造业的增长带动了次中心和外围地区的经济增长。次中心的制造业增长在时间上要早于外围地区的制造业增长。从生产率来看，1970 年以后的加总生产率和制造业生产率也具有显著的相关关系，说明 1970 年以后日本次中心和外围地区的经济增长是由制造业的集聚带来的。

对比日本核心大都市区与次中心和外围地区的产业结构演变，可以发现日本制造业的迁移呈现"雁行模式"，即制造业首先在中心大都市区集聚并带来中心大都市区的经济增长，然后再在次中心和外围地区集聚并带动经济增长。Desmet and Rossi-Hansberg（2009）观察美国的情况，发现美国也呈现这种模式。问题是为什么中心大都市区要先经历制造业的集聚然后才转型发展服务业，而不是中心大都市区直接成为服务业中心，其他地区直接成为制造业中心。他们认为，制造业首先在某些大都市区集聚，可以带动地区生产率提升，制造业集聚使制造业生产率增速超过服务业生产率增速，从而导致产业之间的非均衡增长，此时 Baumol（1967）的非均衡增长理论产生作用，导致中心大都市区向服务业转型。而技术溢出缩小中心和外围的技术差距，加上中心地区土地和劳动力等要素价格上涨，制造业开始向外围转移，外围地区成为制造业中心。

然而，日本与美国稍有不同的地方是，日本向中心地区集聚的程度更高，中心大都市区仍然占有相当的制造业比重，中心大都市区不仅是制造业总部中心，而且存在相当比重的承担生产功能的制造业。日本经济向大都市区的集聚程度更高，东京、大阪和名古屋三大都市区的就业约占日本全部就业的40%，单是东京大都市区就集中了日本25%的就业，并且在大都市区除了发达的服务业之外，还有多样化的制造业，在125个三位码制造业中，有122个就在东京。

总之，在产业转移阶段，中心大都市区通过制造业集聚带动经济发展之后，将部分制造业转移出去，转向了多样化的服务业，并依靠高端服务业的生产率提升带动城市发展，而次中心和外围地区则依靠制造业集聚带动城市发展。

三　日本城市的分工和互动阶段（1990年至今）

20世纪90年代，日本大规模的产业转移基本完成，城市开始向功能分工和互动转变。不同规模城市在产业和功能上存在明显差异。在产业结构上，以东京为主的大都市区服务业占比较高，并且服务业是极为多样化的，外围的小城市则以制造业为主，较为专业化，产业种类较少。这种产业结构差异也导致不同规模城市的功能不同，大城市以管理和总部经济为主，而小城市以专业化生产为主。

对东京的集聚，Fujita et al.（2004）将20世纪90年代以后划分为一个阶段，其理由是在过去两个阶段中，东京的人口流入和GDP增长之间具有显著的正相关关系，而20世纪90年代之后，东京的GDP增速基本为0，人口流入却持续增长。现有研究没有对此现象的背后原因进行解释。如果空间均衡得到满足，那么人口增长高于GDP增长的唯一原因可能在于东京在非收入方面的优势，具体来说，包括城市对于管理和创新的作用，以及多样化的消费、便利的公共设施、优质的服务等。

东京是日本最大的城市，也是日本的首都，集聚了大量跨国公司的总部，是日本的金融中心、政治中心和文化中心，承担了管理、创新和服务等功能。东京拥有东京大学、早稻田大学等著名高校和科研机构，多样化的咨询、法律、会计等生产性服务部门，以及靠近政治中心更方便获取信息的优势，自然而然成为总部经济的首选之地。此外，大都市由于集聚了各种产业，不同行业之间的相互融合，不同背景的职员相互交流，也有助于产生新思想、新业态和新行业，所以大都市也成为新思想的发源地和新产业的孵化地。大都市的郊区和外围则受益于中心区的制造业转移，相对于中心区土地不足和工资较高，郊区和外围拥有大量的土地和廉价的劳动力，各个企业开始将生产厂房转移到郊区和外围。这样一方面可以节约土地和劳动力成本，另一方面管理成本也不会有太大的增加。

中心城市和外围城市并非各自孤立的，它们在产业关联和功能方面存在专业化的分工。Jacobs（1970）强调了多样化经济对于城市创新和持续增长的重要意义，Duranton and Puga（2001，2005）描述了多样化和服务业在培育新产业以及降低总部运营成本中的作用。创新来自不同产业之间的交流和不断试错，而对于已经存在的企业来说，总部经济的运营相对于标准化的生产来说，更需要多样化的中间服务，因此，从理论上看，中心大都市区具有多样化的服务业，对于创新和企业总部更为有利。

Fujita et al.（2004）的论文以日本9家大型跨国公司为例，描述了日本跨国公司的部门选址[①]。这9家大型跨国公司的总部全部集中在大都市区（6家在东京大都市区，3家在大阪大都市区），并且大部分是在大都市区的CBD。大部分的研发中心（包括基础研发、发展研发和实验生产）位于大都市区的郊区，而绝大部分大规模生产工厂位于郊区或者非大都市区，其他大都市的郊区占40%，其他非大都市区占57%。可见，总部和技术密集型研发机构基本都集中在大都市区，其中一部分在CBD，一部分在距离CBD不远的郊区，而大规模生产多位于郊区和其他非大都市区。总部和研发机构之所以位于大都市区或者郊区，是因为这类机构往往需要更多样化的中间服务投入，在总部决策和研发方面也更多需要面对面的交流，大都市区多样化的产业结构和高端服务业为此提供了便利。而大规模生产是技术相对成熟，对于其他服务投入要求较低，并且需要占用大量的土地以建立厂房，在大都市区会承担不必要的高昂成本，相对于大都市区来说，郊区或者其他非大都市区更有优势。大量廉价的土地、熟练的技术工人和劳动力、较低的工资吸引厂房的选址。此外，大规模生产的厂房在郊区具有较高的比重，如果具体分析其他非大都市区的厂房，我们会发现，这些厂房的分布也并不是随机的，其距离总部和研发机构的距离相对较近。厂房

---

① 9家跨国公司分别为日立、松下、东芝、NEC、三菱电器、富士通、索尼、三洋电器和夏普。

的选择虽然不必位于大都市区的 CBD，但厂房和总部以及研发机构的空间距离更近，无疑对产品、信息、人员的交流更为有利。

可见，自 20 世纪 90 年代以来，日本大城市和小城市的功能分工体现在：东京等大都市区的功能主要是孵化新产业和总部经济，多样化的中间服务投入以及便利的沟通交流有利于总部经济的效率；郊区和其他非大都市区则通过廉价的土地、较低的劳动力工资成为大规模生产的有利场所。这种分工模式是市场机制作用的结果，也有利于大都市区和外围地区发挥各自的比较优势，促进城市体系效率的提升。

第五章

京津冀新型城镇化与产业结构优化升级

第一节 京津冀地区新型城镇化的历程和现状

一 城镇化的发展历程

京津冀地区是中国重要的政治、文化中心。该地区有北京、天津两个直辖市，一个副省级城市河北省省会石家庄，并有秦皇岛、唐山、邯郸、邢台、保定、张家口、承德、沧州、廊坊、衡水 10 个地级市，还有 22 个县级市。截至 2014 年年底，总体上京津冀地区的城镇人口占总人口的比例为 60.01%，其中，城镇常住人口为 6346.72 万。总体而言，京津冀地区的城镇化率高于全国 54.77% 的平均水平，属于城镇化率较高的地区。

从京津冀地区内部的城镇化具体特征来看，该地区内部的城镇化率水平存在较大的差异，而这种差异主要体现在京津两市与河北的差距上。一方面，2000~2015 年，北京和天津的城镇化率长期保持在全国前五的水平；另一方面，河北省的平均城镇化率并未进入全国前 15 名，地区差异十分显著。

为了更进一步说明该地区城镇化水平的巨大差异，我们对京津冀地区的城镇化率进行图表展示。按照一般做法，我们以城镇人口与年末地区常住人口的比率核算地区城镇化率。表 5-1 展示了京津冀地区总体的城镇化率以及三个组成地区北京、天津和河北的城镇化率。2005~2015 年，京津冀地区的城镇化率从 65.47% 上升到 73.49%。其中，北京的城镇化率最高，在此期间一直保持在80%以上，并且逐年缓慢上升；天津次之，从期初的75.11%上升到期末的82.64%；而河北的城镇化率最低，在2015年也仅有51.33%，三个地区城镇化水平的差距相当明显。

表5-1 京津冀地区城镇化率

单位：%

年份	地区平均	北京	天津	河北
2005	65.47	83.62	75.11	37.69
2006	66.27	84.33	75.73	38.76
2007	67.02	84.50	76.31	40.26
2008	68.01	84.90	77.23	41.89
2009	68.92	85.01	78.01	43.74
2010	70.00	85.96	79.55	44.50
2011	70.78	86.23	80.50	45.60
2012	71.52	86.20	81.55	46.80
2013	72.14	86.30	82.01	48.11
2014	72.67	86.40	82.28	49.32
2015	73.49	86.51	82.64	51.33

资料来源：国家统计局官方网站"国家数据"栏目。

这种巨大的地区差异近年来有略微收缩的态势，但并不显著。图5-1进一步展示了三个地区城镇化率的水平和变化趋势，从中可以看出，北京的城镇化率一直维持在较高的水平，但是，天津和北京之间的城镇化率差异呈现逐渐缩小的趋势，而河北与北京、天津两地的城镇化率的差异也呈现逐渐缩小的趋势。这表明尽管三个地区的城镇化率具有明显的差异，但是地区城镇化率呈现收敛的趋势，只不过这一收敛的趋势并不明显，进展较为缓慢。因而，在一定时期内，北京、天津和河北之间的城镇化率仍将存在明显的差距。

在河北省内部，城镇化率的地区差异也很明显。图5-2进一步展示了2015年河北省内部各城市之间的城镇化率差异。其中，省会石家庄和地级市唐山的城镇化率最高，均为58.3%；其次是廊坊和秦皇岛，分别为55%和54.07%；保定和衡水最低，分别为46.67%和46.64%。因此，在河北省内部的不同城市之间，城镇化率也有明显的差异。

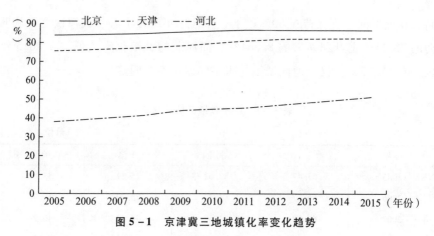

图 5 - 1　京津冀三地城镇化率变化趋势

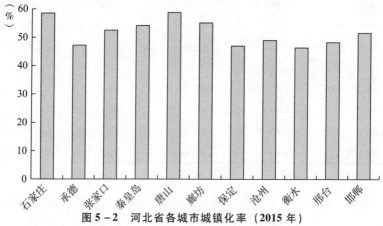

图 5 - 2　河北省各城市城镇化率（2015 年）

数据来源：根据河北省统计局 2015 年相关数据计算。

二　城镇化的空间圈层特征

我们进一步从空间区域分布的角度考察京津冀地区的城镇化率。表 5 - 2 展示了京津冀地区各个城市在 2015 年的城镇化率，在上文分析京津冀不同地区城镇化水平差异的基础上，通过表 5 - 2 可以较为明显地看出京津冀地区城镇化的空间圈层结构特点。

表 5 - 2　京津冀地区各个城市的城镇化率（2015 年）

单位：%

北京	天津	唐山	承德	张家口	保定	廊坊	秦皇岛	沧州	石家庄	衡水	邢台	邯郸
86.51	82.64	58.31	46.80	52.20	46.67	55.00	54.07	48.56	58.30	46.64	47.73	51.38

资料来源：《中国城市统计年鉴（2015）》。

具体而言，整个京津冀地区可以看作两个圈层。第一个圈层以北京和天津为中心，这两个城市具有极高的城镇化率，城镇人口占比均在80%以上；随着空间向外拓展，城镇化率逐渐降低，紧邻天津的唐山城镇化率为58.31%，紧邻北京的张家口为52.20%，北京和天津之间的廊坊为55.00%，更外圈的承德、保定和沧州均在50%以下。第二个圈层以河北省省会城市石家庄为中心，石家庄的城镇化率相对较高，为58.3%，其周围的邢台和邯郸的城镇化率略低，衡水和保定则更低。与京津两地形成的圈层相比，以石家庄为中心的圈层，其城镇化率随距离拓展而下降的趋势不甚明显，且总体城镇化水平要低很多，形成一个较弱的圈层。因此，京津冀地区最大的城镇化圈层仍是京津两地形成的圈层。但有趣的是，京津冀地区的两个圈层并没有被直接联系起来，呈现某种缓慢过渡的状态，而是呈现分割状态，主要是由于保定和衡水的城镇化率很低，这两个圈层被分割开来了。

基于以上分析，我们可以将京津冀地区的人口城镇化特征概括为"基于行政级别的两个分离的圈层结构"。一方面，京津冀地区的人口城镇化率在不同城市间存在明显的差异，且城镇化水平呈现随着与行政级中心城市的距离增加而逐渐下降的态势；另一方面，由于该地区有北京和天津两个直辖市以及石家庄一个省会城市，其各自周围都形成了城镇化水平递减的圈层，但是这两个圈层在空间结构上并不相连，而是被分割开来。并且，可以看出，这种分离与城市的行政级别密切相关，这凸显了中国城市的发展与行政资源之间的内在联系。

三 城镇化与工业化的协同发展过程

（一）时间演进特征

城镇化的发展一般与工业化的发展相对应，根据发展经济学的基本理论，工业化的原初动力，是农业剩余劳动力向城镇流动，为工业的发展提供基本的劳动力资源，因此，一个地区工业化水平的上升，会伴随着人口城镇化水平的上升（Todaro，1969；Harris and Todaro，1970）。

这一现象在京津冀地区得到了印证。从图5-3至图5-5所提供的2000~2015年京津冀三地的三次产业占比来看，北京、天津和河北的第一产业占比随着时间推移都呈现下降趋势，其中，北京从 2000 年的 3.6% 下降到 2015 年的 0.61%，天津从 2000 年的 4.5% 下降到 2015 年的 1.26%，河北从 2000 年的 17.5% 下降到 2015 年的 11.32%。因此，结合前文对该地区城镇化演进趋势的分析，可以得知，京津冀地区的工业化与城镇化水平均呈现上升趋势，二者之间有较强的正向相关性。同时，从总体水平来看，北京的第一产业比重最低，其次是天津，而河北与京津两地的差距非常明显。这种差异与前文所述的城镇化水平的差异高度吻合，在城镇化水平较高的地区，工业化水平也较高。这表明，京津冀地区的城镇化和工业化的关系符合发展经济学的基本理论。

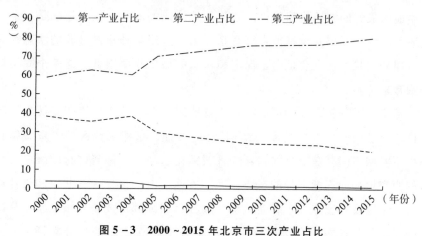

图 5-3 2000~2015 年北京市三次产业占比

资料来源：国家统计局官方网站"国家数据"栏目。

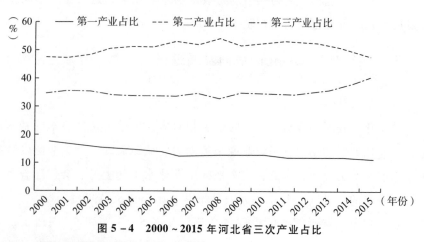

图 5-4 2000~2015 年河北省三次产业占比

资料来源：国家统计局官方网站"国家数据"栏目。

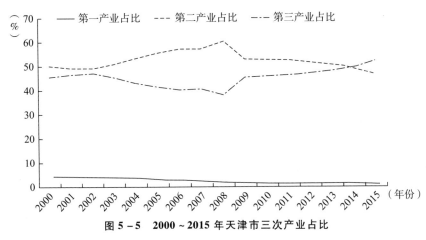

图 5-5　2000~2015 年天津市三次产业占比

资料来源：国家统计局官方网站"国家数据"栏目。

　　虽然工业化伴随着城镇化的发展，但是工业化水平与城镇化水平之间仍存在显著差异。若以第二产业增加值占 GDP 的比重作为工业化水平的度量指标①，那么，北京和天津的城镇化水平早已经超过了工业化所对应的水平，但是，河北的城镇化水平长期以来都低于工业化所对应的水平，仅在后面几年才略微超过工业化的水平。因此，从工业化与城镇化匹配的角度来看，三地之间城镇化的差异也是相当明显的。

　　进一步从三次产业的相对结构来看，三地的差异也比较明显。其中，北京的第三产业比重早已超过第二产业，并且近年来这种差距持续扩大，而河北和天津的第二产业比重均高于第三产业，但是在 2014 年，天津的第三产业比重首次超过了第二产业，而河北的第二产业比重仍然显著高于第三产业，只是近年来二者之间的缺口逐渐缩小。因此，从第二产业和第三产业的关系来看，河北与京津之间的差异也很明显。

　　（二）空间分布态势

　　京津冀地区形成了分别以京津两市为中心和以石家庄为中心的两个圈层结构，由北京和天津所组成的圈层结构在分布上更为集中。与城镇化的空间圈层结构相比，京津冀地区的非农产业空间结构的分布也呈现两个圈

---

　　①　一般认为，工业化率达到 20%~40% 为工业化初期，40%~60% 为半工业化，60% 以上为工业化。

层，只不过不像城镇化的空间圈层结构那样，两个圈层之间呈现明显分割的态势，非农业空间结构分布的两个圈层有较强的过渡性和互相连接。这表明，相对于人口而言，产业发展的空间结构受到的行政干预影响略微弱化。这从侧面表明，京津冀地区的人口流动相对于产业集聚而言，受到更多行政约束力量的干预。

通过对京津冀城镇化发展历程和特征的回顾，我们大致可以做出如下的归纳。

第一，京津冀地区的城镇化率持续上升，但内部差距显著。首先，近年来，京津冀地区的城镇化水平经历了一个持续上升的过程，其中，北京和天津的城镇化率已经达到 80% 以上，而河北也达到了 50% 以上。但是，不同地区的差距显著存在，北京和天津已经远超全国平均水平，河北则略低于全国平均水平。同时如果从城市层面来看，即使在河北省内部的各个城市之间，城镇化率也存在较明显的差距。

第二，京津冀地区的城镇化率的空间分布表现为较明显的基于城市级别而产生的两个分离的圈层，表明城镇化较为明显地受到了行政干预力量的作用。其中一个圈层是以北京和天津为中心的城市圈，随着该城市圈向四周扩展，城镇化率逐渐降低；另一个圈层是以河北省会城市石家庄为中心的城市圈，随着该城市圈向四周扩展，城镇化率也出现了降低的趋势，但是相较于以北京和天津为中心的城市圈，该城市圈的层级递减趋势不甚明显，集聚态势也不甚强。特别需要注意的是，在这两个城市圈的连接地区，城镇化率很低，这意味着，就城镇化而言，整个京津冀地区尚未形成一体化的态势。

第三，城镇化是伴随着工业化而出现的现象，京津冀地区的城镇化与工业化的发展协同程度较高，且工业化与城镇化水平在空间分布上高度一致。这主要表现在，该地区非农产业发展水平较高的城市，其城镇化水平也较高，二者之间存在较明显的呼应特征。特别是与城镇化的两个圈层结构分布相呼应，该地区非农产业的分布也呈现基于城市行政级别而产生的两个圈层的结构，因而，在地区产业发展方面，行政干预力量也存在一定影响。

第四，尽管城镇化和工业化均在空间分布上呈现两个分离的圈层结构，但是，相较而言，城镇化的两个圈层之间的分割程度要大于工业化圈层的分割程度。这表明，相较于工业发展，城镇化过程受到了更多政府行政干预。这其中，劳动力的自由流动所受到的限制可能是一个极为重要的原因，毕竟相较于资本的流动而言，劳动力的流动在现实中受到的限制更多，特别是大量政策干预所产生的分割效应，新型城镇化则力图通过各种政策措施促进人口的自由流动。在下一节中，我们将进一步展开对京津冀地区劳动力流动情况的分析。

第二节　新型城镇化相关政策及劳动力流动情况

一　京津冀地区劳动力流动特征

（一）劳动力流动的时间演进特征

根据一般常用做法，我们通过各地区常住人口增长率与人口自然增长率的差异来反映人口流动。其逻辑在于，地区人口自然增长率主要反映的是该地区登记注册户籍人口的增长情况，而地区常住人口中还包括了流动到该地区的非户籍人口，因而二者之间的差异在一定程度上可以反映流入该地区人口的变化情况。

图5-6展示了2005~2015年北京市人口自然增长率与常住人口增长率情况。2005~2015年，北京市的常住人口增长率要远远大于地区人口自然增长率，表明北京市一直是人口净流入地区。但是这一人口净流入的情况在时间演进上有所变化，其中，在2008年之前，常住人口增长率与人口自然增长率之间的差距持续扩大，表明北京市净流入人口大规模增加，这一差距在2008~2010年达到了峰值；而自2011年开始，常住人口增长率与人口自然增长率之间的差距呈现逐年缩小的趋势，这一方面是因为人口自然增长率逐年上升，另一方面是因为常住人口增长率持续下降。但总体上，北京常住人口增长率仍然显著大于人口自然增长率，因而总体上北京市在2005~2015年呈现人口持续流入和集聚的态势，只是随着时间演进，这种集聚的态势有所缓解。

图5-7展示了2005~2015年河北省人口自然增长率与常住人口增长

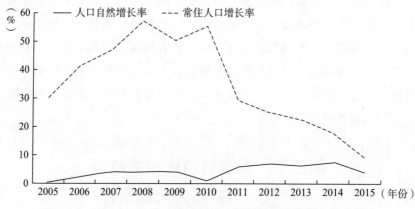

图 5-6 2005~2015 年北京市人口自然增长率与常住人口增长率

率的情况。除 2010 年之外①，在各主要年份中，河北省的人口自然增长率都大于常住人口增长率，这表明，河北省是一个人口净流出和扩散的地区。如果从 2005~2015 年的趋势来看，二者之间的差距在小幅波动中有扩大的趋势，但在 2015 年又有了小幅收缩。可以明确判断的是，河北省仍处于人口净流出阶段。

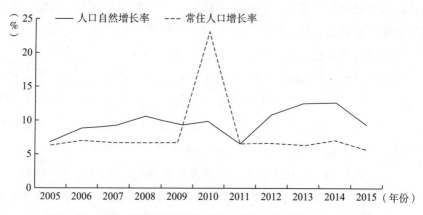

图 5-7 2005~2015 年河北省人口自然增长率与常住人口增长率

图 5-8 展示了 2005~2015 年天津市人口自然增长率与常住人口增长率的情况。天津市人口的变化情况与北京市非常相似，2005~2015 年，天津市的常住人口增长率要远远大于地区人口自然增长率，表明天津市一直

---

① 2010 年可能是个异常值，我们查证了城市统计年鉴和河北省统计年鉴，未能发现这一数据突然变化的原因。

是人口净流入地区。但是，这一人口净流入的情况在时间演进上也有所变化。在2008年之前，常住人口增长率与人口自然增长率之间的差距持续扩大，表明天津市的净流入人口大规模增加，这一差距在2008~2010年达到了峰值，自2011年开始，常住人口增长率与人口自然增长率之间的差距呈现逐年缩小的趋势，这主要是因为常住人口增长率持续下降，但总体上常住人口增长率仍然显著大于人口自然增长率。因而总体上，与北京市相似，天津市在2005~2015年呈现人口持续流入和集聚的态势，只是随着时间演进，这种集聚的态势有所缓解。

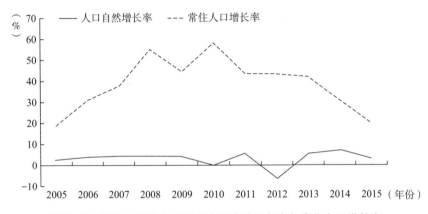

图5-8 2005~2015年天津市人口自然增长率与常住人口增长率

（二）劳动力流动的空间分布特征

表5-3 京津冀地区人口净流入率（2015年）

单位：%

北京	天津	唐山	承德	张家口	保定	廊坊	秦皇岛	沧州	石家庄	衡水	邢台	邯郸
5.129	16.836	1.088	-4.668	-2.399	-2.038	-1.544	1.069	-1.700	-3.736	2.833	-8.029	-11.615

资料来源：河北省统计局网站，国家统计局网站"国家数据"。

在京津冀地区劳动力流动时间演进特征的分析基础上，我们进一步考察京津冀地区人口净流入率的空间分布特征。从表5-3可见[①]，京津冀地区的人口流动呈现明显的圈层结构，这个圈层结构以北京和天津为中心，

---

① 需要说明的是，根据我们对数据结构的考察，衡水较高的人口流入率，在一定程度上受到了地区人口动态波动较大这一情况的影响，因此，整体上，京津冀地区确实存在以京津为中心的人口净流入圈层结构。

两市具有很高的人口净流入率。距离两市越远，人口的净流入率越呈现梯队递减的趋势，整个圈层的边缘地带，则主要是人口的净流出地区，作为河北省省会城市的石家庄在 2015 年也是一个人口净流出的城市。因此，我们认为，京津冀地区的人口净流入呈现单中心圈层结构。

从空间分布来看，京津冀地区仍然处于人口向京津两市集聚的阶段。同时，结合上文时间演进特征的分析，进一步可以得出结论，京津冀地区的人口目前仍在向北京和天津集聚，随着时间演进，这种集聚趋势在逐渐减弱，但是未来这种单中心的圈层结构是否会改变，仍不明确。

二 劳动力流动的跨地区机制

在上文分析得到的京津冀地区人口流动态势的基础上，我们还需要进一步明确，这种人口流动，具体是如何在该地区的不同城市之间实现的，即人口从哪里流出，又流入哪里，这是明确劳动力流动机制的需要。既然北京市和天津市是人口集聚的中心，那么这些人口是从哪里流动而来的，就需要进一步明确。

首先，河北省一直是北京市、天津市流入人口的主要来源地。《京津冀蓝皮书：京津冀发展报告（2014）》显示，2005～2010 年，河北向北京输送的劳动力平均每年在 100 万左右；向天津输送的劳动力平均每年在 60 万左右，且二者均呈逐年增加态势。《北京蓝皮书：北京社会治理发展报告（2015－2016）》显示，京津冀三地人口流动异常频繁，在北京市户籍人口自然增长率基本稳定的情况下，河北省长期以来都是北京市常住人口增长的重要来源地，北京市户籍人口年均增长率中近 1/5 来自河北省，并且呈逐年上升趋势。

但是，随着北京和天津人口集聚，拥挤效应所形成的推力开始逐渐显现，近年来，其对外来人口的吸引力呈现下降趋势。2016 年北京外来常住人口 807.5 万，比 2015 年的 822.6 万下降了 15.1 万。这是继上海 2015 年外来常住人口下降 14.77 万之后，全国又一个超大城市出现外来常住人口负增长。北京市 2016 年国民经济和社会发展统计公报显示，2016 年北京常住人口 2172.9 万，比 2015 年末增加 2.4 万，但其中，外来常住人口为 807.5 万，比上一年下降了 15.1 万。这是自 2000 年以来，北京外来常住人口首次下降。与此同时，天津的吸引力也在下降。2016 年天津常住人口

1562.12 万，比 2015 年末增加 15.17 万，其中，外来常住人口为 507.54 万，增加 7.19 万，但是，外来常住人口新增数量大幅低于 2015 年的 24.17 万。

流出北京和天津的人口是否会回流河北呢？从数据来看，北京和天津人口的外流并没有反映在河北常住人口的显著增长上。河北省 2016 年国民经济和社会发展统计公报显示，2016 年末，河北全省常住总人口 7470.05 万，比 2015 年末增加 45.13 万。其中，出生人口 92.50 万，死亡人口 47.37 万。但是，从数据来看，2016 年河北增加的常住人口，主要来自该年新出生的人口，2016 年河北省新出生人口 92.50 万，大幅高于 2015 年的 84.04 万。与此同时，2014～2016 年，河北每年死亡人口都稳定在 40 多万。因此，河北人口的变动表明，河北并没有出现显著的人口回流或者流入，这显示河北并不是京津两地明显的人口回流地区。

事实上，2017 年艾普大数据基于大数据网络在对北、上、广、深四市人口流出动态的分析中发现，北京市人口流出的前十个城市为：石家庄（4.24%）、天津（3.73%）、重庆（3.17%）、杭州（2.75%）、成都（2.52%）、西安（2.31%）、哈尔滨（2.20%）、郑州（2.16%）、长沙（2.09%）、苏州（2.02%）。这在一定程度上解释了，为什么京津两地的人口流出并没有带来河北省人口的显著上升。北京人口流出的数据说明，从北京流出的人口大部分流入了全国基本公共服务水平较高的省会城市和其他重要城市，而不是直接流入距离更近的河北省腹地，这可能表明，基本公共服务水平在相当大程度上制约着人口在京津冀地区的流动。

三 影响劳动力流动的公共政策因素

京津两市的人口，在京津两市对人口的吸引力减弱的情况下，为何没有直接流入河北省各主要城市？京津两市和河北省基本公共服务水平的巨大差异是一个重要的制约因素。

《京津冀蓝皮书：京津冀发展报告（2015）》指出，京津冀地区集聚了全国最优质的教育、文化、医疗、科技等资源，但是，虽然该地区整体公共服务水平逐渐提升，但三地公共服务水平的差距仍然较大。在医疗服务方面，与北京、天津相比，河北省的总体资源非常紧张，特别是农村基层医疗资源十分薄弱；在教育资源方面，北京、天津的教育资源丰富，高校密集，名校集中，但河北的资源非常有限。

　　三地基本公共服务水平的巨大差异，从具体数据可以直接反映出来。第一，在高等教育方面，北京市有国家"211 工程"大学 26 所，天津市有 3 所，河北省尽管人口最多，却仅有河北工业大学是"211 工程"大学，而这所大学的所在地并不是河北省，而是邻近的天津市区，其辐射的地区并不是河北而是天津。2012 年，北京、天津、河北三地人均公共教育支出分别为 3038 元、2680 元和 1188 元，北京约为河北的 2.56 倍。第二，在医疗资源方面，2014 年，北京市每万人卫生技术人员为 99 人，天津市为 56 人，而河北省仅有 48 人，北京市每万人拥有医院 2.8 家，天津市 2.5 家，而河北省仅有 1.8 家。第三，在社会保障方面，2015 年，北京市企业退休人员最低养老金每月为 3355 元，天津市为 2525 元，河北省则为 2071 元，河北省占北京市的 62% 和天津市的 82%。城乡居民的基础养老金，北京市为 470 元，天津市为 245 元，河北省仅为 75 元，河北省是北京市的 16% 和天津市的 31%。在医疗保险方面，三个地区的起付线、报销比例和报销封顶线差异也相当明显，2015 年，北京市新农合筹资标准为 1200 元，天津市为 760 元，河北省为 490 元；在个人缴费额度方面，北京市是 160 元，天津市是 90 元，河北省市 110 元；而新农合中的财政补贴部分，北京市是 1040 元，天津市是 670 元，河北省仅有 380 元，河北省的补贴水平约占北京的 37% 和天津的 57%。2015 年，北京市门诊起付线为 200 元，报销比例为 65%，封顶线为 3000 元，住院报销起付线为 500 元，报销比例为 80%，全年门诊及住院保险封顶额度累计 18 万元；天津市新农合与城镇居民门诊及住院报销起付线均为 500 元，报销比例为 70%，最高支付额度为 18 万元；河北省新农合门诊报销无起付线，报销比例为 50%，住院报销比例约为 75%，封顶线为 12 万元。①

　　三地公共资源配置不均的背后，是地方经济发展水平和财力的差距。2014 年，北京市的人均 GDP 为 99120.96 元，天津市为 103671.26 元，河北省为 39844.46 元，北京市是河北省的 2.49 倍，天津市是河北省的 2.60 倍。在人均地方财政收入方面，2014 年，北京市为 18713.57 元，天津市是 15757.09 元，河北省仅为 3313.41 元，北京市是河北省的 5.65 倍，天

---

① 高树兰：《京津冀基本公共服务协同发展与财税政策支持探讨》，《经济与管理》2016 年第 30（6）期，第 12~17 页。

津市是河北省的 4.76 倍；与之相对应，在人均财政支出方面，2014 年，北京市是 21025.42 元，天津市是 19015.82 元，河北省则仅有 6334.37 元，北京市为河北省的 3.32 倍，天津市为河北省的 3 倍。同时，中国的纵向财政转移支付制度进一步拉大了京津冀的财力差距。2014 年，北京市的人均中央转移支付为 1554.4 元，天津市为 1596.9 元，二者较为接近，而河北省仅为 594.9 元，几乎仅占北京市和天津市的 1/3。①

与此同时，现有的户籍制度在一定程度上限制了人口流动，使地区间的差异无法通过人口的自由流动来缓解。一方面，北京市和天津市的公共服务水平较高；另一方面，这两地的人口流入门槛也较高。特别是北京，它作为首都，不可能容纳过多的外来人口，其人口的承载力有限，外来人口在北京入户面临很高的门槛，在购房、医疗和教育等方面面临各种限制。即使如此，北京近年来的人口规模控制仍然存在困难。《京津冀蓝皮书：京津冀发展报告（2015）》指出了其中的核心问题，主要是超大城市落户需要由多部门审批，准入条件与规模调控之间缺少有机联系，城市人口规模调控效率十分低下。户籍人口迁入多头管理，部门利益与全局利益难以协调，缺乏统筹协调，给首都人口规模控制带来诸多困难。

本节我们考察了京津冀地区的人口流动情况，发现了如下特征。第一，北京和天津是人口的净流入地区，表现为人口自然增长率显著低于常住人口增长率，而河北则是人口的净流出地区，表现为人口自然增长率高于常住人口增长率，河北是北京和天津流入人口的重要来源地区。第二，北京和天津近年来对人口的吸引力下降，拥挤效应所产生的推力逐渐显现，表现为人口自然增长率与常住人口增长率之间的缺口开始变小，但是，北京和天津人口的外流并没有表现为河北人口的显著上升。我们考察发现，北京的流出人口主要迁入了基本公共服务水平较好的重要二线城市，流入河北省的比重并不高。第三，人口未能从京津两地回流河北的主要原因是三地之间基本公共服务水平存在巨大差异，而这种差异背后是经济发展水平和基本公共财力的巨大差距。户籍制度则通过限制人口流动使地区之间基本公共服务水平的差距无法得到有效缓解。

---

① 高树兰：《京津冀基本公共服务协同发展与财税政策支持探讨》，《经济与管理》2016 年第 30（6）期，第 12～17 页。

第三节　京津冀地区城市分工进展

在上述分析城镇化以及作为城镇化基础的地区人口流动态势的基础上，本节进一步分析资本流动所带来的京津冀地区城市间的产业分工特征。区域产业分工有两层含义：一是地区分工的结构性差异，各区域之间的产业结构差异，反映了区域之间产业分工的状况，区域间产业结构差异越大，区域之间产业分工的水平越高；二是地区分工的功能性差异，各区域之间的产业功能差异，反映了各个地区的综合比较优势以及由此而来的专业化功能分工。只有在产业结构存在明显差异的情况下，同时确认各个地区存在显著的产业功能分工，我们才能确定，地区之间存在有效分工。为此，我们用地区产业功能分工指数和工业产业同构指数两个指标来衡量京津冀地区的区域产业分工水平。前者主要刻画城市之间制造业和生产性服务业的功能分工情况，后者则主要刻画工业领域内部不同行业在不同城市的分工情况。

一　制造业和服务业的功能分工情况

表 5-4 展示了 2003~2015 年京津冀地区的产业功能分工情况。从时间演进上来看，三个地区两两之间产业功能分工的水平总体上是不断提高的，但是从 2011 年开始略有下降的态势，这种态势在天津和河北之间较为明显，其产业功能分工指数跌到了 1 以下。从地区差异来看，北京和天津之间的产业功能分工指数以及北京和河北之间的产业功能分工指数要明显大于天津和河北之间的功能分工指数，说明北京和天津以及北京和河北之间的产业功能分工情况整体上要好于天津和河北之间的产业功能分工情况。

表 5-4　2003~2015 年京津冀地区产业功能分工指数

年份	北京－天津	北京－河北	天津－河北
2003	2.4345	2.5633	1.0529
2004	3.1097	3.3654	1.0822
2005	3.0442	3.2877	1.0800

续表

年份	北京 - 天津	北京 - 河北	天津 - 河北
2006	3.9893	4.1490	1.0400
2007	4.1876	4.5342	1.0828
2008	4.1599	4.7806	1.1492
2009	4.5268	4.9072	1.0840
2010	4.5909	5.0412	1.0981
2011	7.2647	5.3136	0.7314
2012	6.7657	6.3496	0.9385
2013	6.3498	5.9044	0.9299
2014	6.8159	5.7164	0.8387
2015	6.1260	5.8864	0.9609

资料来源:《中国城市统计年鉴》相应各年。

图 5 - 9 进一步展示了 2003 ~ 2015 年京津冀地区产业功能分工指数的变化情况。北京和天津之间的产业功能分工指数曲线以及北京和河北之间的产业功能分工指数曲线要远远高于天津和河北之间的产业功能分工指数曲线,表明北京与天津、河北的产业功能分工更为明显。同时,北京和天津之间的产业功能分工指数以及北京和河北之间的产业功能分工指数曲线呈现不断上升的态势,特别是北京与天津之间的产业功能分工在 2010 年之后超过了北京和河北之间的产业功能分工。尽管这两个指数在近年来略有下降的趋势,但是整体上仍维持在较高的水平。而天津和河北之间的产业

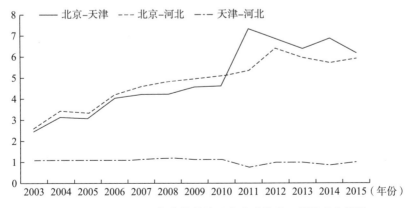

图 5 - 9 2003 ~ 2015 年京津冀地区产业功能分工指数变化情况

功能分工指数曲线在 2010 年之后呈现较为明显的下降趋势。这表明，北京和天津之间的产业功能分工趋向良性，北京和河北之间的产业功能分工处于较好状态，但天津和河北之间的产业功能分工出现了较大问题。因此，总体而言，河北和天津之间的产业功能分工不甚理想，且近年来有进一步弱化的趋向。

为了对天津和河北之间的产业功能分工问题做进一步的分析，我们在图 5 – 10 中展示了 2003 ~ 2015 年北京、天津和河北三地生产性服务业与制造业的相对比重（用生产性服务业比重除以制造业比重而得）。从图 5 – 10 中可以看出，北京的生产性服务业的相对比重一直遥遥领先。河北和天津两地的生产性服务业的相对比重则非常接近，基本没有明显的增长。值得注意的是，从 2011 年开始，天津首次被河北超越，自此之后，天津的生产性服务业相对比重就一直略低于河北，天津成为京津冀三地中生产性服务业相对比重的洼地。

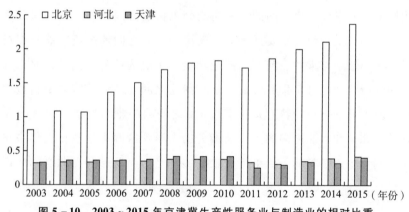

图 5 – 10　2003 ~ 2015 年京津冀生产性服务业与制造业的相对比重

这一分析初步对河北和天津之间产业功能分工的状况做了解释。河北和天津制造业和生产性服务业功能分工不甚理想，主要是因为河北一直有着较低的生产性服务业占比，并且，其水平总体上保持稳定，而天津的生产性服务业水平虽然整体上不如北京，但略强于河北，可 2011 年以后，该地区的生产性服务业的相对比重不但没有明显上升，还呈现相对下降的态势，这就造成了其与河北无法形成有效的功能分工。因此，天津要形成有效的产业功能分工，关键是要在北京和河北之间形成自身的优势功能定位。

二　工业内部的分工结构

表 5 - 5 展示了使用工业总产值计算的 1998~2015 年的京津冀地区的工业产业同构指数，由于 2004 年的工业总产值数据缺失，所以 2004 年的指数空缺。从地区之间的比较来看，北京和天津之间的工业产业同构指数以及天津和河北之间的工业产业同构指数，要明显高于北京和河北之间的工业产业同构指数，显示北京和河北之间具有较强的工业产业结构差异化。由于北京和天津均为直辖市，且经济发展水平均远高于河北，在许多方面共性较多，因而二者之间的工业产业同构指数较高有一定的合理性，但天津和河北之间的差异较大，因此二者间较高的工业产业同构度则较难理解。同时，北京和天津之间的功能分工以及北京和河北之间的工业产业同构指数随时间推移有所下降，而天津和河北之间的工业产业同构指数有所上升。

表 5 - 5　1998~2015 年京津冀地区工业产业同构指数

年份	北京 - 天津	北京 - 河北	天津 - 河北
1998	0.9040	0.5198	0.6655
1999	0.9228	0.4704	0.6373
2000	0.9319	0.4171	0.5675
2001	0.9216	0.4435	0.5753
2002	0.9576	0.4891	0.5257
2003	0.9602	0.5146	0.5774
2004	—	—	—
2005	0.9380	0.4360	0.5448
2006	0.9147	0.4025	0.5657
2007	0.8655	0.3884	0.6793
2008	0.7792	0.3985	0.7620
2009	0.7226	0.4095	0.8323
2010	0.7180	0.4102	0.8501
2011	0.7174	0.3984	0.8009
2012	0.7090	0.3649	0.7904
2013	0.5939	0.3725	0.8020
2014	0.6101	0.3834	0.8162
2015	0.6230	0.4040	0.8497

资料来源：国家统计局工业企业数据库。

图 5 - 11 进一步展示了 1998 ~ 2015 年京津冀地区工业产业同构指数的
变化情况。在期初，北京和天津之间的工业产业同构水平最高，在 0.9 以
上；其次是天津和河北之间的工业产业同构水平，在 0.6 以上；最低的是
北京和河北的，在 0.5 左右。但是，随着时间的演进，北京和河北之间的
工业产业同构水平缓慢降低，在期末的 2015 年已经低至 0.4 左右。北京和
天津之间的工业产业同构指数则大幅降低。但与此相对照，天津和河北之
间的工业产业同构指数大幅上升，并在 2009 年超过了北京和天津之间的工
业产业同构指数，即天津和河北之间的工业产业进一步同构，取代了北京
和天津之间的产业同构。显示在工业领域，北京与天津、河北进行越来越
明显的产业分工，天津与河北之间的产业结构却越来越趋同。这表明，天
津和河北的产业同构是京津冀地区产业分工最为突出的问题。

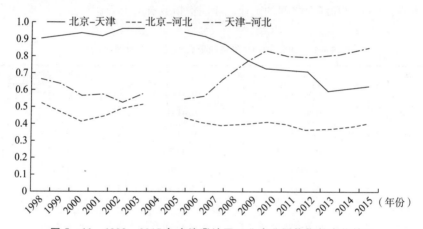

图 5 - 11　1998 ~ 2015 年京津冀地区工业产业同构指数变化情况

基于上述制造业和生产性服务业之间的功能分工指数以及工业领域的
产业同构指数，可以得出大致的结论：京津冀地区的产业分工呈现分化的
趋势。一方面，无论是从制造业与生产性服务业之间的功能分工来看，还
是从工业内部的分工来看，北京与河北以及北京与天津之间都呈现趋向良
性分工的态势，表现为功能分工指数的上升以及工业产业同构指数的下
降，特别是北京与天津之间的分工优化的趋势更为明显；另一方面，天津
和河北之间的分工呈现恶化的趋势，表现为制造业和生产性服务业之间的
功能分工指数的略微下降以及工业内部产业同构指数的大幅上升。长期以
来，由于北京政治经济文化功能的集中，较多的研究视角集中在北京作为

京津冀地区中心的功能定位和产业分工上。从我们的数据分析来看，北京与天津、河北的产业分工呈现向好趋势，天津与河北的分工却出现明显的问题，因而京津冀地区的产业分工仍有进一步改进的空间，其中，如何定位天津在京津冀地区的分工地位，是该地区产业分工优化需要面对并解决的主要问题。

在本节我们考察了京津冀地区制造业和生产性服务业的功能分工以及工业内部的产业分工。我们发现，无论是就功能分工还是就工业产业分工而言，北京和天津以及北京和河北之间的分工情况近年来都逐渐向好，但是天津和河北之间的分工情况近年有恶化的倾向。进一步的分析表明，天津与河北的产业布局相似度较高，这是造成二者之间分工情况恶化的重要原因。

第四节　京津冀地区城市产业结构升级

一　京津冀地区总体产业结构升级情况

图 5-12 展示了京津冀地区 2003～2015 年第二产业和第三产业的名义劳动生产率情况。可以明显看出，在此期间，京津冀地区第二、三产业的名义劳动生产率都逐年稳定上升，其中，第二产业的名义劳动生产率高于第三产业的，并且两大产业的名义劳动生产率的差距呈现扩大的趋势。

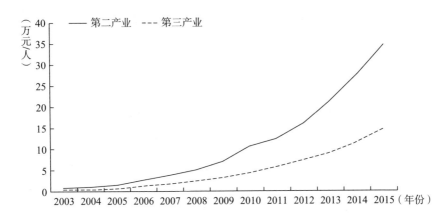

图 5-12　2003～2015 年京津冀地区第二产业和第三产业名义劳动生产率

资料来源：《中国城市统计年鉴》和国家统计局"国家数据"。

图 5 - 13 进一步展示了 2003～2015 年京津冀地区第二产业和第三产业的实际劳动生产率情况。我们通过剔除价格因素，以 1996 年为基期，得到了京津冀地区 2003～2015 年第二产业和第三产业的实际劳动生产率。从实际劳动生产率来看，第二产业的劳动生产率依然显著高于第三产业，但二者之间的差距有缩小的趋势。同时，实际劳动生产率的演进趋势与名义劳动生产率稳定上升的演进趋势存在显著的不同，其中，第三产业的实际劳动生产率在 2004 年上升之后，于 2006 年开始保持了相对的稳定，年度之间的变化非常小。但是，第二产业的劳动生产率在 2008 年达到峰值后开始递减，这是第三产业和第二产业之间的实际劳动生产率差距逐年缩小的重要原因。

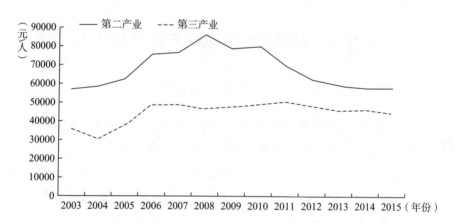

图 5 - 13　2003～2015 年京津冀地区第二产业和第三产业实际劳动生产率

注：产业增加值的计算以 1996 年为不变价。

资料来源：《中国城市统计年鉴》和国家统计局"国家数据"。

第二产业的实际劳动生产率在 2008 年之后下降的原因，主要可以从经济周期和政策干预两个角度来考虑。其一，2008 年的世界金融危机显著冲击了中国的经济，这种周期性因素是导致实际劳动生产率下降的重要驱动力，因为在经济陷入衰退的情况下，主要生产要素的使用并不充分，即所谓要素蓄水池效应（factor pool），这导致劳动生产率下降。其二，从 2008 年开始，国有经济出现大规模投资，这种政策干预也可能导致第二产业实际劳动生产率水平下降。

由于第三产业主要满足本地的需求，因此相对而言，外部冲击对第三产业的影响较小，同时，政府的财政刺激计划主要投向基础设施等与第二产业密切相关的行业，因而政府干预政策对第三产业的影响也较小，这解释了为什么第三产业的劳动生产率保持了稳定。

二 各城市产业结构升级情况

图 5-14 展示了 2003~2015 年北京、天津和河北三地第二产业的劳动生产率变化情况。在 2008 年之前，三个地区第二产业的劳动生产率随着时间演进都呈现不断增长的态势，其中，河北的第二产业劳动生产率最高，其次是天津，最低的是北京，但北京第二产业劳动生产率的增长速度较快。在 2008 年达到高点之后，三地的第二产业劳动生产率都出现了下滑。

北京第二产业劳动生产率的变化情况值得注意。2003 年北京的第二产业劳动生产率低于天津和河北，但是，随着北京劳动生产率的稳步增长，其在 2011 年已经超过了天津。同时，尽管受到金融危机的影响，但是河北的第二产业劳动生产率仍维持在较高水平。如此一来，天津成为京津冀三地中第二产业劳动生产率最低的地区。同时，可以发现，相较于河北和天津，北京的第二产业劳动生产率保持了很高的稳定性，2008 年全球金融危机之后，北京的第二产业劳动生产率基本保持稳定，没有出现明显的下滑，这表明，北京的第二产业具有较强的抵御外部冲击的能力。

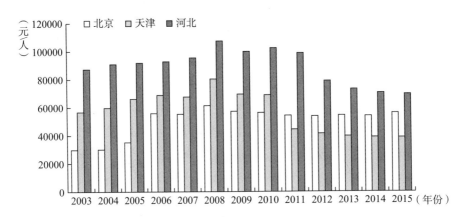

图 5-14 2003~2015 年京津冀地区第二产业劳动生产率变化

注：第二产业增加值的计算以 1996 年为不变价。

资料来源：《中国城市统计年鉴》和国家统计局"国家数据"。

那么，如何理解京津冀三地第二产业劳动生产率的变化轨迹呢？我们需要进一步从第二产业内部的不同产业中寻找答案。我们先看看京津冀三地第二产业内部不同细分产业的份额变化情况。表5-6反映了北京、天津、河北三地1998~2015年在工业总产值中份额排名前三的主导产业变化情况。

北京的主导产业变化显示明确的产业升级的轨迹。1998年，北京的主导产业是黑色金属加工和石油加工这样的重工业和资源依赖型产业，但是从2005年开始，北京完全摆脱了资源依赖型产业，电力热力、交通运输和电子通信成了地区主导产业，而这三个产业都有比较高的技术水平。

天津仍处于产业结构升级的过程之中，但产业结构升级的方向并不明确。在1998年，与北京相比，天津的主导产业已经有了较高的技术水平，如电子通信和交通运输，虽然也依赖黑色金属加工业，但是天津对重工业和资源依赖型产业的倚重并没有随着时间的推移而发生某种一致性的变化和调整，其表现就是天津的主导产业多年来反复变化，却始终没有摆脱黑色金属加工和有色金属加工这类典型的重化工业和资源依赖型产业。这在一定程度上解释了为什么天津第二产业劳动生产率增长比较缓慢，并且在全球金融危机的冲击下出现了非常明显的下滑。

河北的主导产业多年来比较稳定，是重工业和资源依赖型产业，从技术角度而言，产业结构升级并不显著。1998~2015年，河北的主导产业一直是黑色金属加工、电力热水、金属制品和化学原料。但是，结合上文论述的河北第二产业劳动生产率的快速提高以及北京的产业结构升级特征和京津冀三地的分工特征，我们能够推断，河北第二产业劳动生产率在近年来的提高，一定程度上与北京向河北的产业转移和两地分工的优化密切相关。

因此，结合我们上文发现的河北和天津第二产业同构度较高的事实，京津冀地区产业结构的进一步优化，仍需要通过河北和天津之间的进一步分工，特别是需要继续推进天津的功能定位的优化。

表5-6　1998~2015年京津冀三地主导产业变化

年份	北京	天津	河北
1998	电子通信、黑色金属加工、石油加工	电子通信、交通运输、黑色金属加工	黑色金属加工、化学原料、电力热水

续表

年份	北京	天津	河北
1999	电子通信、黑色金属加工、石油加工	电子通信、交通运输、黑色金属加工	黑色金属加工、化学原料、电力热水
2000	电子通信、黑色金属加工、石油加工	电子通信、黑色金属加工、化学原料	黑色金属加工、化学原料、电力热水
2001	电子通信、黑色金属加工、石油加工	电子通信、黑色金属加工、化学原料	黑色金属加工、化学原料、电力热水
2002	电子通信、黑色金属加工、石油加工	电子通信、黑色金属加工、化学原料	黑色金属加工、化学原料、电力热水
2003	电子通信、交通运输、黑色金属加工	电子通信、交通运输、黑色金属加工	黑色金属加工、化学原料、电力热水
2004	—	—	—
2005	电子通信、交通运输、电力热力	电子通信、交通运输、黑色金属加工	黑色金属加工、化学原料、电力热水
2006	电子通信、交通运输、电力热力	电子通信、交通运输、黑色金属加工	黑色金属加工、化学原料、电力热水
2007	电子通信、交通运输、电力热力	电子通信、交通运输、黑色金属加工	黑色金属加工、化学原料、电力热水
2008	电子通信、交通运输、电力热力	电子通信、交通运输、黑色金属加工	黑色金属加工、电力热水、石油加工
2009	电子通信、交通运输、电力热力	电子通信、交通运输、黑色金属加工	黑色金属加工、电力热水、石油加工
2010	—	—	—
2011	交通运输、电力热力、电器机械	有色金属加工、交通运输、仪器仪表	有色金属加工、交通运输、电力热水
2012	交通运输、电力热力、电器机械	有色金属加工、交通运输、仪器仪表	有色金属加工、交通运输、黑色金属加工
2013	电力热水、电子通信、交通运输	电子通信、交通运输、黑色金属加工	有色金属加工、电力热水、黑色金属加工
2014	电力热水、电子通信、交通运输	电子通信、交通运输、黑色金属加工	黑色金属加工、电力热水、金属制品
2015	电力热水、电子通信、交通运输	电子通信、交通运输、黑色金属加工	黑色金属加工、电力热水、金属制品

注：2004 年和 2010 年数据缺失。

资料来源：国家统计局工业企业数据库。

我们进一步考察第三产业的情况。图 5 – 15 展示了 2003 ~ 2015 京津冀第三产业劳动生产率变化情况。其中，天津的第三产业劳动生产率最高，其次是河北，最低的是北京。总体来看，北京、天津与河北第三产业劳动生产率的差距在逐渐缩小，特别是北京第三产业的劳动生产率在 2006 年之前快速增长，并在之后保持了稳定。北京较低而稳定的第三产业劳动生产率与其作为首都的功能定位密切相关，因为第三产业包含了政府公共服务的供给这一重要组成部分，而这种行政功能并不随经济环境变化而波动。

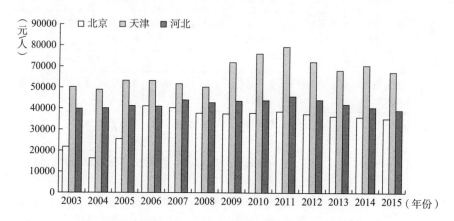

图 5 – 15　2003 ~ 2015 年京津冀第三产业劳动生产率变化

注：第三产业增加值的计算以 1996 年为不变价。

资料来源：《中国城市统计年鉴》和国家统计局"国家数据"。

综合上述第二产业和第三产业劳动生产率的变化情况，可以总结以下三点。首先，京津冀地区呈现一定的产业结构升级的态势，尽管 2008 年的全球金融危机给该地区产业特别是第二产业的劳动生产率带来了影响，但整体上，该地区的产业结构呈现升级的态势。其次，该地区的产业生产率呈现分化态势，经过地区分工之后，河北的第二产业劳动生产率水平较高，而天津的第三产业劳动生产率水平较高，北京的第二产业和第三产业劳动生产率水平都较低，但北京的第二产业劳动生产率呈现较快的增长，同时，第三产业劳动生产率保持了较高的稳定性。最后，从产业内部的分工来看，可以发现，北京近年来实现了产业结构的优化升级；天津的产业结构升级仍在推进过程中，升级的方向仍不甚明确，在较宽口径的产业上与河北有较多的重合，这与前文发现的河北和天津之间产业同构的特点相呼应；河北的产业仍处于承接北京和天津产业转移的过程中，较为依赖重工业和资源型产业，由于河北承接北京和天津，特别是北京的产业转移，因而该地区的第二产业劳动生产率水平较高，但是波动性较大。

三 产业结构升级的空间态势

（一）第二产业情况

表5-7清晰地展示了2005、2010、2015年京津冀地区第二产业劳动份额空间布局情况。可以发现，北京和天津明显是该地区第二产业劳动力集聚的中心，这两个城市占了京津冀地区第二产业劳动份额的50%以上，这与我们上文所说的该地区的工业化的第一个圈层一致。第二个圈层，即以河北省会城市石家庄为中心的圈层，在2005年仍比较明显，但是到2015年，随着保定劳动份额的上升，已经不再明显，或者说，通过保定的连接，两个圈层已经合并为一个圈层。

表5-7　2005、2010、2015年京津冀地区第二产业劳动份额空间布局

单位：%

年份	北京	天津	唐山	承德	张家口	保定	廊坊	秦皇岛	沧州	石家庄	衡水	邢台	邯郸
2005	0.438	0.185	0.072	0.015	0.026	0.047	0.012	0.019	0.034	0.068	0.012	0.021	0.051
2010	0.334	0.216	0.095	0.018	0.026	0.065	0.032	0.025	0.032	0.069	0.012	0.027	0.049
2015	0.266	0.266	0.076	0.015	0.019	0.094	0.035	0.020	0.032	0.062	0.018	0.033	0.063

资料来源：《中国城市统计年鉴》和国家统计局"国家数据"。

同时，就该圈层的核心——北京和天津而言，北京第二产业的劳动份额不断下降，表现为向周边城市扩散的态势，与此同时，天津的劳动份额却在上升，其中有一部分应当来自与其相邻的北京的劳动力扩散，但是，由于北京的劳动份额下降大于天津的劳动份额上升，所以，还有一部分北京的第二产业劳动力向包括河北各市在内的全国其他城市流出。

我们进一步从第二产业增加值的角度进行考察。表5-8展示了2005、2010、2015年京津冀地区第二产业增加值份额的空间布局，总体而言，第二产业增加值份额的空间布局与劳动份额的空间布局是高度相似的，其

中，北京和天津是该地区第二产业集聚的中心，因此，北京和天津构成第一个圈层，而以石家庄为中心的河北各市构成第二个圈层，只是这两个圈层在增加值份额方面体现的比在劳动份额方面更为明显。同时，可以明显观察到，虽然北京和天津一直是京津冀地区的集聚中心，但是随着时间推移，北京的相对份额在下降，而天津的相对份额在上升。2005 年，天津的相对份额略高于 20%，到 2015 年已经接近 30%。这表明，天津与河北一样，承接了北京第二产业的转移。

表 5-8　2005、2010、2015 年京津冀地区第二产业增加值份额的空间布局

单位：%

年份	北京	天津	唐山	承德	张家口	保定	廊坊	秦皇岛	沧州	石家庄	衡水	邢台	邯郸
2005	0.216	0.219	0.124	0.020	0.020	0.056	0.036	0.020	0.064	0.092	0.029	0.042	0.062
2010	0.179	0.255	0.137	0.024	0.022	0.056	0.038	0.019	0.059	0.087	0.021	0.036	0.068
2015	0.170	0.288	0.126	0.024	0.020	0.056	0.041	0.017	0.062	0.092	0.021	0.030	0.055

资料来源：《中国城市统计年鉴》和国家统计局"国家数据"。

我们进一步考察随着第二产业的空间转移劳动生产率所受到的影响。表 5-9 报告了 2005、2010、2015 年京津冀地区各城市第二产业的劳动生产率情况。可以观察到，随着劳动和产出从北京逐渐转移到周边城市，北京第二产业的劳动生产率趋于下降，周边地区的劳动生产率逐渐上升。2005 年，北京是该地区毋庸置疑的劳动生产率峰值区，但这种相对优势不断削弱，到 2015 年，北京的第二产业劳动生产率已经低于它周边的张家口、承德和廊坊。天津的情况与北京类似，在 2005 年，尽管其劳动生产率低于北京，但是远高于周边地区，到 2015 年，天津的第二产业劳动生产率水平已经明显低于它周边的廊坊、唐山和沧州，劳动和资本向天津周边的城市转移，是使其劳动生产率水平开始低于周边城市的重要原因。与此同时，从年度之间的变化来看，这种提升似乎没有一定的方向，呈现较大的变化和年度之间的波动性，这在一定程度上表明产业的转移仍然在调整和进行之中。

表 5 - 9   2005、2010、2015 年京津冀地区各城市第二产业劳动生产率

单位：万元/人

年份	北京	天津	唐山	承德	张家口	保定	廊坊	秦皇岛	沧州	石家庄	衡水	邢台	邯郸
2005	50.77	39.98	21.03	35.46	21.44	19.15	13.41	25.93	21.05	87.70	22.71	30.66	24.20
2010	48.60	30.96	48.19	52.51	49.52	22.41	60.25	57.62	53.16	29.39	32.93	59.80	57.45
2015	30.08	50.90	78.26	71.38	50.98	28.05	55.54	38.41	88.94	69.83	54.53	42.96	41.26

资料来源：《中国城市统计年鉴》和国家统计局"国家数据"。

（二）第三产业情况

表 5 - 10 显示了 2005、2010、2015 年京津冀地区第三产业劳动份额的空间布局情况。可以看出，京津冀地区第三产业的相对份额在空间上基本保持稳定，北京和天津是该地区第三产业的峰值区和中心，两个城市多年来第三产业的劳动份额在京津冀地区超过 60%，而其他城市除石家庄外，基本都在 5% 以下。同时，与第二产业相比，第三产业在京津冀地区形成了更为明显的以北京和天津为中心的单圈层结构，石家庄作为次圈层的中心并不明显。这主要是由于，保定作为两个圈层中心的连接地带，其第三产业的劳动份额占比较高，从而有效地连接了京津的高地和石家庄的次高地。进一步比较北京和天津，可以发现，北京的相对份额在小幅下调中基本保持稳定，而天津的相对份额逐渐上升，但总体上，二者共同构成了该地区的中心。

表 5 - 10   2005、2010、2015 年京津冀第三产业劳动份额空间布局

单位：%

年份	北京	天津	唐山	承德	张家口	保定	廊坊	秦皇岛	沧州	石家庄	衡水	邢台	邯郸
2005	0.605	0.099	0.034	0.015	0.022	0.039	0.018	0.018	0.028	0.053	0.016	0.022	0.032
2010	0.542	0.118	0.042	0.019	0.023	0.045	0.022	0.020	0.031	0.058	0.018	0.025	0.037
2015	0.549	0.126	0.039	0.018	0.023	0.041	0.022	0.019	0.030	0.057	0.017	0.023	0.036

资料来源：《中国城市统计年鉴》和国家统计局"国家数据"。

表 5 - 11 报告了 2005、2010、2015 年京津冀第三产业增加值份额的空间布局。总体而言，第三产业增加值份额的空间布局与劳动份额的空间布局是高度相似的，北京和天津构成第一个圈层的中心，并且以其为中心形成了该地区最为主要的圈层，京津两市的第三产业增加值份额多年来都保

持在该地区的 60% 以上，是该地区毋庸置疑的中心。而石家庄构成第二个
圈层的中心，其所占第三产业增加值的份额略高于周边城市。只是这两个
圈层在第三产业增加值方面体现的比劳动份额方面更加明显，在劳动份额
方面，主要呈现以京津为中心的核心圈层结构，而在第三产业增加值份额
方面，则呈现了两个圈层的结构。同时，就北京和天津之间的关系而言，
可以明显观察到，虽然北京和天津一直是整个京津冀地区的集聚中心，但
是，随着时间推移，北京的相对份额在下降，而天津的相对份额在上升。

表 5 – 11　2005、2010、2015 年京津冀第三产业增加值份额空间布局

单位：%

年份	北京	天津	唐山	承德	张家口	保定	廊坊	秦皇岛	沧州	石家庄	衡水	邢台	邯郸
2005	0.487	0.157	0.064	0.011	0.017	0.036	0.019	0.026	0.040	0.069	0.016	0.017	0.043
2010	0.479	0.191	0.065	0.013	0.018	0.031	0.021	0.020	0.038	0.062	0.011	0.016	0.035
2015	0.465	0.219	0.055	0.012	0.015	0.029	0.030	0.016	0.034	0.063	0.012	0.018	0.032

资料来源：《中国城市统计年鉴》和国家统计局"国家数据"。

我们进一步考察随着这种产业的空间转移劳动生产率所受到的影响。
表 5 – 12 报告了京津冀地区各个城市第三产业的劳动生产率情况。可以观
察到，在劳动生产率方面，该地区并没有形成一个有效的圈层结构，北京
和天津第三产业的劳动生产率并未显著高于其周边的城市，而石家庄作为
副中心，其第三产业的劳动生产率也并未明显高于其毗邻的保定和邢台等
地，因此，在第三产业的劳动生产率方面，并不存在一个稳定的单圈层或
双圈层结构，而是呈现分散化的态势，并且，不同城市第三产业劳动生产
率的空间分布呈现很大的波动性。随着劳动和产出从北京逐渐转移到周边
城市，北京第三产业的劳动生产率上升幅度不大，周边地区第三产业的劳
动生产率水平开始提升。特别是天津，其在 2005 年的第三产业劳动生产率
略低于北京，但到 2015 年，其第三产业劳动生产率已经明显高于北京，和
毗邻的唐山连接，形成了京津冀地区第三产业劳动生产率的新中心。但
是，由于这种变化在 2015 年才开始显现，且从时间演进上来看，变化非常
多样，这表明，北京以外城市第三产业劳动生产率的提升似乎没有一定的
方向性，呈现较大的变化和年度之间的波动性，这在一定程度上表明产业
的转移仍然在调整和进行之中。

表 5 - 12　2005、2010、2015 年京津冀第三产业劳动生产率

单位：万元/人

年份	北京	天津	唐山	承德	张家口	保定	廊坊	秦皇岛	沧州	石家庄	衡水	邢台	邯郸
2005	1.08	9.05	16.01	7.89	13.72	14.08	7.80	11.90	9.30	8.14	7.56	19.40	13.17
2010	13.70	15.23	15.21	23.05	39.54	21.54	38.27	26.33	26.18	16.99	23.72	12.64	20.47
2015	29.45	60.35	43.78	23.51	21.70	24.81	47.52	29.63	40.50	38.37	25.58	26.32	30.68

资料来源：《中国城市统计年鉴》和国家统计局"国家数据"。

　　我们考察了京津冀地区产业结构升级的特征，发现了以下特征。第一，京津冀地区第二产业和第三产业的劳动生产率呈现上升态势，但受2008 年国际金融危机的影响，出现了较大的波动。第二，在第二产业中，河北的劳动生产率水平最高，天津其次，北京最低，但是北京的第二产业劳动生产率增长相当稳定，已经超过了天津。第三，在第三产业中，天津的劳动生产率水平最高，其次是河北，北京的劳动生产率水平最低，但北京的劳动生产率变化相当稳定，这主要是因为北京承担了较多的首都行政功能。第四，通过考察京津冀三地的产业结构升级情况，我们发现，北京已经初步完成了产业结构从重工业和资源依赖型行业向高技术行业的转型，河北仍主要依赖重工业和资源依赖型行业，而天津正处于从重工业和资源依赖型行业向高技术行业的转型中，目前的转型方向仍然不够清晰和明确。

四　新型城镇化促进产业结构升级的机制分析

（一）土地价格作为核心环节的作用机制分析

　　新型城镇化内在地包含了产业结构优化升级的推动力。通过打破户籍制度的限制，促进基本公共服务的均等化，新型城镇化的开放性与包容性促进了人口、资本等流动要素向城市集中，但是，由于土地要素的供给是有限的，随着流动要素不断向城市集聚，土地这种不可移动要素的价格将上升，特别是城市中心的土地价格急剧上升，进而引起住房和通勤成本的上升，而住房、通勤成本的上升又导致工资的上涨，从而推动企业的用工成本上涨。这改变了城市要素的相对价格，并意味着只有单位面积产值足够高的产业和企业才能够在中心城市留下来，城市的产业必须从低成本要素驱动的发展战略向以创新为驱动的发展战略转变。在这一过程中，大城市多样化的经济环境有利于创新和服务的集聚，从而更有机会率先提高效率，实现产业在价值链上的攀升；而中小城市由于较低的生产和生活成本，更有利于充当大城市技术扩散的承接地，从而成为标准化的生产和制造基地。大城市和中小城市由于不同的外部性和成本优势将会扮演不同的角色，正是这种城市间高效的经济互动共同推动了城市产业结构的升级。

在前文的分析中，我们已经观察到，随着中国新型城镇化的进一步推进，人口在地区之间流动，就京津冀地区而言，人口不断从作为地区生产外围的河北向作为地区生产中心的北京和天津迁移和集聚，表现为北京和天津作为人口的净流入地，其常住人口增长率持续高于人口自然增长率，而河北作为人口的净流出地，其常住人口增长率低于人口自然增长率。并且，随着人口集聚的持续推进，拥挤效应所形成的推力，已经使北京和天津的人口出现了向外部疏散的趋势，表现为常住人口增长率下降，只是这一趋势尚未在河北人口的变化上得到足够的反映。

那么，人口的集聚和疏散，究竟是如何影响土地这种不可移动要素的价格，进而带动产业结构的升级呢？我们在前面的考察中发现，基本公共服务的巨大差距，导致在京津两地人口向外疏散的过程中，河北无法成为一个有效的承接地带，人口没有流进毗邻的河北，而是向更远但同时有更高公共服务水平的其他重要城市流动。那么，在新型城镇化实施的背景下，地区基本公共服务的均等化以及政策实施所倡导的城市公共服务的包容性和开放性，势必带来人口流动水平的上升。这是否能够促进京津冀地区的产业结构升级呢？我们来进一步分析在新型城镇化背景下人口的自由迁移如何借由土地价格影响了产业结构的优化升级。

（1）我们观察京津冀地区各主要城市的地价变化情况，看看人口向北京和天津的集聚所产生的拥挤效应是否导致了地价的变化。第一，基于数据可得性，我们以商品房销售单价作为地价的代理变量。从表 5 - 13 可以观察到，京津冀地区各主要城市商品房销售单价呈现大幅上升的趋势，而且上升后的商品房价格差异较大。其中，北京以 1.8552 万元/平方米的价格成为价格高地，接下来依次是秦皇岛、石家庄和天津。如果从京津冀三地的平均地价变化情况来看，2013 年北京的商品房销售单价比 2002 年上涨了 3.89 倍，河北平均上涨了 3.16 倍，而天津仅上涨了 2.19 倍。值得说明的是，天津商品房价格上涨较慢，主要原因不在于住房供给和销售面积更大比例的提高。因为 2013 年北京的商品房销售面积比 2002 年增加了1.11 倍，天津增加了 3.28 倍，而河北省平均增加了 9.72 倍。因而，天津商品房价格上涨缓慢需要从其他方面寻找原因，而前面所发现的该地区重工业的集中布局可能是一个重要的原因。当地区着重发展重工业时，属于资本密集型产业的重工业必然导致产业容纳的人口密度下降，这意味着，人口集聚对于商品房价格上升的压力得到了缓解。

表 5-13　2002、2013 年京津冀地区商品房销售额和销售单价

城市	2002 年			2013 年		
	销售额（亿元）	销售面积（万平方米）	销售单价（万元/平方米）	销售额（亿元）	销售面积（万平方米）	销售单价（万元/平方米）
北京	813.8	1708.3	0.4764	3530.8	1903.2	1.8552
天津	140.3	564.0	0.2488	1008.5	1847.3	0.5459
石家庄	18.1	100.0	0.1810	523.5	951.2	0.5504
唐山	17.7	117.0	0.1513	538.2	1014.9	0.5303
秦皇岛	11.7	56.3	0.2078	202.5	302.5	0.6694
邯郸	9.6	72.4	0.1326	153.8	355.8	0.4323
邢台	2.9	30.7	0.0945	81.2	245.4	0.3309
保定	6.3	56.1	0.1123	129.5	327.9	0.3949
张家口	4.3	28.0	0.1536	208.0	543.6	0.3826
承德	5.6	28.5	0.1965	117.9	288.4	0.4088
沧州	5.2	37.1	0.1402	211.5	481.5	0.4393
廊坊	14.0	106.6	0.1313	502.0	774.6	0.6481
衡水	3.7	26.3	0.1407	111.7	390.1	0.2863

资料来源：相应年《中国城市统计年鉴》。

第二，我们以住宅销售单价作为地价的代理变量。由于住宅销售价格 2005 年才开始公布，我们仅展示了 2005 年和 2013 年的销售价格情况。从表 5-14 可以看到，2013 年，京津冀地区各主要城市的住宅销售单价比起 2005 年来有大幅上升，并且上升之后的价格差异较大。其中，北京的住宅销售单价最高，为 1.9181 万元/平方米，接下来依次是天津、廊坊和秦皇岛。如果以京津冀三地的平均地价变化情况来看，2013 年北京的住宅销售

单价比2005年上涨了3.28倍,河北平均上涨了2.57倍,天津上涨了2.18倍。2013年,北京的住宅销售面积比2005年减少了几乎一半,天津的销售面积增加了2.03倍,而河北平均增加了3.89倍。天津住宅销售单价上升缓慢,而前文所发现的该地区重工业的集中布局可能是一个重要的原因,重工业属于资本密集型产业,所需的就业人口较少,因而人口集聚所产生的拥挤效应对于住宅价格的推动效应也就比较有限。

表 5 – 14 　2005、2013 年京津冀地区住宅销售额和销售单价

城市	2005 年			2013 年		
	销售额 (亿元)	销售面积 (万平方米)	销售单价 (万元/平方米)	销售额 (亿元)	销售面积 (万平方米)	销售单价 (万元/平方米)
北京	1501.8	2566.0	0.5853	2434.8	1269.4	1.9181
天津	327.1	849.5	0.3850	1443.4	1720.4	0.8390
石家庄	36.1	211.7	0.1705	386.9	782.7	0.4943
唐山	31.9	151.6	0.2107	448.4	892.8	0.5022
秦皇岛	35.4	147.7	0.2397	176.5	280.4	0.6295
邯郸	15.2	99.8	0.1518	127.2	314	0.4051
邢台	9.6	55.1	0.1736	72.8	231.5	0.3145
保定	11.5	88.2	0.1298	123.8	317.6	0.3898
张家口	15.4	113.4	0.1355	153.7	443.8	0.3463
承德	9.2	58.9	0.1570	98.3	256.3	0.3835
沧州	14.3	96.1	0.1485	172.3	420.2	0.4100
廊坊	45.0	218.7	0.2057	472.5	724.3	0.6524
衡水	11.6	81.2	0.1426	96.9	356.4	0.2719

资料来源:相应年《中国城市统计年鉴》。

我们进一步将京津冀地区2005、2013年商品房和住宅销售单价的差异绘制出来(表5-15和表5-16)。从中可以较为清晰地看到,北京和天津是整个地区的房价高点,以此为中心形成了一个明显的圈层结构,而石家庄是一个次中心,其周边城市的房价水平都比它低。这种圈层结构在商品房和住宅方面都显著存在。同时,从时间演进上来看,住宅销售单价的地区间分布在2005年和2013年基本保持稳定;商品房销售单价的分布则发生了明显的变化,其中,北京一直是该地区的房价高点,但是,天津的相

对优势发生了较明显的变化,在 2005 年,天津还是与北京接近的房价高点,但到了 2013 年,其相对房价与毗邻的唐山接近,并显著低于沿海的秦皇岛。这表明,由于产业结构的带动作用,天津的商品房价格增长呈现略微滞后的状态。

表 5 - 15   2005、2013 年京津冀地区商品房销售单价

单位:万元/平方米

年份	北京	天津	唐山	承德	张家口	保定	廊坊	秦皇岛	沧州	石家庄	衡水	邢台	邯郸
2005	0.6274	0.3919	0.2169	0.1788	0.1417	0.1422	0.2085	0.2459	0.1540	0.1870	0.1445	0.1809	0.1586
2013	1.8552	0.5459	0.5303	0.4088	0.3826	0.3949	0.6481	0.6694	0.4393	0.5504	0.2863	0.3309	0.4323

资料来源:《中国城市经济统计年鉴》。

表 5 - 16   2005、2013 年京津冀地区住宅销售单价

单位:万元/平方米

年份	北京	天津	唐山	承德	张家口	保定	廊坊	秦皇岛	沧州	石家庄	衡水	邢台	邯郸
2005	0.5853	0.3850	0.2107	0.1570	0.1355	0.1298	0.2057	0.2397	0.1485	0.1705	0.1426	0.1736	0.1518
2013	1.9181	0.8390	0.5022	0.3835	0.3463	0.3898	0.6524	0.6295	0.4100	0.4943	0.2719	0.3145	0.4051

资料来源:《中国城市经济统计年鉴》。

（2）我们进一步考虑,土地作为一种不可移动要素,其价格变化是不是带动产业结构升级的重要因素。第一,我们分别计算第二产业、第三产业的劳动生产率与商品房单价的相关系数,每年求一个相关系数,并考察 2003 ~ 2013 年的变化。理论上讲,随着拥挤效应的产生,土地价格和商品房价格上升,使得低生产率的行业和企业迁出该地区,从而该地区的劳动生产率上升,因而土地价格与劳动生产率之间应当呈现正相关关系。图 5 - 16 展示的是第二产业、第三产业的劳动生产率与商品房单价的相关性。从这个图可以看出,在许多年份中,土地价格与产业劳动生产率的相关性并不都是正向的,即土地价格高的地区的产业劳动生产率并不一定也高,因而土地价格上升和产业结构升级之间,并没有呈现与上文理论预期一致的良性变化关系。特别是在 2007 年之后,出现了土地价格与第二产业劳动生产率倒挂的现象,这种现象反复变动,到 2013 年前后才有所好转。同时,土地价格与第三产业劳动生产率的相关性要明显小于土地价格与第二产业劳动生产率的相关性,并呈现负相关关系,在 2012 年以后才有所好

转。这可能主要是因为第三产业企业提供的主要是本地的供给，即使土地价格上升，这类企业也不会迁出，因而土地价格与劳动生产率之间的相关性较低；而第二产业企业可以提供本地市场以外的供给，随着土地价格上升，这些企业有动力迁出本地进行生产，因此，第二产业劳动生产率与土地价格之间的相关性会更高一些。

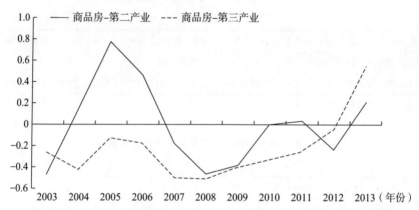

图 5-16　2003~2013 年商品房单价与第二产业、第三产业劳动生产率相关性

资料来源：《中国城市经济统计年鉴》。

第二，我们分别计算第二产业、第三产业的劳动生产率与住宅单价的相关系数，每年求一个相关系数，考察 2005~2013 年的变化。图 5-17 展示的是 2005~2013 年第二产业、第三产业的劳动生产率与住宅单价的相关性，从中可以看出，住宅单价和劳动生产率的关系与商品房单价和劳动生产率的关系高度相似，住宅单价与产业劳动生产率的相关性在很多年份上是负向的，即土地价格高的地区的产业劳动生产率并不一定也高，因而土地价格上升和产业结构升级之间并未呈现与上文理论预期一致的良性变化关系。同时，土地价格与第三产业劳动生产率的相关性要明显小于土地价格与第二产业劳动生产率的相关性，表明土地价格越高的地区，第三产业的劳动生产率水平反而越低，这可能主要是因为第三产业企业提供的主要是本地的供给，即使土地价格上升，这类企业也不会迁出，因而土地价格与劳动生产率之间的相关性较低。住宅单价与劳动生产率的负向关系在 2007 年之后大幅下降，并在 2012 年之后好转，这与商品房单价和劳动生产率的关系高度相似。

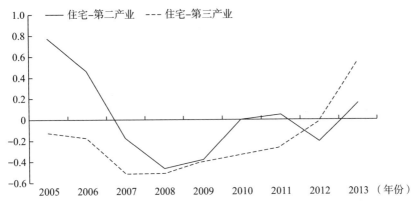

图 5 - 17　2005 ~ 2013 年住宅单价与第二产业、第三产业劳动生产率相关性
资料来源:《中国城市经济统计年鉴》。

综合上述分析,我们可以得到以下基本结论。首先,在大部分年份中,无论是就商品房单价所代表的不可移动要素价格即土地价格而言,还是就住宅单价所代表的土地价格而言,土地价格与第二产业和第三产业劳动生产率之间并未呈现持续的正相关关系,这一点在第三产业中表现得更为明显,而且土地价格与第三产业的劳动生产率具有更高的负相关性,这表明,在土地价格更高的地方,产业劳动生产率并没有更高,因而土地价格在产业结构的优化升级中尚未充分发挥良性的推动作用。其次,若从土地价格与产业劳动生产率相关性的变化趋势来看,问题则变得更为复杂,住宅单价与劳动生产率的负向关系在 2007 年之后大幅下降,并在 2012 年之后好转,这一方面可能与金融危机的冲击有关,另一方面可能是产业转移政策推动的结果。综上所述,拥挤效应所产生的土地价格上涨并没有充分促进京津冀地区的要素转移,因而,现实中的因素应当影响了该地区要素的转移,这需要我们做出进一步的分析。

(二) 新型城镇化背景下的人口流动、土地价格和产业结构升级

新型城镇化通过制度的改进促进人口在城市之间的流动,导致不同城市拥挤效应的差异,进而带动不同城市土地价格的变化,土地价格的变化进一步影响不同生产率企业的利润水平的变化,从而推动不同生产率企业在地区间的再配置,推动产业结构升级。

我们已经观察到,人口在京津冀之间的流动,北京和天津作为人口的

净流入地，呈现集聚态势，河北则是人口的净流出地，其人口主要流入北京和天津两地。这种人口在城市间的流动已经在一定程度上反映在土地价格的变化上，表现为京津地区土地价格的上涨，但是，这种土地价格的变化与第二产业和第三产业的劳动生产率的变化并未呈现显著的正相关关系，且其相关性在年度之间具有较大的波动，总体上呈现下降的趋势。那么，结合前面分析的产业结构的变化，我们似乎可以得出以下结论。

第一，人口从河北流入北京的同时，拥挤效应带来了北京地价的大幅上涨，北京和河北的商住房价格存在明显的梯队差异，这种梯队差异引起了产业在两地之间的再分工，因为无论是从制造业和生产性服务业的功能分工来看，还是从工业内部不同行业之间的分工来看，北京和河北之间都呈现了良好的趋势，这种分工已经导致了河北第二产业和第三产业劳动生产率的大幅上升。同时，由于第二产业中相关行业向河北转移，北京第二产业的劳动生产率迅速上升，但由于政治经济文化功能的高度集中和拥挤，北京在第三产业的劳动生产率方面仍然进展缓慢，未来应当通过进一步疏散相关城市功能来提升第三产业的生产效率。

第二，北京和天津之间存在一定的土地价格差异，由于两个城市的定位差异，两地的产业结构分工存在较为明确的差别，这表现为尽管原先二者之间的产业同构水平很高，但是近年来呈现向好的趋势，无论是制造业和生产性服务业的功能分工，还是工业内部的行业分工，两地之间的分工都呈现向好的态势，因而土地价格应当在其中发挥较为明确和稳定的作用。

第三，问题最为突出的是天津和河北之间的产业分工关系，河北和天津之间存在一定的土地价格差异，但这种差异并不十分显著，与此相对应，在分工方面，河北和天津不仅在制造业和生产性服务业的功能分工方面没有明显的差异，在工业内部的行业之间也没有形成良性的分工关系，产业结构总体上是高度趋同的，这种同构趋势在近年来愈演愈烈。这是导致土地价格未能成为推动第二产业和第三产业生产率持续提升的重要原因。

因此，总体而言，该地区产业结构优化升级的主要推动力是产业从北京向河北转移所导致的涓滴效应，而天津和河北之间的分工关系存在较大的问题。因此，当前京津冀协同发展的重要问题有二：一是北京城市功能的进一步疏散，提高其核心功能的效率；二是处理天津的功能定位，作为非首都非省会的直辖市，天津应当处理好与北京、河北的分工协作关系，这是目前京津冀地区分工协作的瓶颈，也是未来改进的空间所在。

（三）新型城镇化背景下产业结构升级的限制因素分析

下面我们对京津冀地区产业结构优化升级的限制因素进行深入分析，考察现实中哪些因素阻碍了京津冀地区要素的流动和产业的升级。

1. 影响京津冀产业转移的物理因素：建成区面积不断扩大

前面的分析表明，随着地区拥挤效应的显现，土地价格会上升，而土地价格上升作为推动力，会导致低生产率企业和行业的退出，从而通过产业在地区间的转移实现地区产业结构的优化。但是，土地价格上升能在多大程度上发挥作用，显然取决于土地价格上升的程度。城市经济理论在解释城市产业结构变动时隐含了一个重要假设，即城市的边界相对稳定。正因为城市边界相对稳定，土地价格上涨才会迫使要素外迁，这样城市产业结构才会优化。但是，在中国，城市边界不仅取决于城市外部性与拥挤成本之间的平衡，还在很大程度上受到政府行政力量的影响。在很多情况下，政府通过行政干预，将城市周边的乡村地区划入城市，导致中国城市边界的变动，使土地价格上涨的压力在城市内部得到释放。这样，在政府的行政干预下，土地价格上涨将推动产业更多地在城市内部就地扩散，即向城市边缘扩散，而不是向异地转移。建成区面积的扩大，使得土地价格上涨所产生的推动作用在地区内部被消化，削弱了土地价格上涨对产业结构优化的影响。

2. 影响京津冀产业转移的产业因素：产业结构没有形成完整的承接梯队

地区之间的产业转移依赖于地区之间产业的技术和经济关联。从前面的分析可知，近年来，北京集中发展高技术行业；天津正处于从重工业和资源依赖型行业向高技术行业转移的过程中，但转移的趋势并不显著，方向并不明晰；河北承接了大量的重工业和资源依赖型行业，产业升级尚不明显。同时，我们还发现，无论是产业的同构度还是功能指数均显示天津和河北之间的分工仍有待进一步深化。因此，从产业结构来看，京津冀地区的三个组成部分之间，尚没有形成完整的产业承接梯队，这是影响京津冀产业转移的产业因素。

3. 影响京津冀产业转移的公共政策因素：城市竞争与地区差距

（1）城市产业功能定位问题

在很长时间内，京津冀三地的功能定位并不十分明确。其一，北京作为首都，发挥着重要的行政管理功能，但北京同时承担着经济社会文化功能，这是北京产业生产率水平一直较低的重要制约因素。近年来，北京已经开始着手疏散其非首都功能，我们从数据分析中能够明显发现北京将产业向外转移的趋势，因此，即使面对全球金融危机的冲击，北京在产业生产率增长和产业发展稳定性方面都表现不错。

其二，处于北京和河北之间的天津，其功能定位长期以来缺乏明确性。一方面，天津与北京的城市功能具有较大的差异；另一方面，天津作为直辖市，与河北之间尚未形成明显的工业分工和产业功能分工。这就是我们前面所说的，天津和北京之间的分工已经向好，而天津和河北之间的分工依然不够充分的现象，因此，作为中国重要的直辖市之一，天津究竟在北京和河北之间如何定位，仍然是个问题。

（2）政府竞争因素

在中国，地区竞争是一个普遍现象。地方政府出于经济增长和财政收入的考虑，往往希望能够保持经济的快速稳定增长，特别是既能够带来经济增长，又能够满足地方政府财政收入需求的第二产业，往往为地方政府所热衷。在这种情况下，各地区往往不顾地区的资源禀赋，希望能够吸纳大项目和大规模投资，产业扎堆和产业结构相似的问题因此出现。同时，产业转移和升级必然要经历增长率下滑的阶段，而地方政府行为的短期化，使得选择产业转移较为困难。这些因素都导致地区之间的分工和产业转移遇到困难。

（3）财政支持因素

劳动和资本的流动都需要以地区良好的基本公共服务和基础设施作为条件，但是，京津冀三地之间的基本公共服务差距十分巨大。这背后是地区财力的巨大差距。京津冀三地人均财政收入的差距十分巨大，这直接导致了基本公共服务和基础设施的差距。同时，中国的纵向财政转移支付制度进一步拉大了京津冀的财力差距。

第五节　小结

本章考察了京津冀地区在新型城镇化背景下的产业结构优化升级问题，我们的主要发现可以概括为以下四点。

第一，北京、天津、河北近年来的城镇化水平均大幅提升，但差异明显。北京和天津的城镇化水平居全国前列，但河北的城镇化水平仍低于全国平均水平。随着人口在地区之间流动，北京和天津仍然是人口的净流入地和集聚地，而河北是人口的净流出地。近年来，由于拥挤效应的作用，北京和天津对人口的吸引力不断下降，表现为人口净流入开始变缓，但是，流出北京和天津的劳动力并没有回流河北，其背后的重要影响因素是三地之间基本公共服务水平的巨大差异。

第二，京津冀内部的产业分工状况呈现分化的趋势，一方面，无论是从制造业与生产性服务业之间的功能分工，还是从工业内部的行业分工来看，北京与河北以及北京与天津之间都呈现良性态势，表现为功能分工指数的上升以及工业产业同构指数的下降，特别是北京和天津之间的分工明显趋向优化，但是，天津和河北之间的分工却呈现恶化的趋势，表现为制造业和生产性服务业之间功能分工指数的略微下降以及工业内部产业同构指数的大幅上升。这一发现表明，天津和河北之间的分工关系，特别是天津的功能定位问题，成为该地区产业分工的重要瓶颈。

第三，京津冀地区第二产业和第三产业的劳动生产率均呈现上升态势，但波动较为明显，主要受外部金融危机和该地区产业调整影响。在第二产业方面，河北的劳动生产率最高，其次是天津，北京最低，但是，北京的第二产业劳动生产率相当稳定，并在近年来超越了天津，天津成为该地区劳动生产率最低的城市。在第三产业方面，天津的劳动生产率最高，其次是河北，北京最低，这主要是因为北京承担了较多的首都行政功能，但是，北京的第三产业劳动生产率相当稳定，与河北之间的差距近年来逐渐缩小。

从产业发展阶段来看，北京已经基本实现了产业结构的优化升级，从重工业和资源依赖型产业转向了技术含量较高的产业，河北承接了京津两地的产业转移，目前仍集中在重工业和资源依赖型产业，而天津的产业升级方向并不明确，目前仍处于从重工业和资源依赖型产业向高技术含量产业转移的过程之中，因此，做好天津的产业发展定位和把握好天津的产业升级方向，对于该地区的产业升级意义重大。

第四，人口流动推进产业结构升级的制约因素。我们以土地价格为核心机制，考察了新型城镇化背景下人口流动对产业结构升级的影响机制。人口流动产生的拥挤效应推动地区土地价格上涨，土地价格上涨促使落后产业转移到地价更低的地区，从而实现地区产业结构的优化。因而，在理论上，土地价格与地区产业劳动生产率之间应呈现正相关关系。但是，我们的数据分析表明，京津冀地区的产业劳动生产率和土地价格在许多年份中呈现负相关关系，这表明土地价格的上涨并没有有力促进该地区的产业结构升级。

我们发现，土地价格作用的发挥受到了以下因素的制约：第一，城市建成区面积的扩大缓解了土地价格上涨带来的压力；第二，地区间功能定位不明确，特别是天津的功能定位不明确和处于产业转型的阶段，导致三地之间尚未形成完整的产业结构梯队，制约了产业转移；第三，城市功能定位、地区政府竞争和基本公共服务水平的差异化，进一步制约了地区产业的转移。上述因素都使得随着土地价格上涨，产业不能及时转移，地区产业结构升级受到了制约。

通过本章的分析，我们还可以得出，在新型城镇化背景下，进一步优化该地区产业结构升级的具体方向。第一，应当进一步通过规划，明确京津冀三地不同的产业发展定位，从而带动三地之间形成明确的产业结构梯队，最终促进三地产业的转移和产业劳动生产率的提升。第二，应当进一步减少地方行政力量对产业结构优化升级的干预，使市场自身的力量和价格机制在推动产业结构优化升级中发挥重要作用。第三，在发挥市场力量的基础上，进一步通过转移支付制度实现地区间基本财力的保证，促进地区间基本公共服务的均等化，从而为资本和劳动在不同地区的转移提供更便利的条件。

第六章

长三角地区城镇化演进与产业结构优化升级

长三角地区在全国经济发展中占有重要地位。与经济发展同步，长三角地区的城镇化进展较快并形成了比较明显的城市发展层级。长三角地区共有 25 个城市，除上海之外，江苏有 13 个地级市，浙江有 11 个地级市。长三角的 25 个城市形成了明显的圈层结构：上海是长三角地区的中心城市，也是全国的中心城市之一；围绕上海的苏南地区以及浙东北地区聚集着一批规模较大、经济活力较强的城市，是长三角城市群的第二个层级；苏北和浙西南地区经济发展相对落后，形成了长三角城市群的第三个层级。长三角地区城市之间形成了紧密的经济联系，随着经济的发展和城镇化的深入推进，要素在城市之间充分流动，也推进了长三角地区的产业结构优化升级。本章重点考察 2000 年以来长三角地区新型城镇化的进程、城市间的经济分工以及产业结构优化升级的进展。

第一节　长三角地区新型城镇化的进程

一　城镇化的历程

长三角地区作为中国重要的经济增长引擎之一，在城镇化方面取得了巨大的成就。上海是中国规模最大的城市，一直以来城镇化水平最高，2000 年以后城镇化率维持在 90% 左右，没有进一步上升的趋势，2015 年比 2014 年略有下降，降至 87.6%。1990～1999 年，江苏的城镇化率低于全国的平均水平，但在 2000 年以后，超过全国的平均城镇化率并逐步拉开差距。浙江在 2000 年以后也保持了较高的城镇化速度，并在较长时间内高于江苏的城镇化水平，但江苏逐步追赶，到 2015 年江苏的城镇化率已经达到 66.5%，高于浙江的 65.8%（见图 6 - 1）。2000 年江苏城镇化率在全国 31 个地区（不含港、澳、台）中排名第 11，2015 年上升至第 7，浙江排名由第 9 上升至第 8。2015 年，城镇化率高于江苏和浙江的是上海、北京、天津三个直辖市以及广东省和辽宁省（见表 6 - 1）。

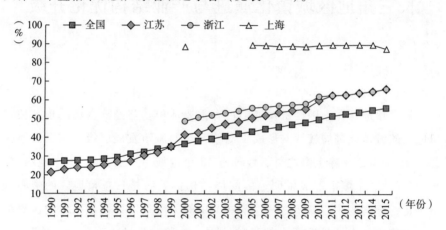

图 6 - 1　1990 ~ 2015 年全国及长三角地区城镇化率（基于常住人口计算）

资料来源：《中国统计年鉴》以及相关省市统计年鉴。

表 6 - 1　2000 年、2015 年城镇化率排名前 15 的省（区、市）

单位：%

排名	2000 年		2015 年	
	省（区、市）	城镇化率	省（区、市）	城镇化率
1	上海市	88.3	上海市	87.6
2	北京市	77.5	北京市	86.5
3	天津市	72.0	天津市	82.6
4	广东省	55.7	广东省	68.7
5	辽宁省	54.9	辽宁省	67.3
6	黑龙江省	51.5	江苏省	66.5
7	吉林省	49.7	浙江省	65.8
8	浙江省	48.7	福建省	62.6
9	内蒙古自治区	42.7	重庆市	60.9

排名	2000 年		2015 年	
	省（区、市）	城镇化率	省（区、市）	城镇化率
10	江苏省	42.3	内蒙古自治区	60.3
11	福建省	42.0	黑龙江省	58.8
12	海南省	40.7	山东省	57.0
13	湖北省	40.5	湖北省	56.9
14	山东省	38.2	吉林省	55.3

资料来源：《中国统计年鉴》以及相关省市统计年鉴。

二　城镇化空间圈层特征

虽然长三角地区城镇化水平总体较高，但内部不同地区之间差异还比较大，长三角城镇化总体上形成了三个圈层。核心圈层是上海，上海的城镇化水平最高，在长三角地区成为城镇化的高地。第二个圈层是苏南①和浙东北②地区，这两个地区的城镇化水平比上海略低。2010 年以后，苏南地区城镇化率都在 70% 以上；2007 年以后，浙东北地区城镇化率达到60%，2015 年上升至 68.2%。苏南和浙东北地区城镇化率最高的城市是南京，2015 年达到 81.4%，紧随其后的是无锡和杭州，镇江、舟山、绍兴、嘉兴和湖州的城镇化率都在 70% 以下。第三个圈层是浙西南和苏北地区，2015 年，浙西南城镇化率为 62.8%，苏北地区城镇化率刚达到 60%。苏北和浙西南地区城镇化率最高的是温州，2015 年达到了 68%，衢州的城镇化率最低，为 50.2%，江苏的宿迁城镇化率也低于全国 56.1% 的平均水平。

上海是全国的中心城市，在亚洲甚至世界都具有重要的影响力，它的城镇化必然处于领先地位。苏南地区是江苏的经济发展领先地带，浙东北地区是浙江的经济核心地区，这两个地区历史上就具有比较好的产业发展基础，改革开放以后工业化进程加速推进，民营经济遍地开花，

---

① 苏南地区包括南京、无锡、常州、苏州、镇江，苏北地区包括徐州、南通、连云港、淮安、盐城、扬州、泰州、宿迁。

② 浙东北地区包括杭州、宁波、嘉兴、湖州、绍兴、舟山，浙西南地区包括温州、金华、衢州、台州、丽水。

这有力地推动了该地区人口的集聚和城镇化的发展。苏南地区面积仅占江苏省的25%，但2015年该地区的GDP占全省比重达到58%；浙东北地区面积占浙江省的44%，2015年该地区的GDP占全省的比重达到67.8%。苏北和浙西南地区分别是江苏、浙江的经济欠发达地区，土地面积广，农业占比较大，工业和服务业发展相对缓慢，其城镇化的速度也受到了一定的制约。从动态角度来看，2000年以后长三角地区内部的城镇化水平的差异总体有所收敛，根据图6-2，2000年，长三角地区五个区域城镇化率的最高点是88.3%，最低点是33.4%，但到2015年最高点为87.6%，最低点为60.3%，差距明显缩小。

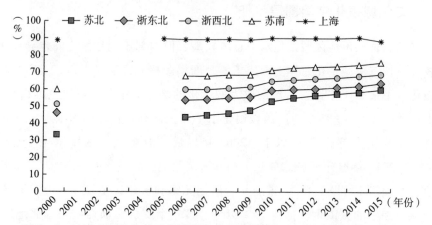

图6-2　2000~2015年长三角地区五个区域城镇化率（基于常住人口计算）

资料来源：《中国城市年鉴》《中国区域统计年鉴》以及相关省市统计年鉴。

表6-2　江苏各城市主要年份城镇化率（基于常住人口计算）

单位：%

地区		2000年	2006年	2010年	2011年	2012年	2013年	2014年	2015年
苏南	南京	71.1	76.4	77.9	79.7	80.2	80.5	80.9	81.4
	无锡	58.3	67.1	70.3	72.2	72.9	73.7	74.5	75.4
	常州	53.9	60.5	63.2	65.2	66.2	67.5	68.7	70.0
	苏州	57.1	65.1	70.0	71.3	72.3	73.2	74.0	74.9
	镇江	50.4	59.2	62.0	63.0	64.2	65.4	66.6	67.9

续表

地区		2000 年	2006 年	2010 年	2011 年	2012 年	2013 年	2014 年	2015 年
苏北	徐州	33.5	44.8	53.2	55.4	56.7	58.1	59.5	61.1
	南通	33.5	46.9	55.8	57.6	58.7	59.9	61.2	62.8
	连云港	28.0	39.0	51.8	53.2	54.4	55.7	57.1	58.7
	淮安	28.8	38.4	50.8	52.0	53.5	55.1	56.5	58.2
	盐城	35.6	42.5	52.0	54.0	55.8	57.2	58.5	60.1
	扬州	42.7	49.2	56.8	57.9	58.8	60.0	61.2	62.8
	泰州	39.4	46.1	55.6	56.8	57.9	59.0	60.2	61.6
	宿迁	25.5	32.4	48.3	49.8	51.0	52.4	53.7	55.5
江苏		42.3	51.9	60.2	61.9	63.0	64.1	65.2	66.5

资料来源:《中国城市年鉴》《中国区域统计年鉴》以及江苏统计年鉴。

表 6 - 3 浙江各城市主要年份城镇化率(基于常住人口计算)

单位:%

地区		2000 年	2006 年	2010 年	2011 年	2012 年	2013 年	2014 年	2015 年
浙东北	杭州	58.6	68.9	73.3	73.9	74.3	74.9	75.1	75.3
	宁波	55.7	63.1	68.3	69.0	69.4	69.8	70.3	71.1
	嘉兴	38.0	48.1	53.3	54.4	55.3	57.1	59.2	60.9
	湖州	38.7	48.0	52.9	53.3	55.1	56.0	57.4	59.2
	绍兴	48.7	56.0	58.6	59.1	60.1	61.0	62.1	63.2
	舟山	56.0	61.1	63.6	64.3	65.3	65.8	66.3	66.9
浙西南	温州	51.5	60.2	66.0	66.3	66.7	67.0	67.2	68.0
	金华	45.3	56.7	59.0	60.0	61.4	62.2	63.3	64.5
	衢州	29.6	38.8	44.1	44.8	46.6	47.7	49.0	50.2
	台州	51.5	51.0	55.5	56.0	56.9	58.1	59.5	60.3
	丽水	33.1	39.0	48.4	50.1	52.5	53.8	55.2	56.4
浙江		48.7	56.5	61.6	62.3	63.2	64.0	64.9	65.8

资料来源:《中国城市年鉴》《中国区域统计年鉴》以及浙江统计年鉴。

三 城镇化与工业化的协同发展过程

新中国成立以后,从工业化和城镇化的关系来看,中国城镇化发展经过了两个阶段:第一个阶段是城镇化发展滞后于工业化,城镇化与工业化出现了分离；第二个阶段是在 20 世纪 90 年代中后期，城镇化与工业化发展逐步走向协同。据测算，中国工业化率从 1952 年的 18% 提高到 1978 年的 44%，但城镇化并没有同步发展，中国城镇化率由 1960 年的 19.7% 下降至 1980 年的 19.4%（国务院发展研究中心课题组，2014）。长三角地区的江苏和浙江也经历了同样的发展过程，经历了城镇化的两个阶段。

（一）城镇化明显滞后于工业化的发展阶段

以江苏为例，如图 6 - 3 所示，1962 年，工业增加值比重为 22.67%，非农产业增加值比重为 57.95%，此时城镇化率为 18.91%；1978 年，工业增加值比重上升至 48%，非农产业增加值比重也上升至 73.71%，但城镇化率降至 13.36%。改革开放以后，江苏的城镇化率虽然出现了持续的上升，但在 20 世纪 90 年代中期之前与工业增加值比重的差距仍然较大。20 世纪 90 年代中期以后，城镇化率加速推进，2000 年以后城镇化率与工业增加值比重的差距逐渐缩小。

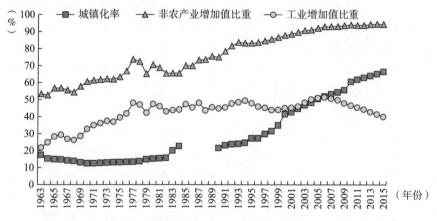

图 6 - 3　1962～2015 年江苏城镇化率以及非农产业和工业增加值比重

资料来源：《中国城市年鉴》《中国区域统计年鉴》以及江苏统计年鉴。

在这个阶段，城镇化与工业化分离的主要原因有三。一是重工业优先发展的战略。新中国成立之初，江苏的工业基础非常薄弱，1950 年，轻工业比重为 94.4%，重工业比重为 5.6%，之后江苏的工业总体有持续增长，但重工业发展速度更快，比重也持续上升，到 1980 年，重工业比重上升至

42.7%，到1995年达到49.6%，与轻工业比重基本持平（见图6-4）。重工业大多为资本密集型企业，对就业的吸纳力较小，所以不利于城市人口规模的扩大。二是市场化程度不高。一方面，在以计划经济为主的经济体制下，国有企业比重大，国有企业纵向一体化程度较高，市场分工不充分，城市产业之间的关联性和外部性不能得到充分发挥，这抑制了城市规模的扩大。另一方面，在以计划经济为主的经济体制下，劳动力市场缺乏，国有企业职工对企业的依附性较强，企业进入的门槛也比较高，导致企业员工的流动性较差，这限制了劳动力向城市的流动。政府曾经直接通过政策管制来限制企业招收外来劳动力，其主要手段是向招收外来劳动力的企业征收额外的费用，同时，外来劳动力也被限制进入一些特定的行业。三是限制劳动力跨地区流动的户籍制度。在改革开放之前，户籍制度和人民公社制度是控制人口城乡迁移的重要手段。政府通过户籍制度为城镇居民分配工作、安排住房、配给食品等。而在人民公社中，农民参与集体劳动才可以获得收入。因而，在改革开放以前，农村劳动力向城市部门转移的很少，且多出于非经济原因，如婚迁、参军、录取学生、落实政策返城等。改革开放以后，人民公社制度改为家庭联产承包责任制，农村劳动力的流动性得到增强，但户籍制度变化较小，对劳动力流动形成明显的制约。

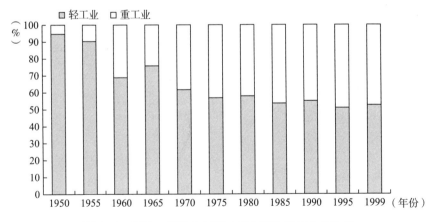

图6-4　1950~1999年江苏主要年份轻重工业的比重

资料来源：历年江苏统计年鉴。

（二）工业化与城镇化协同推进的阶段

随着改革开放的深入推进，长三角地区市场化的进程加快，同时由于对外开放力度的加大以及全球化浪潮的到来，长三角地区作为中国重要的工业发展区，逐步参与全球分工，工业结构也随之向符合比较优势的方向转变，劳动密集型产业蓬勃发展，食品制造、纺织服装制造、电子信息产业、金属、橡胶和塑料制品以及化工等产业得到了快速发展。同时，民营经济成为产业的主力军，随之而来的是劳动力市场逐步形成，周边省份以及长三角内部欠发达地区的劳动力向长三角的发达地区流动，城镇化与工业化出现了协同推进的局面。

从三次产业就业结构的变化可以看出城镇化与工业化协同推进的过程。2000 年以后，上海已经超越了工业化的阶段，主要是服务业不断发展，发挥辐射和服务功能，逐步确立其国家中心城市地位。由图 6 - 5 可以看到，在 20 世纪 90 年代初期，上海第三产业的就业比重与第二产业的就业比重相比还有较大差距。1990 年，上海第三产业的就业比重不足 30%，而第二产业的就业比重接近 60%，此后，第三产业就业比重持续上升，在 2000 年超过第二产业就业比重，并持续拉开差距，到 2015 年第三产业就业比重达到 62.9%，而第二产业的就业比重降至 33.8%。2000 年以后，上海的城镇化率达到相当高的水平，此时服务业就业比重大幅上升，说明上海城镇化质量有了明显的提升，而且其与周边城市的分工得到深入推进。

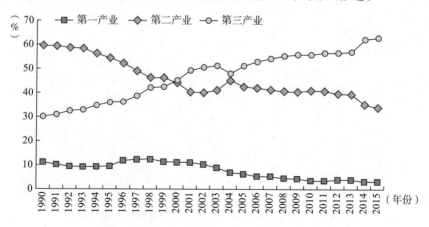

图 6 - 5   1990～2015 年上海三次产业就业结构

资料来源：历年上海统计年鉴。

江苏和浙江作为省域发展单位,相比上海,地域面积比较广阔,农业区占较大部分,区域内部各城市之间经济发展差距较大,处于工业化进一步推进的过程中。江苏农业相对发达,农业就业占比较高。随着工业化的推进,其第二产业和第三产业就业比重分别在2004年和2005年超过第一产业,并持续扩大差距(见图6-6)。2015年,江苏第二产业就业比重为43%,第三产业就业比重为38.6%,第一产业就业比重为18.4%。

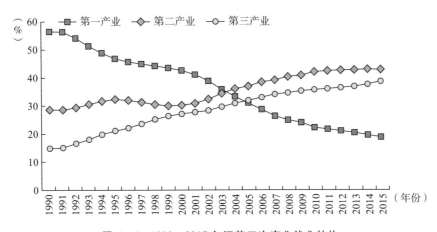

图6-6 1990~2015年江苏三次产业就业结构

资料来源:历年江苏统计年鉴。

浙江农业规模较小,第二产业和第三产业就业比重分别在2001年和2002年超过第一产业(见图6-7)。2015年,浙江第二产业就业比重达到48.3%,第三产业就业比重为38.5%,第一产业就业比重为13.2%。随着就业结构的变化,江苏和浙江的城镇化率也分别由2000年的42.3%、48.7%上升至2015年的66.5%、65.8%。因此总体来看,2000年以后,两省城镇化与工业化处于协同推进的时期。

随着产业结构扭曲的减弱、民营经济的发展以及劳动力市场的逐步形成,城镇化速度加快,逐步与工业化协同发展。在这个阶段,劳动力流动性大大增强,形成了跨地区的劳动力供给,实现了资源的优化配置,但由于户籍制度等限制劳动力跨地区流动的制度还未改革到位,劳动力还不能完整迁移。这在供给方面,不利于劳动力的进一步充分流动,也不利于人力资本的积累,从而约束了高质量劳动力的培养;在需求方面,不能在城市中形成与人口规模相匹配的现代城市消费,这一方面不利于城镇化质量的提升,另一方面会限制产业结构的进一步优化和升级。因此,旨在增强城镇化的包容性并促进劳动力流动和迁移的完整性的新型城镇化战略,对于下一步长三角地区产业结构的优化升级是必要的。

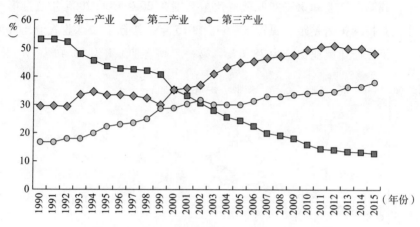

图 6 – 7 1990~2015 年浙江三次产业就业结构

资料来源:历年浙江统计年鉴。

第二节 长三角地区劳动力流动政策
及劳动力流动情况

一 劳动力流动相关政策的演变

与全国同步,长三角地区人口流动的措施由严格控制到逐步放松经历了比较长的过程,根据对有关文件以及文献的梳理,这个过程大致可以分为三个阶段。

(一)开始松动与条件控制阶段(1984~1992 年)

1949 年以后,中国逐步建立了城乡二元户籍制度,对人口的迁移形成了严格的限制,粮油票证制度、就业制度以及社会福利保障制度的建立也推动了围绕户籍制度的利益体系的形成,以保证对人口流动的充分控制。改革开放初期,农村家庭联产承包责任制的建立提高了农业的劳动生产率,一部分农村剩余劳动力从农业生产中解放出来,同时乡镇经济蓬勃发展,农村转移出来的大量剩余劳动力进入乡镇的第二、三产业就业。为了适应这种形势的变化，中国的户籍制度开始有所松动。国务院于 1984 年发布了《关于农民进入集镇落户问题的通知》，允许农民自理口粮进入集镇落户，农民逐步可以不受地区限制地流动，这标志着户籍制度改革的开始。同时，随着 20 世纪 70 年代末"知青"回城潮的出现，国家也提出劳动部门介绍就业、自愿组织起来就业和自谋职业相结合的"三结合"方针。这是对"统包统配"就业制度的突破，拓宽了就业渠道，部分解决了流动人员的就业问题。

随着进城务工人员不断增加，作为重要产业集聚地的长三角地区成为流动人口的重要就业目的地，大量的流动人口给城市的社会管理带来了比较大的挑战。因此，由于担心外来劳动力给当地带来社会问题，在这个阶段，户籍制度的"松动"是建立在"严格管制"的基础上的。长三角地区的人口流动政策也是在这种严格管制的框架下进行调整的。在 1992 年之前，浙江按照《关于农民进入集镇落户问题的通知》，规定"凡申请到集镇务工、经商、办服务业的农民和家属，在集镇有固定住所，有经营能力，或在乡镇企事业单位长期务工的，公安部门应准予落常住户口，及时办理入户手续，发给《自理口粮户口簿》"。其中，准予落常住户口、必须为长期务工、有经营能力和固定住所、口粮由流动人口和劳动力自理，都是严格管制的表现。上海这时的户籍政策更为严格，如 1984 年发布了《上海市外来寄住户口管理试行办法》。

（二）市场导向确立时期（1993～2005 年）

1992 年，党的十四大明确提出我国经济体制改革的目标是建立社会主义市场经济体制。更具流动性的劳动力市场是社会主义市场经济体制重要的组成部分，因此以市场为导向来推进劳动力流动制度的改革也成为这一时期的重要内容。1992 年，长江三角洲 14 个城市建立了经济协作部门主任联席会议制度；1997 年，泰州加入进来，长江三角洲城市经济协调会成立，首次提出长三角经济圈的概念。长三角地区成立经济区的主要目的就是实现区域经济一体化，而劳动力的充分、自由流动是区域经济一体化的重要内容。因此，在这个时期，长三角地区的户籍制度限制进一步松动。例如，1997 年，公安部发布《小城镇户籍管理制度改革试点方案》和《关于完善农村户籍管理的意见》，规定"农村户口的人员，在小城镇已有合法稳定的非农职业或者已有稳定的生活来源，而且有了合法固定的住所后居住已满两年的，可以办理城镇常住户口"。1998 年，江苏省政府批转省公安厅《关于江苏省小城镇户籍制度改革试点方案和关于加强农村户籍管理工作的意见》，要求"切实加强组织领导，善始善终抓好户改试点工作"。浙江省也在 1998 年《关于解决户口管理工作中几个突出问题的实施意见》中表示，"凡在城市有合法固定的住所、合法稳定的职业或者生活来源，可准予在该城市落户"。上海为了吸引外来人才，为人才转办上海市常住户口提供了更加宽松的通道，如上海市人事局在 1992 年就印发了《上海市引进人才实行工作寄住证暂行办法》，对人才流入上海减少了限制，并在人才的社会保险和医疗福利待遇方面进行了规定，保障了人才的权益。之后在 1998 年印发的《上海市外来人才工作寄住证实施办法》和 2000 年印发的《上海市引进人才工作证实施办法》中，流入条件更加宽松，对人才的权益保障更加全面。

虽然户籍制度限制进一步松动，但外来人口流入引起的社会管理问题仍然存在，长三角地区对外来人口仍然有很多的限制。首先是外来劳动力与本地劳动力在就业上并不平等，如江苏省南京市在《南京市外来劳动力劳动管理规定》（1999 年）中明确规定，用人单位应当严格控制使用外来劳动力，优先使用本市城镇劳动力。上海市要求在对外来劳动力发放寄住证和务工证时需缴纳务工管理费，并对单位使用和聘用外来劳动力进行等级分类等。其次是这个阶段户籍的放开主要集中于小城镇，对于中、小城市和大城市的落户政策还没有完全放开。实际上，随着长三角地区工业化的不断推进，工业区越来越集中于大、中城市的周边，进入城市就业的流动劳动力规模越来越大。由于中、小城市和大城市对于流动人口的落户仍然管制严格，这部分外来劳动力难以获得平等的就业权利和社会福利保障，他们在城市难以扎下根来，劳动力流动的成本仍然很高。

（三）市场导向完善阶段（2006 年至今）

随着城镇化的深入推进，流入城市的农业转移就业人口规模不断增大，而这部分人口难以融入城市的问题也越来越突出，因此，常住人口的城镇化率虽然上升较快，但城镇化的质量并不高。针对此问题，中央政府逐步提出了以人为中心的新型城镇化理念，其重点是推进农业转移就业人口的市民化，这对户籍制度和人口流动政策提出了更高的要求。与此同时，长三角地区一体化的进程也进一步加速，2008年9月7日，国务院印发了《关于进一步推进长江三角洲地区改革开放和经济社会发展的指导意见》。2010年6月，国务院批复《长江三角洲地区区域规划》，规划范围包括上海、江苏和浙江"两省一市"。2013年，长三角城市经济协调会第十三次市长联席会议将会员城市扩容至30个，包括沪苏浙全境以及安徽的5个市。长三角地区的一体化也对劳动力的自由流动提出了更高的要求，尤其是重视外来劳动力的公共服务和福利保障。国务院《关于进一步推进长江三角洲地区改革开放和经济社会发展的指导意见》中指出要加强外来人口服务和管理，包括改革区域户籍制度，逐步实行以居住证为主的属地化管理制度，保障外来务工人员子女的同等受教育机会，完善和落实国家有关外来务工人员的政策，以及切实维护外来务工人员的合法权益等，在国家统一规划指导下，建立社会保险关系跨统筹区转移制度和信息网络，完善参保人员社会保险关系转移、衔接的政策措施，建立健全区域内流动人口管理与服务协调机制等。2009年，国家人口计生委《关于推动流动人口服务管理体制创新 促进长江三角洲地区一体化发展的指导意见》进一步指出，长三角在短期内要实现流动人口信息化联动，在"十二五"期末结合户籍制度改革，基本实现以居住证为主的人口属地化管理制度，健全区域内流动人口统一管理、优质服务长效机制；加强计划生育服务管理，解决好流动人口就业、就医、定居、社会保障及子女教育等问题，率先实现长三角地区常住人口基本公共服务均等化。

为适应新的发展形势，长三角地区开始进行一系列的制度改革，来保障外来务工人员在城市中的权益。例如，浙江省在2009年发布了《浙江省流动人口居住登记条例》，旨在规范流动人口居住登记，加强流动人口服务管理，保障流动人口合法权益。这表明流动人口在浙江步入"居住时代"，为推动外来人口享受社会保障、公共服务等同城待遇走出了重要一步。而且，该条例还规定："《浙江省临时居住证》、《浙江省居住证》证件持有人可以享受的社会保障、公共服务等具体待遇，以及凭《浙江省临时居住证》或者《浙江省居住证》可以办理的个人事务，由居住地县级以上人民政府根据法律、法规，结合本地实际规定。"该条例在2016年修订以后，更加明确了持有居住证的人享受的公共服务和便利，规定浙江省居住证持有人在居住地依法享受劳动就业，参加社会保险，缴存、提取和使用住房公积金，参与社会事务的权利。县级以上人民政府及其有关部门应当为居住证持有人提供义务教育、公共就业、公共卫生和计划生育、文化体育等方面的公共服务，同时在办理出入境证件，换领、补领居民身份证，机动车登记，申领机动车驾驶证等方面享受便利。

2012年，江苏省政府办公厅根据《国务院办公厅关于积极稳妥推进户籍管理制度改革的通知》的精神印发了《关于积极稳妥推进户籍管理制度改革的通知》，落实放宽中、小城市和小城镇落户条件的政策，引导非农产业和农村人口有序向中、小城市和建制镇转移，并要求不断满足符合条件的农村人口的落户需求，不断提高城乡基本公共服务水平。该通知明确了户口迁移政策，保障农民土地利益，着力解决外来务工人员实际问题。2014年12月，江苏省又发布《省政府关于进一步推进户籍制度改革的意见》，确定了进一步调整户口迁移政策，放宽城市落户条件，全面实施居住证制度、省辖市范围内本地居民户口通迁制度，加快建设和共享人口基础信息库，稳步推进义务教育、就业服务、基本养老、基本医疗卫生、住房保障等城镇基本公共服务覆盖全部常住人口的目标。

目前随着户籍制度改革的深入推进，劳动力流动的限制大幅度减小，但仍存在一定的问题，劳动力流动的障碍仍然存在，主要表现在以下两个方面：一是上海等大城市仍然以吸引高端人才为主要目标，对于普通劳动者的迁移、落户还有诸多限制；二是目前农村劳动力向城市流动和迁移的限制逐步放松，但城市劳动力向农村的迁移仍不顺畅，这对于城乡的融合发展以及更高质量的新型城镇化也是不利的。总体看来，长三角地区劳动力流动制度改革的深化仍然任重道远。

二 劳动力流动情况

(一) 劳动力流动的趋势变化

自1978年开始改革开放至20世纪90年代中期，上海虽然是中国最大的城市，但由于国家对人口流动和迁移的多方面限制，上海户籍人口与流动人口的差距很小。20世纪90年代中期以后，随着市场化程度的不断推进以及对外开放力度的增强，上海的劳动力流入量逐步增大，常住人口与户籍人口的比值由1995年的1.087上升至2015年的1.630。1995年，上海常住人口比户籍人口多出110多万，到2010年这一数字已经接近900万，但2010年以后，常住人口与户籍人口差距扩大的速度有所减缓，2014 年，常住人口比户籍人口多近 1000 万，2015 年比 2014 年有所下降（见图 6-8）。

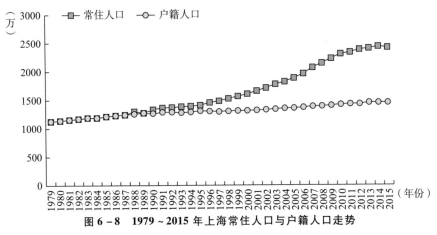

图 6-8　1979~2015 年上海常住人口与户籍人口走势

资料来源：历年上海统计年鉴。

由于在全国处于改革开放的前沿，江苏省经济相对比较发达，1990 年以后一直是人口净流入的省份，但常住人口与户籍人口的差距相对较小，说明省外流入的人口相对较少。2000 年以后，常住人口与户籍人口的比值有一定上升，从 2000 年的 1.037 上升至 2010 年的 1.054。2000 年，江苏省常住人口比户籍人口多出 258 万，2010 年上升至 403 万，但 2010 年以后常住人口与户籍人口的比值也有所下降，到 2015 年下降至 1.0335，2015 年常住人口比户籍人口多出 259 万（见图 6-9）。

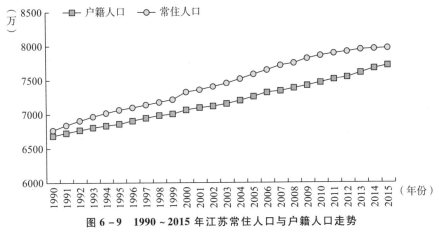

图 6-9　1990~2015 年江苏常住人口与户籍人口走势

资料来源：历年江苏统计年鉴。

　　浙江省劳动力流入情况出现明显的阶段性差异。1990～1999年，浙江省常住人口与户籍人口数量基本一致（见图6-10），基本上是常住人口比户籍人口多10万～20万的水平。2000年以后开始拉开差距，人口流入数量不断增大，常住人口数量明显超过户籍人口数量。2000年，常住人口与户籍人口的比值为1.040，到2010年上升至1.147，常住人口比户籍人口多出699万，到2015年常住人口与户籍人口的比值下降至1.137，常住人口比户籍人口多出666万。

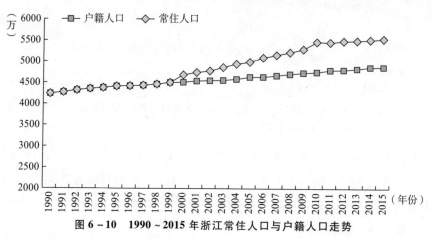

图6-10　1990～2015年浙江常住人口与户籍人口走势

资料来源：历年江苏统计年鉴。

　　2010年以后，长三角地区常住人口与户籍人口的比值逐渐下降，尤其是江苏和浙江有所下降（见图6-11），其主要原因是常住人口的增速放

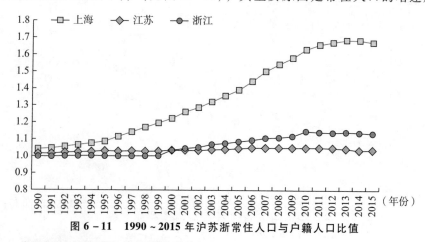

图6-11　1990～2015年沪苏浙常住人口与户籍人口比值

资料来源：历年上海、江苏和浙江统计年鉴。

缓，说明入户人口的增长速度仍然在原有轨道，地区间的劳动力流动逐步放缓。

（二）劳动力流动的空间圈层特征

与城镇化率的空间特征相似，劳动力流动也具有中心和外围的特征。上海常住人口与户籍人口差距最大，2010 年以后，常住人口与户籍人口比值都在 1.6 以上；其次是苏南和浙东北两个发达地区。苏南地区流动人口占比更大，2010 年以后，常住人口与户籍人口比值基本上保持在 1.370 左右，其中苏州这一比值最大，2015 年达到 1.592。浙东北地区这一比值 2010年以后大致为 1.230，其中宁波最高，2015 年达到 1.334。浙西南地区人口流入规模相对较小，近几年常住人口与户籍人口的比值在 1.040 左右；苏北是人口净流出地区，近年来常住人口与户籍人口的比值在 0.890 左右，其中最低的是宿迁，2015 年这一比值为 0.828（见图 6 - 12、表 6 - 4、表 6 - 5）。

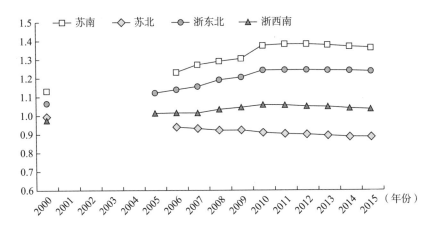

图 6 - 12　2000 ~ 2015 年江苏和浙江内部四个区域的常住人口与户籍人口的比值
资料来源：历年江苏、浙江统计年鉴。

江苏的苏南和苏北之间在人口的流动方面差异较大，同时江苏的外来人口占比相对较小，这说明江苏的人口流动主要发生在省内，即苏南地区的流入人口主要来自苏北地区。而浙江内部地区之间人口的流动性差异较小，全省的人口流入占比较大，说明相对于江苏来说，浙江的人口流入更多来自省外。省外流入的人口既流向了经济比较发达的浙东北地区，也流向了经济稍落后的浙西南地区。

　　为了进一步考察长三角地区城市之间人口流动的差异以及趋势，我们计算了25个城市常住人口与户籍人口比值的基尼系数，发现2000~2010年地区之间基尼系数快速上升，说明长三角地区25个城市在人口流动性上的差异快速扩大，但2010年以后基尼系数变化比较平稳，说明25个城市在人口流动上的差异基本稳定。从长三角总体以及江苏和浙江两个省的情况都可以得到这一结论（见图6-13）。浙江的基尼系数明显小于江苏和长三角总体，也说明了浙江11个城市间的人口流动性差异比较小。另外，从图6-12来看，2000年，苏南、苏北、浙东北和浙西南四个地区常住人口与户籍人口的比值差异较小，四个点相对集中，但到2010年呈发散形状，2010~2015年则出现了一定程度的收敛，这也印证了2010年以后长三角地区劳动力的流动有所放缓的判断。

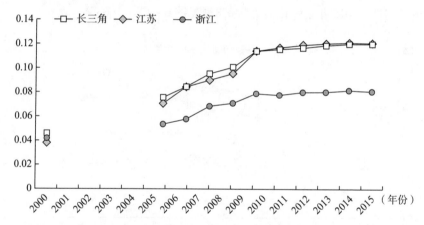

图6-13　2000~2015年长三角、江苏和浙江城市人口流动性的基尼系数

资料来源：历年上海、江苏和浙江统计年鉴。

表6-4　江苏各城市常住人口与户籍人口的比值

地区		2000年	2005年	2006年	2010年	2011年	2012年	2013年	2014年	2015年
苏南	南京	1.124	—	1.184	1.266	1.274	1.278	1.273	1.267	1.260
	无锡	1.170	—	1.276	1.366	1.374	1.375	1.373	1.362	1.354
	常州	1.106	—	1.200	1.273	1.281	1.285	1.282	1.274	1.268
	苏州	1.175	—	1.315	1.641	1.638	1.628	1.618	1.604	1.592
	镇江	1.067	—	1.114	1.150	1.153	1.162	1.165	1.166	1.169

续表

地区		2000 年	2005 年	2006 年	2010 年	2011 年	2012 年	2013 年	2014 年	2015 年
苏北	徐州	0.994	—	0.938	0.882	0.878	0.865	0.853	0.843	0.843
	南通	0.958	—	0.942	0.955	0.953	0.954	0.952	0.951	0.952
	连云港	1.003	—	0.940	0.883	0.868	0.862	0.851	0.846	0.843
	淮安	0.987	—	0.924	0.891	0.884	0.878	0.873	0.866	0.863
	盐城	0.999	—	0.955	0.890	0.882	0.877	0.876	0.872	0.873
	扬州	1.018	—	0.972	0.971	0.970	0.975	0.972	0.971	0.972
	泰州	0.954	—	0.920	0.915	0.912	0.914	0.913	0.912	0.914
	宿迁	1.002	—	0.923	0.863	0.859	0.856	0.842	0.834	0.828
江苏		1.034	1.031	1.032	1.053	1.051	1.049	1.042	1.036	1.034

资料来源：根据历年江苏统计年鉴计算。

表 6 - 5　浙江各城市常住人口与户籍人口的比值

地区		2000 年	2005 年	2006 年	2010 年	2011 年	2012 年	2013 年	2014 年	2015 年
浙东北	杭州	1.107	1.137	1.160	1.263	1.260	1.257	1.252	1.242	1.246
	宁波	1.102	1.178	1.198	1.326	1.323	1.322	1.321	1.338	1.334
	嘉兴	1.082	1.195	1.216	1.319	1.321	1.319	1.318	1.313	1.312
	湖州	1.026	1.055	1.073	1.113	1.110	1.111	1.111	1.111	1.119
	绍兴	0.995	1.009	1.033	1.119	1.121	1.121	1.120	1.119	1.121
	舟山	1.018	1.060	1.064	1.158	1.172	1.173	1.174	1.175	1.183
浙西南	温州	1.026	1.037	1.031	1.161	1.145	1.144	1.139	1.114	1.124
	金华	1.024	1.070	1.092	1.150	1.148	1.147	1.147	1.144	1.141
	衢州	0.878	0.895	0.896	0.845	0.839	0.839	0.836	0.831	0.832
	台州	0.943	1.016	1.010	1.024	1.022	1.016	1.016	1.007	1.012
	丽水	0.870	0.901	0.901	0.816	0.842	0.806	0.804	0.802	0.803
浙江		1.020	1.064	1.076	1.147	1.145	1.141	1.139	1.134	1.137

资料来源：根据历年浙江统计年鉴计算。

三　近年来劳动力流动放缓的原因分析

　　长三角地区 2010 年以后劳动力流动放缓的原因可以从劳动力流动收益和流动成本两方面来分析。流动收益的大小主要取决于地区之间的劳动收入差距。近年来，一方面，长三角地区的中心地带与外围地带的经济差距逐步缩小，欠发达地区的劳动力回乡就业也能获得较高的工资，劳动力流动的机会成本上升；另一方面，长三角核心地区劳动生产率大幅度上升，自动化程度提高较快，对低技能劳动力的需求减少，导致长三角发达地区低技能劳动力的工资上升缓慢。这两方面原因导致地区之间的工资差距缩小。

利用长三角地区 25 个城市职工平均工资的数据计算主要年份的基尼系数（见图 6 - 14），发现 1995 ~ 2005 年，基尼系数由 0. 1010 上升至 0. 1353。1995 年，最低工资在宿迁，为 4007 元，最高工资在上海，为 9279 元（见表 6 - 6），最高与最低工资的比为 2. 32。2005 年，最低工资仍然在宿迁，为 12110 元，最高工资在杭州，达到 30580 元，最高工资与最低工资的比为 2. 53，这段时间职工工资差距的扩大是与劳动力流动加速相匹配的。2011 年，工资的基尼系数降至 0. 0826，2015 年进一步降至 0. 0756。2011 年，宿迁的工资仍然最低，为 31595 元，杭州工资最高，为 54408 元，最高工资与最低工资的比为 1. 72；2015 年，最低工资在宿迁，为 51796 元，南京的工资最高，是 78946 元，最高工资与最低工资的比进一步降至 1. 52，这说明 2010 年以后长三角地区劳动力流动性下降与这段时间工资差异减小是同步的。

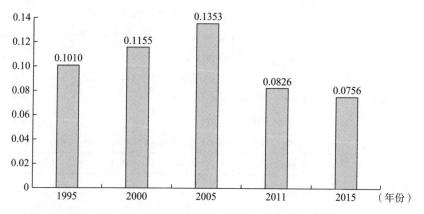

图 6 - 14　长三角地区 25 个城市职工平均工资的基尼系数

资料来源：根据历年上海、江苏和浙江统计年鉴计算。

劳动力流动的成本包括迁移过程中产生的各种成本，在家庭不能完整迁移的情况下，还包括家庭成员分离之后产生的多方面成本。目前，流动劳动力的家庭迁移问题仍然没有得到根本性的解决，随着劳动者收入水平上升，劳动者对家庭团聚的需求越来越强烈，劳动力流动的成本也就相对上升。以往发达地区和欠发达地区工资差距较大，发达地区对普通劳动力的需求规模也比较大，工资的差距在一定程度上可以弥补迁移成本以及不完整迁移带来的损失。但现在随着工资收入差距减小，不完整迁移对于劳动力的吸引力越来越小，因此，劳动力流动逐步放缓。

表 6 - 6　长三角地区 25 个城市职工平均工资

单位：元

城市	1995 年	2000 年	2005 年	2011 年	2015 年
上海	9279	15420	26823	51968	71268
南京	7016	13912	29342	53753	78946
无锡	7192	11985	25602	50376	74556
徐州	5537	9339	18849	38525	52580
常州	7098	11542	22990	49263	70144
苏州	6944	11778	25016	52504	72656
南通	5778	9247	18513	44180	65957
连云港	4766	8006	15043	37954	54402
淮安	4073	7978	14136	36262	53612
盐城	4429	7739	13648	34928	52389
扬州	5458	9732	18165	39778	63168
镇江	6019	10276	19894	42190	62240
泰州	6110	7818	15090	37717	56613
宿迁	4007	6813	12110	31595	51796
杭州	7156	13715	30580	54408	76073
宁波	7361	14823	27986	49755	72220
嘉兴	6229	11474	20552	42990	65799
湖州	6267	9806	23488	41107	59013
绍兴	6716	11428	24440	39810	57058
舟山	6856	11094	24678	52915	72687
温州	6040	11229	21279	42343	62472
金华	5925	12008	23752	42861	58921
衢州	5710	10446	25802	50055	69583
台州	6320	12446	30550	42199	56007
丽水	5282	9837	24613	49072	75222

资料来源：历年上海、江苏和浙江统计年鉴。

　　未来通过劳动力流动制度改革，降低劳动力完整迁移的成本，一方面可以进一步推动劳动力流动，促进中心地带的产业集聚，充分发挥规模经济效应；另一方面可以促进高技能劳动力根据专业特长在发达地区之间的转移和流动，这有利于就业岗位与劳动者技能的更优匹配，从而为产业结构的优化升级创造条件，因为高技能劳动力更在意生活的质量以及下一代的教育，能否完整迁移对于其流动会产生重要影响。

第三节　长三角地区城市分工进展

一　城市功能分工推进明显

　　随着信息化时代的到来，远程管理和服务的成本会降低，城市之间的功能分工逐步占有更重要的地位（Duranton and Puga，2005），尤其是区域中心城市与中、小城市之间的功能分工更加明显。大城市更多地扮演研发创新、管理和服务的职能，中、小城市更多地承担标准化的生产功能。长三角地区存在明显的中心、外围圈层，所以地区之间的功能分工也可能会有较大的进展。下面根据沪苏浙三个地区，以及江苏、浙江各城市生产性服务业和制造业就业人数计算地区之间的功能分工指数，来考察地区之间的功能分工状况。

　　（一）以上海为中心的城市功能分工情况

　　我们首先考察上海作为中心城市与江苏、浙江城市之间的功能分工情况（见图 6 - 15）。2003 ~ 2015 年，上海与江苏、浙江所有城市之间的功能分工指数由 1.39 上升至 3.03，说明上海与江浙地区的功能分工总体上有较大幅度的推进。在 20 世纪 90 年代中期，上海便明确提出要打造四个中心：国际经济中心、国际金融中心、国际贸易中心以及国际航运中心。目前上海在这四个中心的建设方面取得了巨大的成绩，尤其是生产性服务业发展迅速，对长三角地区甚至全国都产生了很强的辐射作用，上海与长三角地区其他城市的功能分工随之得到深化。

　　从图 6 - 16 上海对江苏、浙江分别的功能分工情况来看，上海与江苏的功能分工更加明显。在 2003 年，上海与江苏的功能分工指数为 1.71，而与浙江的功能分工指数仅为 1.02，到 2015 年上海与江苏的功能分工指

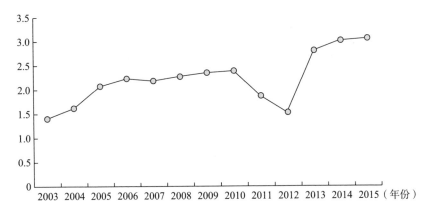

图 6 - 15　2003～2015 年上海与江苏、浙江城市的功能分工指数

资料来源：根据《中国城市统计年鉴》历年数据计算而得。

数达到 3.57，与浙江的功能分工指数为 2.40。2003～2015 年，上海与江苏的功能分工指数始终高于上海与浙江的功能分工指数，而且，2013～2015 年，上海与江苏的功能分工指数出现较大幅度的上升，而上海与浙江的功能分工指数基本不变，这说明上海与江苏在经济上的互动更加深入，形成了一定的相互依赖，且呈现分工深入推进的趋势。

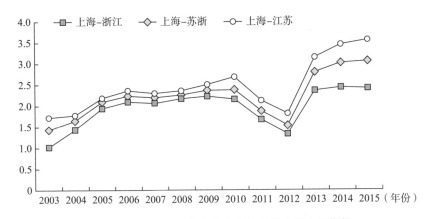

图 6 - 16　2003～2015 年沪苏浙之间的功能分工指数

资料来源：根据《中国城市统计年鉴》历年数据计算。

从图 6 - 17 上海与江苏、浙江四个区域的功能分工情况来看，上海与苏南地区的功能分工指数更高，在 2015 年功能分工指数达到了 3.85，其次是上海与苏北地区，在 2015 年达到了 3.14。上海与浙东北和浙西南地区的功能分工指数较低，也比较相近，2015 年都为 2.37。考虑到苏南地区产业规模占比较大,说明上海与江苏的功能分工主要体现在上海与苏南地区之间,而上海与浙江两个区域的功能分工都相对较小,浙江的城市对上海生产性服务业的依赖比较小,2015 年上海与浙西南的功能分工指数还出现了下降。

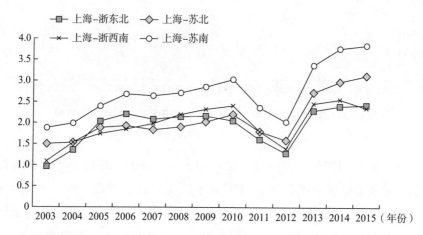

图 6-17　2003~2015 年上海与江苏和浙江四个区域的功能分工指数

资料来源:根据《中国城市统计年鉴》历年数据计算。

(二) 江苏和浙江内部的功能分工情况

根据前面的分析,上海在长三角地区的中心地位突出,与长三角地区其他城市存在比较明显的功能分工。江苏和浙江内部也存在经济发展的梯队,两省内部也存在一定程度的功能分工。我们首先考察江苏、浙江内部两大区域之间的功能分工情况 (见图 6-18)。由于苏南和浙东北在各自省内都属于经济比较发达地区,所以我们预设这两个地区更专业化于生产性服务业,所以在计算功能分工指数时,将这两个地区作为分子。从图 6-18可以看出,与预期的相反,苏南和苏北的功能分工指数小于1,且在 2003~2015 年的大部分时间里都小于 0.9,这说明苏南与苏北之间不存在明显的功能分工。苏南和苏北的制造业都比较依赖上海的生产性服务业,而且苏南的依赖程度更高,原因是苏南地区是长三角地区制造业发展的中心地带,有更大规模的制造业;苏北一方面制造业规模小,另一方面其本地的生产性服务业也能对本地的制造业提供一定的服务,苏北形成了比较独立的产业体系。

对于浙江的两个区域，浙东北地区总体上生产性服务业更具有优势，但优势不明显。2003~2015 年功能分工指数都在 0.8~1.2 波动，2010 年以后总体呈现下降的趋势，由 2010 年的 1.176 下降至 2015 年的 0.98。这说明浙江两个区域之间的功能分工也不明显，类似于苏南和苏北的情况，浙江的两个地区一方面依赖上海的生产性服务业，另一方面浙西南地区有一些实力较强的城市，如温州和金华，这两个城市自身的生产性服务业也具有一定的规模。

图 6 – 18　2003~2015 年江苏和浙江各自省内两个区域之间的功能分工指数

资料来源：根据《中国城市统计年鉴》历年数据计算。

南京和杭州分别为江苏和浙江的省会，现代服务业都比较发达，所以我们有必要考察这两个城市在各自省内的分工地位。我们先看南京与江苏其他城市之间的功能分工指数（见图 6 – 19）。根据计算结果，2003~2012 年，南京与江苏其他城市之间存在一定的功能分工，功能分工指数在 1.5~2 波动，分工指数也比较平稳。但 2012 年以后，功能分工指数大幅度上升，由 2012 年的 2.043 上升至 2015 年的 4.039。功能分工指数大幅度上升的主要原因是南京生产性服务业快速发展，其生产性服务业增加值与制造业增加值的比由 2012 年的 0.485 上升至 2015 年的 1.088，而同时期江苏其他城市生产性服务业增加值与制造业增加值的比仅由 0.238 上升至 0.269。这说明在 2012 年以后，南京的产业结构出现了大幅度的变化，南京在江苏省内的服务功能得到明显增强。

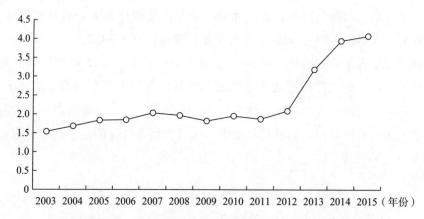

图 6 - 19 2003 ~ 2015 年南京与江苏其他城市之间的功能分工指数

资料来源：根据《中国城市统计年鉴》历年数据计算。

　　杭州与浙江其他城市之间的功能分工也有一定增进（见图 6 - 20）。
2003 年，杭州与浙江其他城市的功能分工指数为 1.306，到 2015 年上升
至 2.443。2003 ~ 2011 年功能分工指数上升速度比较快，2011 年的功能
分工指数已经达到 2.750。但 2011 年以后有所下降，下降的主要原因是
除杭州之外的其他城市的生产性服务业发展较快，杭州生产性服务业与
制造业增加值的比由 2011 年的 0.687 上升至 2015 年的 0.962，而同时期
浙江省除杭州之外的城市这一比值由 2011 年的 0.250 上升至 2015 年
的 0.393。

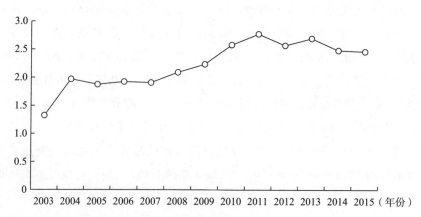

图 6 - 20 2003 ~ 2015 年杭州与浙江其他城市之间的功能分工指数

资料来源：根据《中国城市统计年鉴》历年数据计算。

总体看来,上海作为全国性的中心城市,与江苏、浙江的城市之间存在比较明显的功能分工,并且在2003年以后总体上分工得到了大幅度的推进。江苏和浙江各自的中心城市与其他城市也存在比较明显的功能分工,尤其是南京与江苏的其他城市功能分工推进较快,但从区域层面来看,浙东北与浙西南或者苏北与苏南之间功能分工不明显或者不存在分工。

二 城市产业分工程度有所下降

虽然城市功能分工越来越占有重要地位,但由于长三角地区工业发达,是"中国制造"的重要支撑,因此长三角地区城市之间在工业领域的分工是城市之间经济互动的重要反映。在这里我们利用长三角地区各城市37个工业行业①的工业总产值计算了城市之间的产业分工指数,以详细考察长三角地区城市之间在工业上的分工情况。产业分工指数主要是基于产业同构指数计算②,我们先计算产业同构指数,然后再用1减去产业同构指数所得到的差值表示产业分工指数。由于产业同构指数的取值范围为0~1,且指数值越大,表示两个地区产业结构的相似性越大,产业分工水平越低,因此,产业分工指数的取值范围也为0~1,但其数值大小所表示的含义正好相反,该指数值越大,表示两个地区产业结构的相似性越小,产业分工水平越高。

(一)长三角地区总体的产业分工情况

我们将长三角地区25个城市相互之间的产业分工指数按年进行平均,得到了每年长三角地区的产业分工指数均值(见图6-21)。我们发现1998~2003年产业分工指数总体呈上升趋势,由1998年的0.382上升至2003年的0.451,但2005年以后持续下降,到2015年已经降至0.357。这说明2005年以后长三角地区总体的产业分工程度有所下降,各城市在工业的部门结构上趋同。

---

① 1998~2015年工业行业分类有一定的变化,为了前后可比,对行业分类口径进行了统一。

② 前文对产业同构指数的计算方法已经有详细说明,此处不赘。

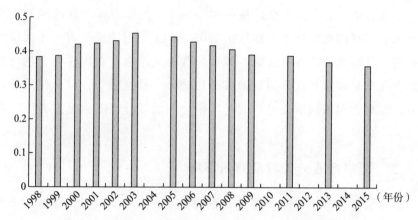

图6-21　1998~2015年长三角地区产业分工指数均值走势

资料来源：根据中国工业企业数据库及相关省市统计年鉴计算。

（二）上海与江苏、浙江城市之间的产业分工情况

通过分别计算上海与江苏、浙江所有城市的平均分工指数，可以得到上海与江苏、浙江总体的产业分工指数（见图6-22）。计算结果显示，与长三角地区总体的产业分工走势相似，上海与江苏、浙江的产业分工指数也是在1998~2003年上升，在2005年以后下降。1998年，上海与江苏的产业分工指数为0.343，2003年上升至0.431，2015年又降至0.316。上海与浙江的产业分工指数由1998年的0.417上升至2003年的0.519，2015年降至0.408。总体上，上海与江苏的产业分工程度更低一些，而上海与浙江的产业分工程度更高。

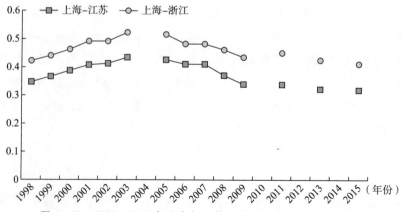

图6-22　1998~2015年上海与江苏、浙江的产业分工指数走势

资料来源：根据中国工业企业数据库及相关省市统计年鉴计算。

为进一步考察上海与江苏、浙江发达地区的产业分工情况，我们计算了上海与苏南以及上海与浙东北的产业分工指数（见图6-23）。结果显示上海与浙东北的产业分工指数更高，基本在0.4以上，2003年和2005年都在0.5以上；上海与苏南地区的产业分工指数比较低，基本在0.2～0.3，比上海与江苏的产业分工程度还低，而且该指数一直比较平稳，没有出现明显的上升或下降。这说明上海与苏南地区之间形成了一个整体的产业区，相互之间的关联程度较高，一方面，苏南地区与上海在重要产业上形成了很强的上下游产业关联；另一方面，在上海发展比较成熟的产业逐步向苏南地区扩散。同时，上海与苏南地区土地面积相对较小，资源禀赋比较相似，这也导致该地区出现相似的产业结构。但要需要注意的是，2008年以后上海与苏南地区的产业分工指数总体上出现了一定的上升趋势。

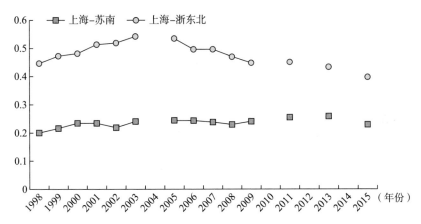

图6-23 1998～2015年上海与苏南、浙东北地区的产业分工指数走势

资料来源：根据中国工业企业数据库及相关省市统计年鉴计算。

（三）江苏和浙江内部城市之间的产业分工情况

江苏和浙江内部城市之间的产业分工也是长三角地区产业分工的重要内容，通过对江苏13个地级市每年相互之间的分工指数进行平均得到了江苏总体的城市产业分工指数，根据同样方法也可以得到浙江11个地级市每年的平均产业分工指数（见图6-24）。结果发现，浙江城市之间的产业分工指数在2000年以后出现了持续下降，由2000年的0.507下降至2015年的0.394。江苏的产业分工指数在2005年以后也持续下降，由2005年的

0.428 下降至 2015 年的 0.293。但值得注意的是，浙江城市之间的产业分工程度明显高于江苏，这表明浙江内部城市之间形成了更好的差异化、错位竞争的产业布局。

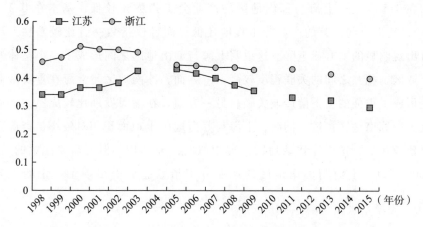

图 6 - 24 1998 ~ 2015 年江苏和浙江内部城市产业分工指数走势

资料来源：根据中国工业企业数据库及相关省市统计年鉴计算。

为深入了解江苏和浙江不同圈层内部和圈层之间的产业分工情况，我们进一步计算了苏南、苏北、浙东北和浙西南内部和它们相互之间的产业分工指数，计算方法与前面相同。通过计算发现，苏南地区内部城市之间的产业分工指数低于苏北地区内部的产业分工指数（见图 6 - 25），2015年苏南地区的产业分工指数为 0.231，苏北地区的产业分工指数为 0.295，但二者的上升和下降变化趋势基本相同。苏南地区之所以产业分工程度低，原因在于苏南地区土地面积相对狭小，各城市要素禀赋相似，形成了产业关联程度高、示范和扩散效应强的大产业区；苏北地区土地面积广阔，城市之间的资源禀赋差异比较大，相互之间的产业关联性不高，所以产业结构的相似程度较低。

浙东北和浙西南内部城市之间的产业分工程度总体上比江苏略高，差异比较小，波动幅度也不大（见图 6 - 26）。1998 ~ 2015 年，产业分工指数基本在 0.35 ~ 0.45 波动，2015 年浙东北地区的产业分工指数为 0.384，浙西南地区的产业分工指数为 0.404，浙西南地区的分工程度略高。浙东北地区城市之间的产业分工走势与浙江全省的走势基本类似，而浙西南地区城市之间的走势相对更加平稳。

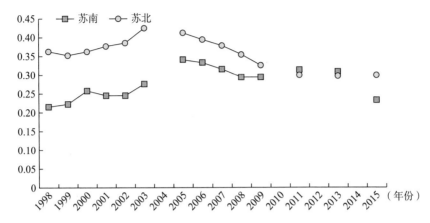

图 6 - 25　1998 ~ 2015 年苏南和苏北内部城市之间产业分工指数走势

资料来源：根据中国工业企业数据库及相关省市统计年鉴计算。

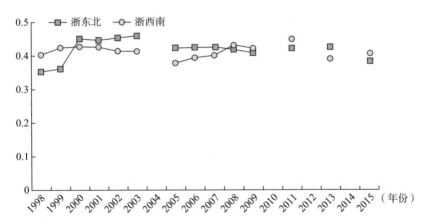

图 6 - 26　1998 ~ 2015 年浙东北和浙西南内部城市之间产业分工指数走势

资料来源：根据中国工业企业数据库及相关省市统计年鉴计算。

下面我们进一步考察几个区域之间的产业分工情况（见图 6 - 27）。首先，苏北和苏南之间的产业分工程度低于浙东北与浙西南之间的产业分工程度。2015 年，苏北与苏南之间的产业分工指数为 0. 308，浙东北与浙西南之间的产业分工指数为 0. 396。其次，1998 ~ 2003 年，苏南和浙东北之间的产业分工指数与苏北和苏南之间的产业分工指数非常接近，但在 2005 年以后又明显高于苏南和苏北之间的产业分工指数，2015 年，苏南与浙东北之间的产业分工指数为 0. 386。最后，从总体的走势来看，2005 年以后，区域之间的产业分工指数都出现了持续的下降，即区域之间的产业同构程度有所上升。

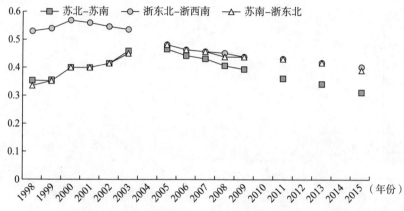

图 6-27 1998~2015 年江苏和浙江几个区域之间城市分工指数的走势

资料来源：根据中国工业企业数据库及相关省市统计年鉴计算而得。

三 产业集群促进了产业内的分工

根据上面的计算结果，近年来长三角地区以 37 个工业行业为口径计算的分工指数出现了下降的趋势。但需注意的是，长三角地区存在大量的产业集群，许多分布于不同城市的产业集群虽然属于同一个行业，但这些产业集群处于同一个行业中产业链上的不同环节，或生产同一个行业中的不同产品，所以即使在大类行业结构上出现了趋同，但行业内产业链和产品上的分工是存在的。下面通过对长三角地区几个重要的制造业发展和分布情况，来深入考察长三角地区产业集群以及地区间的行业内分工情况。

电子信息制造业在长三角地区是一个重要的支柱产业，在两省一市都具有很大的规模，电子信息制造业总产值在上海工业中的比重为 17.1%，在江苏的比重为 12.85%，在浙江的比重为 4.36%。在上海、江苏和浙江形成了多个电子信息产业的产业集群，产业集群之间也有一定的分工。上海以集成电路生产、新型显示、电子汽车和物联网应用领域为主，主要的产业区包括松江、徐汇漕河泾和浦东微电子产业带。江苏有以集成电路、计算机、现代通信和数字视听为主的产业集群，主要分布在苏州软件园、南京工业园区、以 IC 和集成电路设计为主的无锡高新区以及以笔记本电脑生产为主的昆山高新区等。浙江的电子信息制造业主要集中在软件和信息服务业、电子专用设备、电子商务等，主要的产业集群有杭州工业开发区、以电子元器件生产为主的嘉兴和湖州工业园区、奉化移动通信产业园和宁波保税区信息产业园等。

汽车制造业在长三角两省一市占有重要地位，2016 年，上海汽车制造业主营业务收入在工业中的比重是 21%，浙江是 6.75%，江苏是 4.77%。上海是全国最重要的汽车生产基地，形成了以上汽集团为龙头的汽车制造业产业集群，上汽集团是全国四大汽车集团之一，主要从事汽车和汽车零部件的开发、生产、销售、投资和金融、贸易业务，拥有上汽通用五菱、上海通用、上海大众、依维柯和上海申沃等有影响力的品牌，在整个长三角地区的汽车制造业中发挥着引领作用。江苏是国内重要的客车生产基地，南京跃进的轻型车，江苏金龙、扬州亚星的大、中型客车均有很强的竞争力。另外，江苏在汽车零配件制造方面也有很强的实力，昆山、苏州等工业园集中了大量外资汽车零部件生产企业，如德国博世、美国德尔福等。浙江以吉利汽车为代表的民营汽车制造业也有很强的竞争力，并形成了以万向集团、宁波华翔集团为代表的一批颇具实力的汽车零部件制造公司，杭州萧山形成了全国重要的汽车零部件制造产业集群。

医药制造业在长三角地区也形成了多个产业集群，并形成了一定的分工，2016 年，上海医药制造业主营业务收入占工业的比重为 2%，江苏占 2.47%，浙江占 2%。在长三角地区已经形成了由上海，江苏的连云港、泰州、南京、常州、无锡、苏州，浙江的湖州、绍兴、杭州、金华、台州组成的密集的医药产业带，其中上海是这一产业带的中心，南京和杭州是次中心。除了中心城市之外，还形成了台州原料药出口基地，泰州医药城，无锡、张江药谷，苏州外资医药投资基地等一系列医药产业集群。

长三角地区一直以来都是中国最重要的船舶制造基地。2014 年，长三角船舶工业企业有 690 家，占全国的 44.5%，造船 867 艘，占全国的 45.1%，造船量达 2739 万载重吨，占全国的 68.4%，从业人员 37.26 万，占全国的 50.1%[1]；拥有扬子江船业（控股）有限公司、江苏熔盛重工集团有限公司、泰州口岸船舶有限公司、上海外高桥造船有限公司、沪东中华造船（集团）有限公司、江南造船（集团）有限责任公司、金海重工股份有限

---

① 邓嘉纬、常思纯：《化解"长三角"船舶工业产能过剩的政策建议》，《工业经济论坛》2016 年第 3 期。

公司等数十家大型船舶工业企业。上海是中国船舶工业的重要基地，起着领头羊的作用，船舶产品以散货船、集装箱船为主，近年来在 LNG 船制造上有一定的突破。上海的船舶配套业也比较发达，沪东重机有限公司是最大的船舶配套企业，该公司在国内船用柴油机市场的占有率在 65% 以上。江苏集中了中国船舶集团有限公司这样的大型中央所属国有造船企业和地方国有企业，造船、修船以及船舶配套产品制造业都很发达，船舶动力装置、船用甲板机械、舱室设备、推进装置以及舾装设备的制造都在国内居领先地位。江苏的造船业主要集中于南通和泰州两市，这两个市船舶工业产值在江苏占70% 左右，而船舶配套产品制造除南通和泰州之外，无锡、南京和镇江也比较集中。浙江船舶工业多以民营为主，浙江扬帆船舶集团有限公司、浙江造船有限公司、杭州东风船舶制造有限公司是船舶制造的龙头公司。在浙江的舟山已经初步形成船舶建造、修理、交易以及配套产品制造的船舶工业基地，在宁波、台州、杭州、嘉兴和湖州都有一定量的船舶配套企业分布。

通过对城市间分工情况的考察，我们发现虽然长三角地区城市之间功能分工十多年来有一定程度的提高，但产业分工程度在 2005 年以后出现了持续下降，同时产业集群的发展也促进了城市间产业内的分工。根据前面对劳动力流动情况的分析，2010 年以后，长三角地区劳动力流动的放缓很可能进一步加剧城市间产业分工程度的下降，而产业集群和产业内分工的发展说明长三角形成了多个行业跨地区的劳动力市场，而同行业的劳动力在不同城市之间流动和迁移将成为产业集群和城市间产业内分工发展的重要条件。这样，进一步推进新型城镇化，降低劳动力尤其是有一定技能的劳动力完整迁移的门槛，对于长三角地区产业分工进一步的推进具有重要意义。

第四节　长三角地区城市产业结构优化升级的分析

根据本章前面的分析，2000 年以后长三角地区劳动力流动开始加速，随着劳动力在区域内的流动，城市之间的分工也有所推进，尤其是功能分工以及产业内的分工推进明显。城市间的分工深化有助于各城市以及整个区域的产业效率提升，也会促进在大城市中首先启动的产业结构梯队升级。下面我们主要考察长三角地区在 2000 年以后产业效率以及产业结构的变化情况。

一 产业劳动生产率全面上升

（一）产业劳动生产率持续上升

2001 年以后，长三角地区第二产业和第三产业劳动生产率上升明显，实现了总体的产业升级。第二产业劳动生产率由 2001 年的 41707 元/人上升至 2015 年的 120306 元/人，年平均增长率为 7.86%；第三产业劳动生产率由 2001 年的 35225 元/人上升至 2015 年的 102169 元/人，年平均增长率达到 7.90%；第三产业劳动生产率上升速度略快于第二产业，但仍然明显低于第二产业。

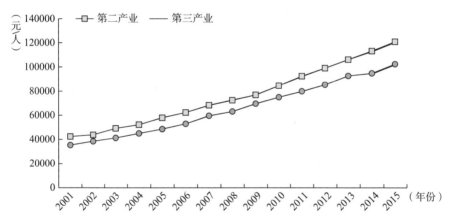

图 6-28　2001～2015 年长三角地区第二、三产业劳动生产率走势

注：长三角地区第二产业和第三产业劳动生产率根据第二产业和第三产业 2000 年不变价增加值计算。

资料来源：根据上海、江苏、浙江历年统计年鉴、历年中国城市统计年鉴、中国区域统计年鉴计算。

从沪、苏、浙两省一市的情况来看，上海第二产业劳动生产率由 2001 年的 79779 元/人上升至 2015 年的 176503 元/人，年均增长率为 5.84%，2001～2007 年上升速度较快，但在 2007 年以后上升幅度减小。第三产业劳动生产率由 2001 年的 76602 元/人上升至 2015 年的 140597 元/人，年均增长率为 4.43%。2008～2013 年，第二产业和第三产业的劳动生产率有所接近，但 2014 年开始二者差距又有所拉大（见图 6-29）。江苏第二产业劳动生产

率由 2001 年的 35783 元/人上升至 2015 年的 134435 元/人，年均增长率为
9.92%；第三产业劳动生产率由 2001 年的 27837 元/人上升至 2015 年的
96171 元/人，年均增长率为 9.26%；2001~2015 年第二、第三产业劳动生产
率的差距有所拉大（见图 6-30）。浙江省在 2001 年第二产业劳动生产率为
37899 元/人，2015 年达到 88776 元/人，年均增长率为 6.27%；第三产业劳
动生产率由 2001 年的 28759 元/人上升至 2015 年的 87263 元/人，年均增长
率为 8.25%；第二、三产业之间的劳动生产率差距有所缩小（见图 6-31）。

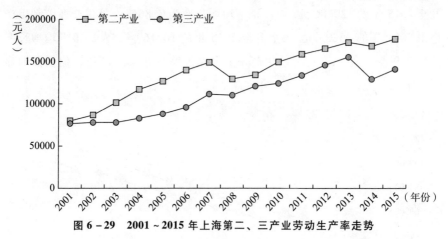

图 6-29 2001~2015 年上海第二、三产业劳动生产率走势

资料来源：根据上海、江苏、浙江历年统计年鉴，历年中国城市统计年鉴，中国区
域统计年鉴计算。

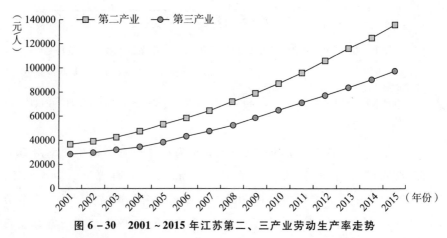

图 6-30 2001~2015 年江苏第二、三产业劳动生产率走势

资料来源：根据上海、江苏、浙江历年统计年鉴，历年中国城市统计年鉴，中国区
域统计年鉴计算。

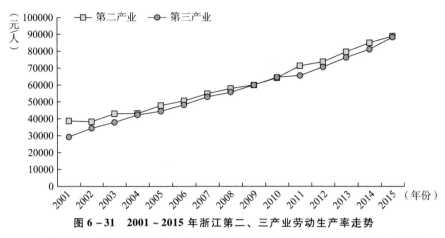

图 6 − 31　2001 ～ 2015 年浙江第二、三产业劳动生产率走势

资料来源：根据上海、江苏、浙江历年统计年鉴，历年中国城市统计年鉴，中国区域统计年鉴计算。

（二）沪苏浙之间存在明显差异

沪苏浙在生产效率上存在显著差异。从第二产业劳动生产率来看（见图 6 − 32），上海明显高于江苏和浙江，但江苏的劳动生产率上升速度更快。2001 年江苏的劳动生产率比浙江省还低 2116 元/人，但到 2015 年已经比浙江高出 45659 元/人，与上海的差距也由 2001 年的 43996 元/人下降至 2015 年的 42068 元/人。2001 年江苏的劳动生产率是上海的 45%，到 2015 年江苏是上海的 76%，2001 年江苏的劳动生产率是浙江的 94%，到 2015 年是浙江的 1.51 倍。

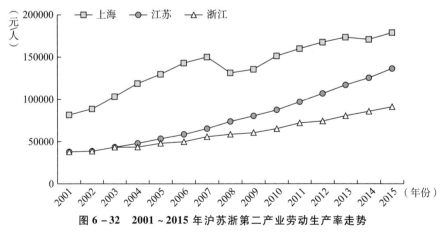

图 6 − 32　2001 ～ 2015 年沪苏浙第二产业劳动生产率走势

资料来源：根据上海、江苏、浙江历年统计年鉴，历年中国城市统计年鉴，中国区域统计年鉴计算。

从第三产业劳动生产率来看（见图 6 – 33），2001 ～ 2015 年，上海高于江苏和浙江。江苏的第三产业劳动生产率2001～2009 年低于浙江，但在2010 年以后超过浙江并拉开差距，2001 年江苏第三产业劳动生产率是上海的 36%，是浙江的 97%，到 2015 年达到上海的 68%，是浙江的 1.10 倍。

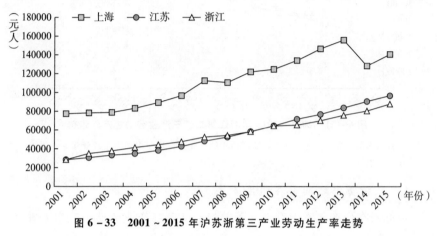

图 6 – 33　2001 ～ 2015 年沪苏浙第三产业劳动生产率走势

资料来源：根据上海、江苏、浙江历年统计年鉴，历年中国城市统计年鉴，中国区域统计年鉴计算。

二　城市间产业劳动生产率差距有所缩小

（一）长三角地区各城市第二、三产业劳动生产率的排名情况

长三角地区各城市之间的劳动生产率存在较大的差距。从第二产业来看，2001 年，劳动生产率排名第一的是上海市，苏南地区的主要城市如无锡、苏州、南京以及镇江排名也比较靠前。而浙江第二产业劳动生产率最高的城市是杭州，在长三角地区排名第 5，达到 55538 元/人，排名靠后的主要是苏北和浙西南地区的城市，如宿迁、衢州、南通、丽水、淮安等，宿迁的劳动生产率最低，为 17625 元/人（见图 6 – 34）。2015 年，上海第二产业劳动生产率排名下降至第 5 位，南京排名第 1，达到 263560 元/人，接下来依次是镇江、无锡和常州，浙江的宁波超过了杭州，但在长三角地区各市中排名第 9，杭州排名第 12（见图 6 – 35）。总体来看，无论是 2001 年还是 2015 年，江苏苏南地区城市的劳动生产率普遍高于浙江的主要城市。[①]

---

①　由于缺乏各市三次产业不变价增加值指数，长三角地区各城市第二产业和第三产业劳动生产率根据各市第二产业和第三产业当年价增加值计算。

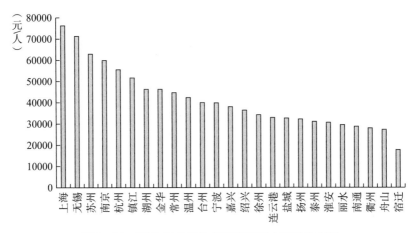

图 6 – 34　2001 年长三角各市第二产业劳动生产率

资料来源：根据历年中国城市统计年鉴、中国区域统计年鉴计算。

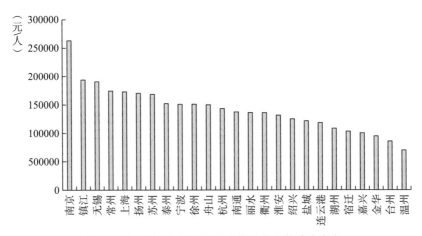

图 6 – 35　2015 年长三角各市第二产业劳动生产率

资料来源：根据历年中国城市统计年鉴、中国区域统计年鉴计算。

从第三产业劳动生产率来看，2001 年，无锡排名第 1，达到 89822 元/人，之后依次是上海、苏州、南京和宁波；宿迁、衢州、丽水、舟山、淮安、盐城几个城市的劳动生产率较低（见图 6 – 36）。2015 年，苏南的 5 个城市排名靠前，苏州排名第 1，达到 286184 元/人；丽水、连云港、宿迁、盐城和温州的劳动生产率排名靠后；浙江的第 1 名是杭州，在长三角地区排名第 8（见图 6 – 37）。因此，在第三产业方面，苏南地区各市的劳动生产率也高于浙江的主要城市。

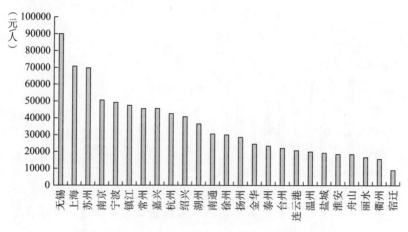

图 6-36 2001 年长三角各市第三产业劳动生产率

资料来源：根据历年中国城市统计年鉴、中国区域统计年鉴计算。

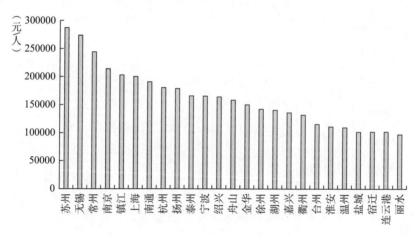

图 6-37 2015 年长三角各市第三产业劳动生产率

资料来源：根据历年中国城市统计年鉴、中国区域统计年鉴计算。

（二）城市间产业劳动生产率的差距逐步缩小

虽然长三角地区城市第二产业和第三产业劳动生产率存在明显差距，但这一差距有缩小的趋势，主要体现在原来劳动生产率靠后的城市生产率增长的速度更快。在第二产业方面，2001~2015 年劳动生产率增长速度排名靠前的城市是宿迁、舟山、扬州、泰州、衢州等劳动生产率排名相对靠后的城市，其中，宿迁的劳动生产率提高了 4.89 倍，舟山和扬州也提高了 4 倍以上，而上海、杭州、无锡、苏州、嘉兴等经济比较发达的城市劳动生产率增长速度排名靠后（见图 6-38）。在此期间，第三产业劳动生产率增速排名靠前的城市是宿迁、衢州、舟山、泰州、扬州，其中宿迁的劳动生产率提高了 10.89 倍，衢州和舟山也提高了 7 倍多，上海第三产业劳动生产率的增长速度最小，嘉兴、无锡、宁波和湖州等城市增长速度排名也比较靠后（见图 6-39）。

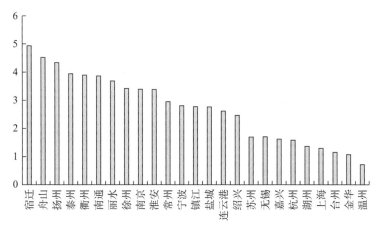

图 6-38　2001～2015 年长三角各市第二产业劳动生产率增长速度

资料来源：根据历年中国城市统计年鉴、中国区域统计年鉴计算。

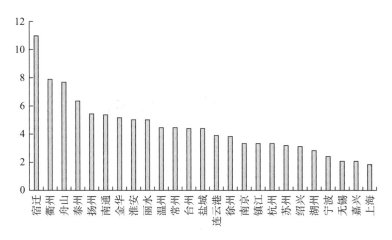

图 6-39　2001～2015 年长三角各市第三产业劳动生产率增长速度

资料来源：根据历年中国城市统计年鉴、中国区域统计年鉴计算。

从图 6-40、图 6-41 可以考察 2001～2015 年五个经济发展相对落后城市的劳动生产率变化趋势。从这两个图可以看出在这 15 年间，这五个城

市的劳动生产率出现了持续的快速增长。在第二产业方面，衢州、泰州和
舟山的劳动生产率基本出现了直线式的上升，宿迁和扬州在 2010 年以前劳
动生产率上升速度较慢，在 2010 年以后出现了较大幅度的上升。在第三产
业方面，宿迁、泰州和扬州在 2010 年以后劳动生产率出现了快速的上升。
从变化趋势来看，2010 年以后苏北地区的部分城市劳动生产率出现了明显
的跃升，其主要推动力应该是这个时期苏北地区的产业结构升级。

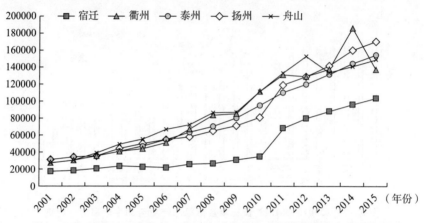

图 6 - 40　2001~2015 年长三角五个城市第二产业劳动生产率变动趋势

资料来源：根据历年中国城市统计年鉴、中国区域统计年鉴计算。

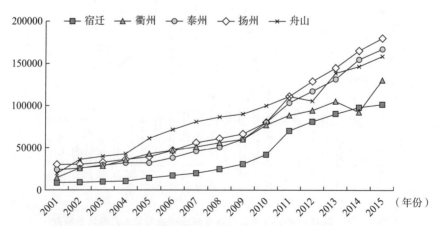

图 6 - 41　2001~2015 年长三角五个城市第三产业劳动生产率变动趋势

资料来源：根据历年中国城市统计年鉴、中国区域统计年鉴计算。

我们进一步计算长三角地区 25 个城市劳动生产率的基尼系数，得到图
6 - 42，发现第二产业、第三产业及第二、三产业总体的劳动生产率基尼

系数在 2001~2015 年出现了持续的下降。第三产业劳动生产率的基尼系数由 2001 年的 0.299 下降至 2015 年的 0.178，第二产业劳动生产率的基尼系数由 2001 年的 0.188 下降至 2015 年的 0.152，第二、三产业总体的劳动生产率基尼系数也由 2001 年的 0.236 下降至 2015 年的 0.155。第三产业劳动生产率的基尼系数较高，但下降速度快，到 2015 年第二产业和第三产业劳动生产率的基尼系数的差距已经相当小了。城市之间的劳动生产率逐步走向收敛，说明生产要素在城市之间实现了较为充分的流动，2000 年以后劳动力流动量的增大也可以印证这一点。

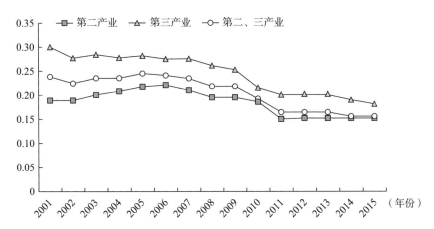

图 6-42　2001~2015 年长三角地区 25 个城市劳动生产率的基尼系数

资料来源：根据历年中国城市统计年鉴、中国区域统计年鉴计算。

三　产业结构得到优化

（一）服务业比重持续上升

根据配第-克拉克定律，随着经济的发展，第三产业的就业比重会逐步超过第二产业，长三角地区的发展情况基本符合这一定律。第三产业总体上具有技术密集度较高、附加值较高的特征，因此第三产业，尤其是生产性服务业比重的上升是产业结构升级的一个表现。在 2001~2015 年长三角地区第三产业劳动生产率增长速度略快于第二产业的同时，长三角地区第三产业增加值比重也超过了第二产业。由图 6-43 可以看出，1979 年，长三角地区第二产业比重远超过第三产业，第三产业比重很低，仅为 17.9%，而第二产业比重为 57.4%，第一产业比重为 24.6%。此后，第二产业比重持续下降，而第三产业比重持续上升。从 2012 年开始，第三产业比重超过第二产业，到 2015 年，第三产业比重达到了 52.5%，第二产业比重为 43.3%，此时的第一产业比重已经下降至 4.3%。

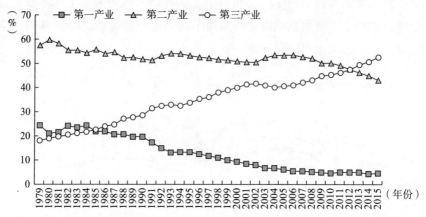

图 6-43　1979~2015 年长三角地区三次产业结构的变化走势（基于增加值计算）

资料来源：根据历年中国城市统计年鉴、中国区域统计年鉴计算。

由图 6-44 可以看出，上海市农业规模从一开始便很小，所以产业结构的变化主要体现在第二产业与第三产业之间的交替。1979 年，上海是全国制造业的中心之一，当时第二产业比重达到 77.2%，第三产业比重仅为 18.8%。之后上海第二产业比重持续下降，第三产业比重不断上升，到 1998 年，第三产业增加值比重超过了第二产业。1999~2006 年，正处于中国深度参与全球制造业分工的时期，在这一时期，中国工业发展速度较快，上海第二产业发展势头也比较猛。因此在这段时间第三产业比重虽然超过了第二产业，但两者之间并没有拉开差距，2006 年上海第二产业比重为 47%，第三产业比重为 52.1%。2008 年世界金融危机爆发以后，一方面，国内外的市场需求疲弱，中国制造业产能出现过剩，制造业比重开始下降，第二、第三产业的比重差距开始扩大；另一方面，由于上海与长三角地区其他城市之间的功能分工得到了增进，上海的工业逐步转移至江苏和浙江，上海进一步成为长三角地区服务业发展的中心，因此上海产业结构的优化也是长三角地区产业分工的结果。到 2015 年，上海第三产业比重已经达到 67.8%，第二产业比重下降至 31.8%。

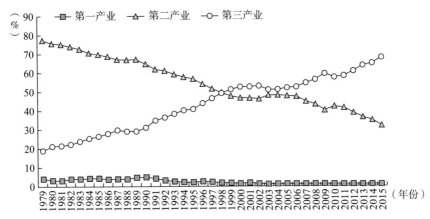

图 6-44 1979~2015 年上海三次产业结构的变化走势（基于增加值计算）

资料来源：根据历年中国城市统计年鉴、中国区域统计年鉴计算。

江苏和浙江由于以往农业产业规模较大，同时在中国制造业发展过程中，江苏和浙江是重要的制造业发展前沿，因此在这两省，工业发展是推动经济增长的主要力量。改革开放以来，江苏和浙江第二产业所占比重一直比较平稳。1979 年，江苏第一产业比重为 34.8%，第二产业比重为 47.3%，第三产业比重为 17.9%；2005 年以后第二产业比重出现了一个持续下降的过程，由 2006 年的 56.5% 下降至 2015 年的 45.7%，第三产业比重出现了一个持续上升的过程，由 2006 年的 36.4% 上升至 2015 年的 48.6%，2015 年第三产业比重开始超过第二产业（见图 6-45）。浙江在 1979~2008 年第二产业比重出现了明显的上升，这一过程也伴随着第三产业比重持续上升，第一产业比重持续下降。1979 年，浙江第一产业比重为 42.8%，第二产业比重为 40.6%，第三产业比重为 16.6%；2008 年，浙江第二产业比重达到 53.9%，第三产业比重为 41%；2008 年以后，第二产业比重持续下降，到 2015 年下降至 46%，第三产业比重持续上升，上升至 49.8%，2014 年第三产业比重开始超过第二产业（见图 6-46）。虽然江苏和浙江两省的第三产业比重都超过了第二产业，但第二产业仍然占相当大的比重，这与上海的情况有较大差异，这说明江苏和浙江作为全国重要工业基地的功能仍然存在。

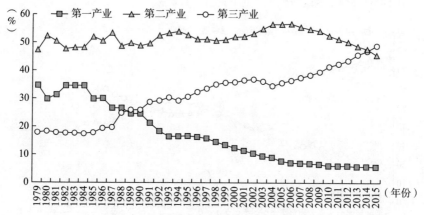

图 6-45　1979～2015 年江苏三次产业结构的变化走势（基于增加值计算）

资料来源：根据历年中国城市统计年鉴、中国区域统计年鉴计算。

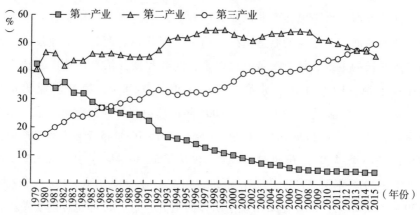

图 6-46　1979～2015 年浙江三次产业结构的变化走势（基于增加值计算）

资料来源：根据历年中国城市统计年鉴、中国区域统计年鉴计算。

　　根据以上的计算结果，我们可以看出长三角地区三次产业的结构得到了优化调整，这一方面体现在第三产业比重上升并超过第二产业，另一方面体现在上海、江苏和浙江产业结构的变化，上海第三产业比重上升更快，而江苏和浙江在第三产业比重上升的同时，第二产业比重总体比较平稳，这说明上海与江苏、浙江之间的产业分工得到了推进。在现有分工格局下，长三角地区两省一市形成了与自身禀赋结构相适应的产业结构。

（二）生产性服务业发展迅速

在第三产业内部，沪苏浙的产业结构也得到了优化，生产性服务业的比重都有上升，此处生产性服务业的统计口径与本章第三节的口径相同。由图 6 - 47 可以看出，上海 2005 年生产性服务业增加值占第三产业增加值的比重为 61.71%，2015 年上升至 62.65%，江苏生产性服务业比重由2005 年的 42.79% 上升至 2015 年的 52.74%，浙江也由 2005 年的 48.54%上升至 2015 年的 49.34%。其中，上海的生产性服务业所占比重最高，说明上海更多地承担了服务和辐射长三角地区甚至全国经济的功能；江苏生产性服务业比重上升的幅度最大，说明江苏的重要城市如南京、苏州等也逐渐成为区域性的服务中心，在现代服务业发展中与上海形成了不同的层级；浙江的生产性服务业比重也较高，浙江的杭州近年在阿里巴巴等企业的带动下，互联网经济发展迅速，成为全国互联网经济发展的一个中心，这也成为长三角地区现代服务业发展的一个新增长点。

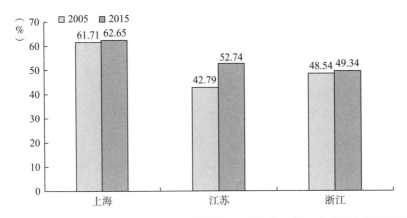

图 6 - 47　2005 年、2015 年沪苏浙生产性服务业增加值占第三产业增加值的比重

资料来源：根据相关年份上海、江苏、浙江统计年鉴计算。

在生产性服务业中，金融业的发展对要素的质量和城镇化水平的要求更高，金融业的比重往往标志着城市的辐射能力。从图 6 - 48 可以看出，上海作为中国的金融中心，金融业发展尤为迅速，金融业增加值在第三产业增加值中的份额由 2005 年的 14.61% 上升至 2015 年的 24.45%；江苏由8.67% 上升至 15.56%，增长速度也比较快；浙江由 12.54% 上升至13.70%，也有一定的上升。金融业比重的上升也说明了长三角地区服务业内部结构的升级明显推进。

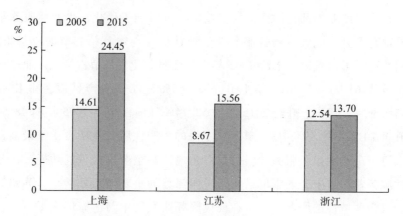

图 6 - 48 2005 年、2015 年沪苏浙金融业增加值占第三产业增加值比重

资料来源：根据相关年份上海、江苏、浙江统计年鉴计算。

（三）工业产业结构高度化持续推进

长三角地区的工业产业结构也得到了升级，一些以往具有优势，但属于劳动密集型、附加值不高的产业比重逐步下降，而技术相对复杂、技术密集度较高的产业比重上升。下面我们用长三角地区工业行业的总产值来考察工业结构升级的情况。

从长三角地区总体来看，1998 年、2015 年，纺织业，纺织服装、服饰业，皮革、毛皮、羽毛及其制品和制鞋业的比重分别由 10.88%、4.52%、1.85% 下降至 5.46%、2.98% 和 1.11%；同时，计算机、通信和其他电子设备制造业，电气机械和器材制造业，交通运输设备制造业，专用设备制造业，医药制造业以及化学原料和化学制品制造业的比重都有所上升。如计算机、通信和其他电子设备制造业比重由 1998 年的 6.94% 上升至 2015 年的11.09%，成为长三角地区重要的支柱产业，另外，电气机械和器材制造业的比重由 1998 年的 7.29% 上升到 2015 年的 10.11%，化学原料和化学制品制造业的比重由 1998 年的 7.91% 上升到 2015 年的 10.09%（见图 6 - 49）。

上海的纺织业比重下降也比较明显，纺织业比重由 1998 年的 4.35% 下降至 2015 年的 0.71%，纺织服装、服饰业比重由 3.91% 下降至 1.12%，皮革、毛皮、羽毛及其制品和制鞋业比重由 0.87% 下降至 0.57%。同时，交通运输设备制造业比重由 1998 年的 11.99% 上升至 2015 年的 19.39%。

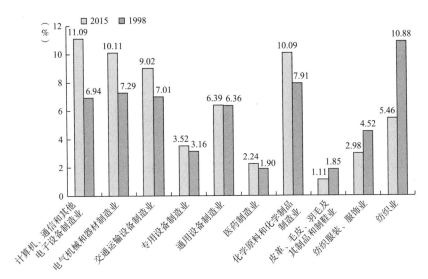

图 6 - 49　1998 年、2015 年长三角地区部分产业工业总产值的比重变化

资料来源：根据中国工业企业数据库及相关省市统计年鉴计算。

上海是中国重要的汽车制造业中心和船舶制造业中心，近些年来以汽车制造和船舶制造为代表的交通运输设备制造业得到了长足的发展。计算机、通信和其他电子设备制造业比重也由 1998 年的 9.33% 上升至 2015 年的 17.10%（见图 6 - 50）。交通运输设备制造业，计算机、通信和其他电子

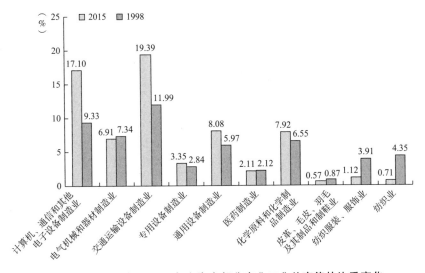

图 6 - 50　1998 年、2015 年上海市部分产业工业总产值的比重变化

资料来源：根据中国工业企业数据库及相关省市统计年鉴计算。

设备制造业这两个行业加起来已经超过了上海的工业总产值的 1/3，说明上海工业劳动生产率比较高的主要原因是产业主要集中于几个技术密集度较高的行业。另外，专用设备制造业、通用设备制造业以及化学原料和化学制品制造业几个技术密集度较高行业的比重也有所上升。

从图 6－51 可以看出，江苏纺织业比重下降幅度也比较大，由 1998 年的 12.92% 下降至 2015 年的 4.83%，纺织服装、服饰业的比重由 1998 年的 4.16% 下降至 2015 年的 3.00%，皮革、毛皮、羽毛及其制品和制鞋业的比重由 1.39% 下降至 0.72%。在技术密集度较高的行业中，计算机、通信和其他电子设备制造业由 1998 年的 6.76% 上升至 2015 年的 12.85%，电气机械和器材制造业由 6.68% 上升至 11.07%，交通运输设备制造业比重由 5.56% 上升至 7.47%，化学原料和化学制品制造业比重也由 9.64% 上升至 11.43%。2015 年，计算机、通信和其他电子设备制造业，电气机械和器材制造业，化学原料和化学制品制造业工业总产值的比重都在 10% 以上，成为江苏的主导产业。另外，江苏的医药制造业和专用设备制造业比重也有一定上升，通用设备制造业比重有所下降。

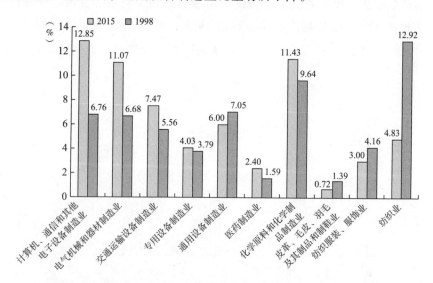

图 6－51　1998 年、2015 年江苏部分产业工业总产值的比重变化

资料来源：根据中国工业企业数据库及相关省市统计年鉴计算。

从图 6－52 可以看出，在浙江，劳动密集型产业所占比重相对更大，但有一定幅度的下降。纺织业的比重由 1998 年的 14.59% 下降至 2015 年的 9.08%，纺织服装、服饰业由 5.80% 下降至 3.81%，皮革、毛皮、羽毛及其制品和制鞋业比重由 3.73% 下降至 2.21%。而电气机械和器材制造业、交通运输设备制造业、通用设备制造业以及化学原料和化学制品制造业的比重都出现了明显的上升。相对于上海和江苏来说，浙江工业的主导行业不太明显，行业比重相对均匀，另外，劳动密集型的行业如纺织业和纺织服装、服饰业等仍然占有较大的比重。

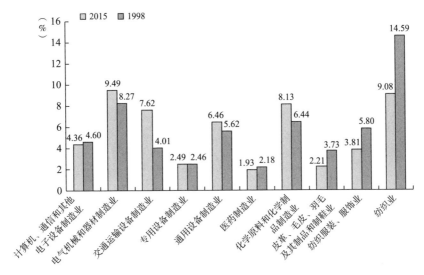

图 6 – 52　1998 年、2015 年浙江部分产业工业总产值的比重变化

资料来源：根据中国工业企业数据库及相关省市统计年鉴计算。

以上是主要工业行业的结构变化情况，从一些具体的细分行业的结构变化可以看出长三角的产业结构升级状况。在长三角地区计算机、通信和其他电子设备制造业比重上升的同时，其产业内部的结构也在升级。集成电路是计算机、通信和其他电子设备制造业的核心部件，是工业生产的"心脏"，其技术水平和发展规模已成为衡量一个国家产业竞争力和综合国力的重要标志之一。目前，中国集成电路产业与发达国家仍存在较大差距，每年要大量进口国外集成电路。2013 年，中国集成电路进口额达到2322 亿美元，集成电路首次超过原油成为中国进口金额最大的商品。长三角地区是中国集成电路的主要生产区域，并且在全国的份额也有一定的上升，这也是长三角地区产业结构升级的一个重要表现。在 2015 年，江苏和浙江的集成电路产量都有一定的上升，分别达到 369.50 亿块和 63.40 亿块，上海基本持平，2015 年产量达到 217.4 亿块（见图6－53）。国内技术领先的集成电路生产企业总部和主要生产基地基本设于上海和江苏，如中芯国际集成电路制造有限公司、上海华虹（集团）有限公司、和舰芯片制造（苏州）股份有限公司、上海先进半导体制造股份有限公司、华润上华科技有限公司、上海贝岭股份有限公司等。

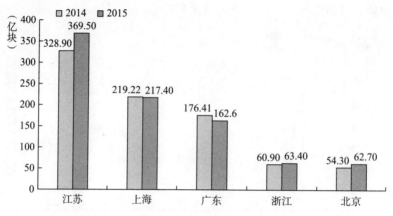

图 6－53　2014 年、2015 年中国部分省市集成电路产量

资料来源：相关年份《中国统计年鉴》。

四　还需进一步通过集聚和流动提升生产率

生产要素在区域间充分流动，有利于提高资源在空间上的配置效率，进而提升总体的生产效率。地区之间的工资差异以及房地产价格差异是引导要素，尤其是劳动力跨地区流动的重要影响因素。前面已经通过数据发现在长三角地区工资差异基本反映了劳动力的流动状况，这里我们利用长三角地区商品房价格与生产率的数据来进一步考察生产率是否还有提升的空间。如果商品房价格高的地区生产率也高，则更稀缺的土地用于具有更高生产率的产业，而这个城市中具有较低生产率的行业或企业转移至土地相对不太稀缺的地区，这样不同类型的城市在高生产率和低生产率的行业上形成了合理的分工，最终体现了城市稀缺的空间资源的优化利用。因此如果房地产价格与产业生产率有较高的相关性，则说明城市的空间资源得到了优化利用，城市在不同生产率的产业上形成了较好的分工，反之，则说明地区内总体的生产效率可以通过优化产业在城市间的分布来得到提升，而产业在城市间分布的优化主要通过要素进一步在空间上的流动和集聚来实现。

我们根据历年《中国区域统计年鉴》中各城市商品房销售额和销售面积的数据，计算了长三角地区 2001～2013 年 25 个城市各自的平均商品房价格，用商品房价格来间接表示各个城市的用地成本，然后计算出各个城市每年的第二产业和第三产业的劳动生产率，再进一步求出每一年 25 个城市商品房价格与第二产业或第三产业的劳动生产率的相关系数（见表 6－7）。计算结果如图 6－54 所示，2001～2013 年，第二产业劳动生产率与商品房价格的相关系数虽然都大于零，但总体呈下降趋势，由 2001 年的 0.696 下降至 2013 年的 0.168。第三产业劳动生产率与商品房价格的相关系数在 2001～2005 年有一个明显的上升过程（见图 6－55），2001 年相关系数为 0.510，2005 年为 0.666；在 2005 年以后相关系数持续下降，直到 2013 年略有上升，2013 年为 0.268。我们将长三角地区各城市商品房价格与第二或第三产业劳动生产率在一个图中表示，得到图 6－56 至图 6－59，从中可以看出，2001 年，当 25 个城市的商品房价格从高到低排列时，第二产业和第三产业劳动生产率也基本是由高到低排列。虽然中间有一些波动，但基本趋势是下降的。此时上海的房价最高，同时上海的第二产业劳动生产率最高，第三产业劳动生产率排名第二；宿迁的房价最低，其第二产业和第三产业劳动生产率也是最低的。2013 年，25 个城市的商品房价格也由高到低排列时，第二产业和第三产业的劳动生产率排列就不再呈现明显的下降趋势，温州商品房价格最高，但温州第二产业和第三产业劳动生产率反倒是最低的，而宿迁

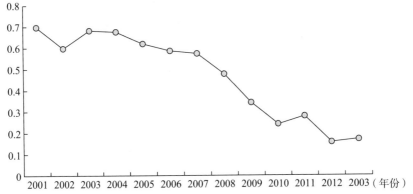

图 6－54　2001～2013 年长三角地区城市第二产业劳动生产率与商品房价格的相关系数

资料来源：根据历年中国城市统计年鉴、中国区域统计年鉴计算。

商品房价最低，但第二产业和第三产业的劳动生产率不是最低的。

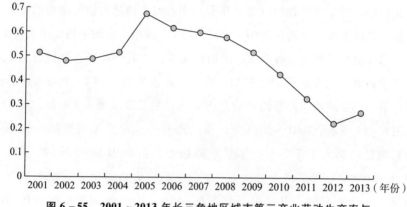

图 6 - 55   2001 ~ 2013 年长三角地区城市第三产业劳动生产率与
商品房价格的相关系数

资料来源：根据历年中国城市统计年鉴、中国区域统计年鉴计算。

城市商品房价格与两个产业的劳动生产率相关系数都为正，说明不同生产率的产业在城市间的分布情况尚可，房价高的城市产业的劳动生产率也比较高。但相关系数的持续下降说明资源和要素的流动性逐渐受到了限制，产业的分布情况越来越不能充分反映城市空间的稀缺程度。因此，目前为了进一步提升长三角地区的生产率，实现该地区产业结构的优化升级，有必要进一步通过推动新型城镇化，促进劳动力的充分流动。

表 6 - 7   2001 ~ 2013 年长三角 25 个城市第二、第三产业
与商品房价格相关系数

	第二产业相关系数	第三产相关系数	第二产业显著性水平（p 值）	第三产业显著性水平（p 值）
2001	0.696	0.510	0.0001	0.0093
2002	0.597	0.476	0.0016	0.0161
2003	0.682	0.484	0.0002	0.0141
2004	0.675	0.511	0.0002	0.0091
2005	0.619	0.666	0.0010	0.0003
2006	0.585	0.611	0.0021	0.0012
2007	0.572	0.595	0.0028	0.0017
2008	0.475	0.575	0.0165	0.0026
2009	0.342	0.514	0.0948	0.0086

续表

	第二产业相关系数	第三产相关系数	第二产业显著性水平（p 值）	第三产业显著性水平（p 值）
2010	0.240	0.423	0.2488	0.0353
2011	0.276	0.324	0.1819	0.1142
2012	0.154	0.224	0.4612	0.2823
2013	0.168	0.268	0.4213	0.1956

资料来源：根据历年中国城市统计年鉴、中国区域统计年鉴计算。

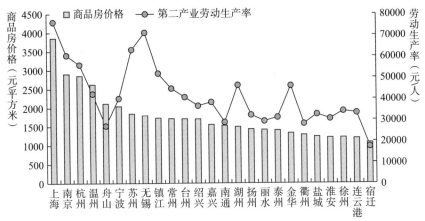

图 6-56 2001 年长三角城市商品房价格与第二产业劳动生产率

资料来源：根据历年中国城市统计年鉴、中国区域统计年鉴计算。

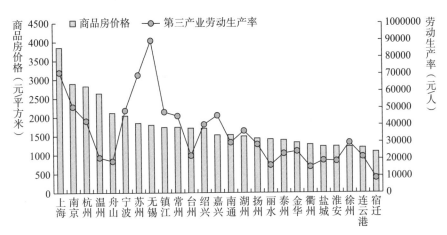

图 6-57 2001 年长三角城市商品房价格与第三产业劳动生产率

资料来源：根据历年中国城市统计年鉴、中国区域统计年鉴计算。

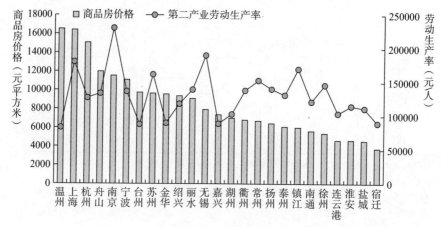

图 6 – 58　2013 年长三角城市商品房价格与第二产业劳动生产率

资料来源：根据历年中国城市统计年鉴、中国区域统计年鉴计算。

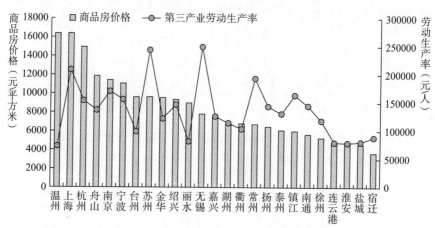

图 6 – 59　2013 年长三角城市商品房价格与第三产业劳动生产率

资料来源：根据历年中国城市统计年鉴、中国区域统计年鉴计算。

第七章

广东省新型城镇化与产业结构优化升级

第一节　广东省新型城镇化的进程

一　广东省城镇化的总体情况

广东省作为中国第一经济大省，总体经济社会发展水平走在全国前列。2015 年，广东省人均地区生产总值为 67503 元，是中国人均地区生产总值的 1.35 倍，在全国 28 个省（区）中次于江苏、浙江、内蒙古和福建，排名第 5。图 7-1 显示，广东省的城镇化率明显高于全国平均水平，2015 年达到 68.71%，高出全国平均水平 12.61 个百分点。从广东省城镇化的速度来看，2000~2005 年，城镇化率年均增长 1.14 个百分点；2005~2010 年，年均增长 1.10 个百分点；2010~2015 年，年均增长 0.51 个百分点，增速逐渐变缓，而且低于同期全国增长速度①。这表明广东省的城镇化水平及发展阶段均领先全国平均水平。

广东省内不同地区的城镇化水平存在很大差异。如图 7-2 所示，2015 年珠江三角洲城镇化率达到了 84.59%，远高于广东全省和全国平均水平，东翼、西翼和山区分别为 59.93%、42.01%、47.17%，均明显低于广东省平均水平。在这三个地区，除东翼略高于全国平均水平外，西翼和山区

---

① 2000~2005 年、2005~2010 年、2010~2015 年全国城镇化率年均增长分别为 1.35 个、1.39 个、1.23 个百分点。

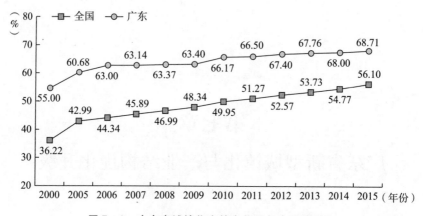

图7-1 广东省城镇化率的变化及与全国的对比

资料来源：2011年、2016年《广东省统计年鉴》。2000年、2005年数据按国家统计局1999年发布的《关于统计上划分城乡的规定（试行）》计算；2006年起数据按国家统计局2006年颁布的《关于统计上划分城乡的暂行规定》计算。以下各地区各市数据相同。

均明显低于全国平均水平。从城镇化的速度来看，2000～2005年、2005～2010年、2010～2015年珠江三角洲城镇化率年均增长分别为1.15%、1.08%、0.37%，东翼分别为0.86%、0.59%、0.44%，西翼分别为0.32%、-0.51%、0.87%，山区分别为0.64%、0.83%、0.58%。在2010年以前，珠江三角洲不仅城镇化率明显高于其他地区，而且城镇化的增长速度也高于其他地区，城镇化表现为以珠江三角洲为核心的极化趋势，但在2010年以后，其他地区城镇化的增长速度超过了珠江三角洲，城镇化表现出向其他地区扩散的趋势。

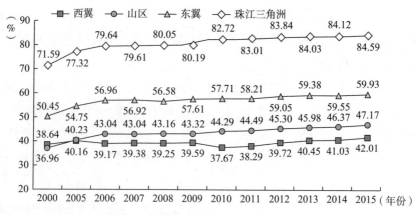

图7-2 广东省各地区城镇化率的变化

从珠江三角洲内部来看（图 7 - 3），城镇化水平可以分为三个层次。第一层次包括广州、深圳、珠海、佛山、东莞、中山六市，2006 年以后，它们的城镇化率都超过了 80%，已经基本完成城镇化，2015 年则均在85% 以上，城镇化水平已趋于稳定，现阶段城镇化的发展主要表现为质量的提高。第二层次包括江门和惠州两个城市，这两个城市的城镇化水平略低于广东省平均水平，但高于全国平均水平，这两个城市在2006 ~ 2009 年城镇化出现停滞，在 2010 年以后则加快了进度，是珠江三角洲城镇化水平的新增长点。第三个层次是肇庆市，城镇化水平低于全国平均水平，城镇化在 2006 年以后长期处于基本停滞的状态。

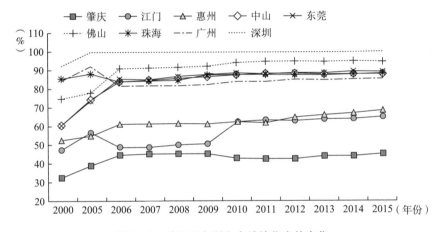

图 7 - 3　珠江三角洲九市城镇化率的变化

从东翼四市内部来看（图 7 - 4），城镇化率存在明显差异。汕头城镇化水平较高，高于广东省平均水平，多年在 70% 左右，但与珠江三角洲地区第一层次城市仍有明显差距；潮州的城镇化率低于广东省平均水平，但高于全国平均水平；汕尾的城镇化率低于全国平均水平；揭阳的城镇化率在东翼四市中最低。从城镇化发展的态势来看，汕头、潮州、汕尾三市在2007 年以后城镇化率提高较少，呈现停滞的状态，而揭阳经历数年的停滞，在 2010 年以后增长较快。

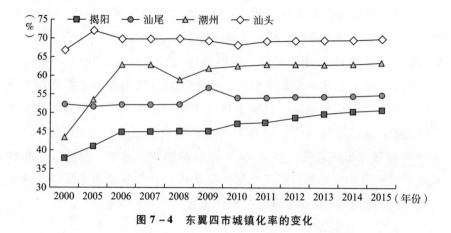

图7-4 东翼四市城镇化率的变化

从西翼三市内部来看（见图7-5），各市的城镇化率都比较低，低于全国平均水平，但其发展存在明显差异。其中，阳江市城镇化水平较高，而且呈持续上升的发展态势；湛江和茂名城镇化率较低，而且在2005～2010年呈现停滞甚至下降的发展态势，但2010年以后呈现明显上升的发展趋势。

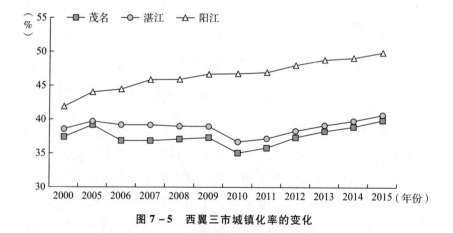

图7-5 西翼三市城镇化率的变化

从山区五市内部来看（见图7-6），各市的城镇化率都较低，均低于全国平均水平。就其发展态势而言，在2005～2010年这些城市的城镇化率均呈现停滞甚至下降的态势，但2010年以后呈现上升的趋势。

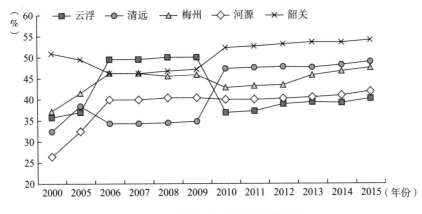

图 7-6 山区五市城镇化率的变化

从以上数据和分析来看，广东省各市的城镇化水平存在很大差异，21市中城镇化率高于广东省平均水平的有广州、深圳、珠海、佛山、东莞、中山、汕头七市，其中六市位于珠江三角洲，一市位于东翼，是距离珠江三角洲核心地区较远的汕头。就发展态势而言，这七个城市的城镇化水平处于基本稳定的状态，而广东省珠江三角洲和粤东、粤西、粤北地区的部分城市在 2010 年后加快了城镇化的步伐。

二　广东省城镇化的经济与体制条件①

改革开放前，广东省作为备战的前沿地带，在国家的投资计划安排中长期被忽视，而且部分工厂从珠三角迁至外省和粤北山区，表现出"山、散、洞"的特点，经济增长速度落后于全国。同时，在计划经济体制和户籍制度的束缚下，广东省的城镇化发展受到束缚。改革开放后，微观经济主体的不断发展、商品市场的形成、以市场为导向的宏观经济管理体制的形成以及要素市场的发育，使商品、资金、人力的流动趋于便利，从而使土地这一不可移动要素的使用效率不断趋于合理，共同推动了广东省城镇化的发展。广东省改革和经济发展的阶段性特征也使广东省城市和地区之间经济的互动发展及城镇化进程表现出明显的阶段性特征。

---

① 参见王珺、赵祥编《先行者的探索——广东改革开放 40 年》，广东经济出版有限公司，2018。

（一）改革开放初期对社会主义市场经济体制的探索

1. 经济特区对市场经济体制的探索

改革开放后，在中央的支持下，广东利用毗邻港澳的有利条件，以建设出口导向的经济特区为突破口，采取特殊政策和灵活措施，在计划、财政、外贸、外汇、物资、对外经济技术交流等方面进行了一系列以市场经济体制为导向的先行先试的改革和探索，为广东省的工业化、城镇化与经济的高速增长创造了体制和政策的条件。深圳经济特区在体制和机制方面的探索包括：在城市基础设施建设中引入市场机制，在外资企业的用工中引入了合同工制度，在企业用地中探索了土地使用权的有偿转让，成立外汇调剂中心，在国内率先对商业、物资和物价管理体制进行改革。到1986年，经济特区在招商引资、对外开放的过程中，已经初步形成了资金、劳动力、土地、技术、信息等生产要素市场。

2. 工业化和城镇化的前提：农村经济体制改革

农村改革和农业的发展是工业化和城镇化的基础。广东遵循中央的战略部署，首先进行的是农业改革。1979年初，紫金县、广州市郊区杨箕村、从化县江埔公社等地农民自发进行了"包产到户"的改革（傅高义，2008）。1980年9月，中共中央讨论了加强和完善农业生产责任制问题，并下发了《关于进一步加强和完善农业生产责任制的几个问题》的通知。广东贯彻执行中央文件精神，在全省农村普遍推行了包产到户的生产责任制。改革释放了农业生产力，一方面大幅提高了农副产品的供应，另一方面逐渐解放了农村劳动力，为工业化和城镇化创造了条件。

3. 乡镇企业的异军突起

乡镇企业的异军突起为广东省尤其是珠江三角洲的城镇化注入了活力。由于联产承包责任制所带来的农业发展和劳动力的释放，以及计划经济所造成的轻工业产品短缺的国内市场环境，乡镇企业作为特定时期中国产生的一种独特的企业组织形式和企业制度，具有强大的生命力。

为鼓励乡镇企业的发展，在计划经济时期形成的城乡户口迁移政策也逐渐松动。1992年11月，广东省政府批转《省公安厅关于调整户口迁移若干政策的请示的通知》，从1993年1月1日起在全省实施。广东省的率先实施为全国改革积累了经验，广东的很多做法被1997年和2001年国务院小城镇户籍制度改革文件所吸收。

广东乡镇企业发展为广东经济的起飞做出了巨大贡献。1978～1990年，广东省乡镇企业总产值和总收入保持每年 32.1% 和 34.4% 的增速，1991 年，全省乡镇企业总收入达 1008 亿元，占全省工业总产值的 40% 以上。借助良好的区位条件，广东的乡镇企业发展以位于珠江三角洲的顺德市、南海市、东莞市和中山市尤为突出，被誉为广东"四小虎"。广东乡镇企业凭借其毗邻港澳和有众多海外华侨的优势，积极利用外资和引进技术，以出口为导向，发展外向型经济，取得突破性进展。1991 年，广东乡镇企业外向型企业 1.9 万多家，年出口创汇达 34.74 亿美元，占全省创汇总额的 1/4，连续稳居全国各省乡镇企业出口创汇的首位。乡镇企业的发展，为珠江三角洲佛山、东莞、中山等市的城镇化发展注入了工业化的动力基础，小城镇户籍政策的变化则为乡镇企业的迅速发展提供了必要的体制支持。

4. 大力发展外向型经济

1979 年，国家批准广东在对外经济活动中可实行特殊政策和灵活措施，同时对广东的深圳、珠海和汕头 3 个特区有特殊规定，进入这 3 个特区的外资企业按 15% 的税率征收所得税，这使得特区在广东引进外资方面优势凸显。广东正是利用了特殊政策和灵活措施，加大改革力度，下放引进外资审批权，把原来属于省政府的外资项目审批权积极下放到地方政府，鼓励地方政府大力吸引外资，促进了外向型经济的高速发展。广东扩大地方对外贸易的权限，通过扩大对外贸易渠道，促进工贸结合，开展多种形式的灵活贸易，推动外贸体制的渐进式改革。广东外向型经济的迅猛发展，带动了经济的高速增长。

5. 民营经济从起步到快速发展

从改革开放初期至 1991 年，广东民营经济经历了两个发展阶段。第一个发展阶段从 1978 年 12 月党的十一届三中全会召开到 1982 年，是非公有制经济的恢复时期，这一时期的主要成分是个体工商户，创业者主要是农民和城市待业者，广东个体工商户由 1979 年底的 1.56 万户发展到 1982 年底的近 25.16 万户。第二个发展阶段从 1983 年到 1991 年，是私营企业快速发展的阶段，1984 年党的十二届三中全会通过的《中共中央关于经济体制改革的决定》，以及 1987 年党的十三大报告和宪法修正案，为中国私营企业发展提供了较好的政策空间。广东省对个体私营经济实施分类指导，引导其向生产型、外向型发展，1989 年、1990 年和 1991 年广东省注册登记的私营企业分别达到 16226 户、21736 户和 25763 户。

6. 国有企业体制改革的探索

广东省推广清远"国营工业企业试行超计划利润提成奖和改革工业管理体制"经验，按照国务院提出的工业企业逐步建立和实行工业经济责任制的要求，在 1983～1984 年分两步实施"利改税"（即将国有企业过去上缴国家利润改为上缴所得税，税后利润由企业支配）后，主要实施了以承包责任制为主要内容的企业改革。承包经营责任制在一定程度上促进了企业所有权与经营权的分离，改变了企业吃国家"大锅饭"、职工吃企业"大锅饭"的状况，调动了企业和职工的生产经营积极性，企业的投资主体地位开始确立，但出现了企业行为短期化和负盈不负亏等问题。

7. 通过分步骤的价格改革逐步建立商品市场体系

广东以农产品价格作为改革传统价格体制的突破口，率先在全国有计划地放开价格。作为省会城市，广州率先启动农副产品价格改革。1978 年，广州芳村放开河鲜、塘鱼、蔬菜价格；1981～1983 年，全广州市蔬菜、塘鱼、水果等价格陆续放开；1985 年以后，广东在放开鱼、肉、菜等重要副食品价格的同时，放开了大量工业消费品价格；到 1987 年，广东省除粮、油等六个品种外，其他农副产品价格已全部放开。20 世纪 90 年代，广东的价格改革在全国率先深入粮食价格领域。

8. 通过财税、金融与投资体制改革初步建立市场导向的宏观经济管理体制和生产要素市场

1980～1987 年，中央对广东实行"定额上解"的财政大包干体制；1988～1993 年，改为"上解额递增包干"，每年递增 9%。广东省对市、县的财政包干，在开始五年基本采取收入分成的办法，并没有层层分包到市（地）县，影响了地方各级促产增收的积极性，也未能充分发挥市（地）一级财政的作用。广东省委、省政府决定从 1985 年起，对市（地）、县实行层层包干，包干体制延伸到乡镇一级，形成一级对一级包干的新格局，实质是赋予地方各级政府更大的财政自主权，财政调节经济、促进经济和社会事业发展的职能作用得到了较好的发挥。

广东率先打破了财政统揽支出的格局。积极鼓励多渠道、多层次、多形式筹集资金办事业、搞建设，缓解了财政资金的供需矛盾。在经济建设领域，鼓励投资资金多元化，主要靠银行贷款、利用外资、自筹以及其他渠道解决资金来源，财政预算只保证一些重点。1979 年，广东在部分建设项目中进行了基建投资"拨改贷"的试点工作；从 1981 年起，设立了财政支农等多项周转金，将部分预算内安排的生产经营性资金以及一些能产出经济效益的事业费等，改为借款周转的形式，增强了企业、事业单位使用资金的责任感。1984 年末，广东成立了一个以用活地方财政资金为主，同时多渠道筹集资金，发挥财政信用和银行信用两种职能的地方金融机构——广东财务发展公司。广东在全国率先提出了"基础产业商品化"的发展思路，制定了一系列与之配套的政策措施，通过市场化改革，建立以市场为基础的基础设施发展新机制，为基础设施建设的腾飞奠定了坚实基础，在实践中成效卓著。

十一届三中全会以后，广东迅速恢复了一度停滞的银行业，到 1984 年底，四大国有银行基本上完成了业务恢复，给广东的经济起飞注入了源源不断的信贷资金。1985 年 11 月 9 日，深圳市政府颁布《深圳经济特区外汇调剂暂行办法》，在全国首创外汇市场。1990 年 11 月 22 日，深圳正式启动深圳证券交易所；当年 12 月 1 日，深圳证券交易市场开始试营业。

1987 年 10 月，深圳在全国首创以协议方式有偿出让土地后，将《深圳经济特区土地管理暂行规定》修改为《深圳经济特区土地管理条例》，将原规定"土地使用权不能转让"修改为"土地使用权可以有偿出让、转让、抵押"，于 1987 年 12 月经广东省第六届人民代表大会常务委员会第三十次会议通过。深圳接着又通过公开招标方式和拍卖方式有偿出让土地使用权，取消了行政划拨土地的做法，所有建设用地都以有偿、有期限形式供应，并加大了公开拍卖、公开招标土地使用权的数量。深圳的一系列土地使用制度的变革，是深圳改革开放后经济发展的必然要求，为中国土地使用制度改革积累了宝贵的经验，并直接推动了中国宪法关于土地使用条款的修改。通过土地使用权的流转，广东初步建立了和城镇发展密切相关的土地这一生产要素市场。

总体来看，这一时期经济特区和乡镇企业、个体民营经济、外向型经济的有关政策措施取得了很大成功，而国有企业的改革还存在较多问题。由于外资和个体、乡镇企业高速增长的推动，珠江三角洲的城市人口迅速集聚，城镇化迅猛发展，如 1980 年深圳常住人口为 33.29 万，1991 年达到 238.53 万，增长了 6.17 倍①。

（二）社会主义市场经济条件下广东省城镇化的经济与体制条件

20 世纪 90 年代，特别是邓小平南方讲话之后，党的十四大确立了社会主义市场经济体制的改革目标。1993 年 12 月，广东省委七届二次全会以《中共中央关于建立社会主义市场经济体制若干问题的决定》为指导，审议通过了《中共广东省委关于加快建立社会主义市场经济体制若干问题的实施意见》。2001 年，中国重新加入关税及贸易总协定 [WTO（世界贸易组织）前身]，广东改革开放和经济发展踏上新征程，为城镇化的发展注入了持续的活力。

1. 率先放开粮食价格，为大规模人口流入创造了条件

改革粮食购销管理体制。经国务院批准，从 1991 年 4 月 1 日起，广东全省放开粮食市场，成为全国第一个取消粮票的省份，顺利完成了粮食流通体制的改革。广东省的做法迅速在全国推开，到 1994 年，全国基本取消粮票，而且随着市场上商品供应的充足，越来越多的票证失去存在意义，中国的票证时代基本结束。

取消粮票，打破了基于粮食关系的城乡隔离政策，大大促进了全国各地的人们到广东及沿海省份经商务工，由此形成了中国大地上的人口大迁徙。广东的改革开放迅速汇集成声势浩大、波澜壮阔的全面改革大潮，吸引各类人才涌向广东，形成了"孔雀东南飞"的局面，为广东省尤其是珠江三角洲人口与经济的集聚和城镇化的快速发展创造了条件。

2. 构建商品流通体制，建设现代流通业

广东率先开展价格改革和流通改革，大约到 1992 年基本打破了计划经济的流通体制，建立了多种经济形式、多种经营方式、多种流通渠道、减少流通环节的"三多一少"商品流通体制。同时，政府只管"垄断性、强制性、保护性、公共福利性"四类商品的定价，其余都放开，无论生产资料还是生活资料，基本实现市场化，由市场机制定价。批零兼营模式形成，地域、行业、城乡和行政区划界限被打破，广东省各类批零市场建立

---

① 引自 2001 年《深圳统计年鉴》。

起来。2001年12月，广东省委、省政府发出《关于大力发展现代流通业的意见》，部署了有关任务和目标。现代流通业的发展和各类专业化市场为广东省星罗棋布进行专业化生产的专业镇的发展创造了条件，为城镇化提供了强大动力。

3. 探索产权体制改革，增强企业活力

在社会主义市场经济条件下，由于经营体制各方面存在的问题，国企亏损面不断加大，政府的经济负担也不断加重。1993年下半年，顺德在全国率先开启了以企业产权制度改革为核心的综合改革。顺德按照"抓住一批、放开一批、发展一批"的方针，推行股份制和股份合作制，建立了政企分开、政资分离的公有资产监管营运模式，初步建立了现代企业制度。其中"抓住"的是高科技企业、大企业和关系民生、带有专营性质的企业；"放开"的是那些扭亏无望、资不抵债的企业，以及一般竞争性行业的企业。这些改革举措符合党的十五届四中全会通过的《中共中央关于国有企业改革和发展若干重大问题的决定》的有关精神。顺德产权制度改革，不但解放了企业，使企业真正做到自主经营、自负盈亏，调动了企业积极性，造就了一批日后成为行业引领者的企业，而且使政府从承担企业债务负担的重压中解放出来，专职于自身职能工作，最终解放了生产力。

从20世纪90年代中期到21世纪初，按照"抓大放小"的方针，广东省国企改革在四个方面实现了突破：一是对国有大中型企业，按规范的公司制进行改造；二是通过国有中小型企业改革，大量国有、集体中小型企业改制退出公有制序列；三是通过政策性关闭破产，5000多家扭亏无望的困难企业退出市场；四是通过再就业中心和基本保障线政策，托管、安置了近3000万下岗职工，建立了国企职工可以流动的机制。

随着广东国企改革进入整体推进阶段，改革创新国资监管体制和运营机制的问题就变得越发突出了。1994年，深圳市开创"国资委—运营机构—企业"三层次架构的国有资产管理和运营体系，该架构解决了长期困扰国企改革发展的政企、政资不分和出资人虚位的问题。1996年，顺德在实施公有企业产权制度改革的同时，实施了公有资产管理制度改革。广东的国资监管改革，为国家层面的改革积累了经验。

4. 社会保障体制

我国在计划经济条件下形成了"统包统配"、个人不交费的国家型养老保险模式，广东沿袭国家的政策和模式。经济体制的改革，个体经济和股份制经济的崛起，外资的引进，"打工潮"的出现，第二、三产业的兴起，迅速地改变着广东地区的所有制结构、产业结构、劳动力结构和职工工资分配形式，对社会保障体制的改革提出了要求。为推进社会保险制度的改革与建设，1983 年，广东率先试行包括养老在内的劳动合同制的社会保险制度，改革的重点是建立企业职工社会养老保险制度，解除职工对企业实际上存在的终身依附关系。此后，这一改革逐步深化，1993 年，广东省政府公布了《广东省职工社会养老保险暂行规定》，并于 1994 年 1 月 1 日开始施行，确立了社会统筹与个人账户相结合的养老保险模式；1994 年，在广东省直属机关及事业单位实行个人缴纳养老保险费的制度。此外，还进行了医疗保险、女职工生育保险的试点工作，取得了一定的进展。

广东在 20 世纪 80 年代至 90 年代探索建立的社会保险制度体系主要针对城镇职工，并未涵盖农村居民。进入 21 世纪，广东基本养老保险和医疗保险从城镇逐步扩展到农村，自 2003 年起大力推进新农合的试点工作，在资金筹集、管理模式、补偿模式等方面进行了多种创新性的探索。

5. 进一步完善农村体制机制

1992 年 6 月底，佛山市南海区里水镇麻奢乡开全国直选乡（村）干部先河。1998 年 6 月，中共广东省委常委会议决议：全省撤销农村管理区办事处，设立村民委员会，由村民民主直选村委会，实行村民自治，理顺广东省农村基层管理体制。

1992 年撤县立市后的南海，在全国率先启动集体土地股权制改革的探索，在不改变集体土地性质的前提下，将农民承包的土地以使用权入股，组建集体经济组织，农民依据股份享受分红，被称为"南海模式"。此后，南海模式很快风靡珠三角地区，佛山、广州、深圳等地的农村地区相继进行了土地股份制改革，推动了工业化进程。农村体制机制改革，打破了妨碍城镇化的制度约束，促进了资源的集约利用，为加快城镇化提供了制度支持。

（三）对经济转型升级的探索

自 1989 年以来，广东蝉联全国第一经济大省，但在经济规模快速扩张的同时，经济社会发展所存在的结构性、深层次矛盾也日益显露出来。从全球产业链角度来看，广东的产业基本上集中在产业链中低端的加工制造环节，关键设备、关键技术、品牌、营销和供应链管理等高附加值、高技术含量环节滞后或缺失，导致广东产业结构的名义高度化较高，而实际高度化不足。这种产业结构决定了广东经济的快速增长严重依赖资源要素的高投入和高消耗，经济发展的土地、资源和环境约束日益趋紧，长期增长潜力遭到透支。此外，改革开放以来，各地政府过度关注本地区的经济发展速度，把有限的人财物资源大多数用在经济建设上，片面追求经济增长，导致一些重要的政府职能缺失。一些本应主要由政府提供的公共产品，如医疗、卫生、教育等被推向了市场，政府的公共服务和社会管理职能发挥不充分，导致公共产品和公共服务供给不足，文化、教育、卫生和社会保障等社会事业发展滞后。这反过来限制了居民消费能力的提升和消费需求的增长，导致经济发展的投资依赖症，加大了经济转型升级的难度。为促进转型升级，广东省在以下方面进行了探索。

1. 推进区域经济一体化

（1）推进珠三角转型升级与一体化发展。2009 年初，国家发展和改革委员会牵头制订了《珠三角改革发展规划纲要》（简称《纲要》），赋予珠江三角洲地区发展更大的自主权，支持广东率先探索经济发展方式转变、城乡区域协调发展、和谐社会建设的新途径、新举措。广东省委、省政府在《关于实施〈纲要〉的决定》中，对中央确定的目标任务进行了纵向与横向分解，提出了贯彻实施《纲要》的总体目标和细化指标，出台与《纲要》配套衔接的五个一体化规划方案，包括基础设施、基本公共服务、城乡规划、环境保护和产业布局五大领域，推动珠三角地区向深度融合的一体化方向发展。《纲要》提出的另一项重要任务是构建现代产业体系，广东省政府于 2010 年 9 月正式印发了《广东省现代产业体系建设总体规划》，大力推进产业转型升级发展，提出了现代产业体系的建设目标，明确现代服务业、先进制造业、高新技术产业、优势传统产业、现代农业、基础产业六大主体产业的发展任务。

（2）推进省内区域经济协调发展。进入 21 世纪以来，随着整体经济的快速发展，广东省内部不同区域之间经济发展失衡问题日益凸显，珠江三角洲和粤东、粤西、粤北地区间呈现典型的"中心—外围"区域经济发展格局。从 20 世纪 90 年代后期起，珠三角地区产业和人口高度集聚所引致的拥挤成本开始显现，在市场力量的作用下，产业自发向外转移的现象逐渐增多。一些劳动密集型、低附加值产业为了降低成本纷纷向外转移，珠三角边缘地区（主要包括江门、惠州、清远和肇庆）是这些产业转移的主要目的地。与此同时，广东省政府也有意识地将推进产业从珠三角地区向粤东、粤西、粤北地区扩散作为解决区域发展失衡问题、促进区域经济协调发展的重要手段。2005 年 3 月，广东省政府出台了《关于我省山区及东西两翼与珠江三角洲联手推进产业转移的意见》（22 号文），第一次在全国确立了欠发达地区承接产业转移的"园区化"模式，有力地推动了大规模集群式产业转移的进程。此后，广东省有关部门相继出台了《广东省产业转移工业园认定办法》《关于支持产业转移工业园用地若干意见》《广东省产业转移工业园外部基础设施省财政补助资金使用管理办法》《关于加强我省山区及东西两翼与珠江三角洲联手推进产业转移中环境保护工作的若干意见》等一系列与"22 号文"相配套的政策文件，在全省范围内大力推进产业转移园区建设。2008 年，广东省又出台了《关于推进产业转移和劳动力转移的决定》以及七个配套文件，广东省财政在 5 年内投资400 亿元用于实施产业和劳动力的"双转移"战略，在大力推进区际产业扩散的同时，努力促进粤东、粤西、粤北地区剩余劳动力由农业向第二、三产业转移。在大力推动高劳动密集、低附加值产业转移退出的同时，珠三角地区各市积极鼓励先进制造业、高技术制造业和现代服务业发展，产业结构升级加快。

2. 深化经济体制改革

（1）投融资体制改革。为进一步提高投资管理效能，确立企业投资主体地位，广东省在全国率先开展企业投资管理体制改革试点，2013 年印发了《广东省企业投资管理体制改革方案》《广东省企业投资项目管理分类改革目录（暂行）》等文件，取消省管权限内企业投资项目核准，改为备案管理。2015 年，在总结试点经验的基础上，发布《广东省企业投资项目实行清单管理的意见（试行）》以及企业投资项目准入负面清单、行政审批清单、政府监管清单三份清单，加强事中事后的协同监管。

2012 年以后，广东加大政府投融资体制改革创新力度，具有典型意义的是，充分利用创投引导、股权投资等方式发挥财政资金杠杆作用，吸引保险资金、银行资金进入基础设施等领域，放大政府投资的带动效应。

（2）商事登记制度改革。2003 年，广东省工商局《关于改革企业登记注册工作的若干意见》等文件中首次提出了"试行企业法人资格和经营资格相分离的登记制度"，之后不断探索。2012 年以来，广东先后出台《广东省商事登记制度改革方案》《广东省商事登记条例》等地方性法规和规范性文件，在全国率先推行商事登记制度改革。商事登记制度改革降低了对企业名称、注册资本、住所、经营范围等事项的要求，有效减轻了企业的办事成本；破解了"审批难"困局，对推动行政审批制度改革发挥了积极的作用；推进了部门职能转变，提升了工商部门市场监管效能，也是政府切实转变职能、还权于市场的重要举措，从而极大地改善了投资环境。

（3）建立完善金融服务创新发展的体制机制。2016 年，广东省在全国率先出台金融服务创新驱动发展一揽子政策，从拓宽多元化融资渠道、建设金融平台和机构体系、完善金融保障机制等三个方面，提出具体的政策措施。建设珠三角金融改革创新综合试验区。大力发展小额贷款公司、政策性融资担保和再担保机构等新型金融机构和金融组织。以解决中小微企业和农村地区融资难、融资贵问题为导向，积极探索创新有效服务中小微企业和农户的金融手段和措施，发展普惠金融。

3. 进行社会管理体制改革

（1）户籍管理制度改革的深化。2006 年 1 月 31 日，国务院颁布《关于解决农民工问题的若干意见》，文件就农民工在城镇落户问题做出了总体部署。2009 年，广东省人大修订通过《广东省流动人口服务管理条例》，实施流动人口居住证制度。与此前实行的暂住证制度不同，居住证制度赋予流动人口更多的与本地城市户籍居民相同的经济社会权利，更加有利于流动人口融入城市生活。在这一规定的基础上，2010 年 6 月，广东省人民政府出台《关于开展农民工积分制入户城镇工作的指导意见（试行）》，在全省实施农民工积分入户政策。

（2）强化政府的社会管理和公共服务职能。以街道、社区为突破口，推动政府社会管理和公共服务职能前置。进行法定机构试点，推动部分公共服务的社会化和市场化。

（3）大力培育社会组织。2012 年 4 月，广东省委、省政府出台《关于进一步培育发展和规范管理社会组织的方案》，提出了除法律行政法规规定需要前置审批的民办教育和医疗等机构以外，其他社会组织自 2012 年 7 月 1 日起，不再需要前置审批，直接向民政部门申请成立，并将业务主管单位改为业务指导单位；同时出台了引入行业协会竞争机制、下放登记管理权限、扩大登记管理领域、申请非法人登记和实行备案制等 7 个方面的改革举措。

广东省结合行政管理体制、事业单位和审批制度改革，加大政府职能转移委托力度，为社会组织的发展壮大和参与社会管理创造空间。

广东省社会管理体制创新的一个重要目标是形成"小政府、大社会"的社会治理模式，而这一模式的一个重要内容就是政府向社会组织购买服务。2012 年 6 月，广东省政府出台了《关于政府向社会组织购买服务暂行办法》，广东省财政厅出台了《广东省省级培育发展社会组织专项资金管理暂行办法》以及政府向社会组织购买服务制度目录，并制定了具体操作流程，确保政府购买服务的公开公平运作。

为社会组织创办提供有利的环境，广东在省和设区的市建立了社会组织孵化基地，并设立孵育专项基金，采取分类扶持方式对符合条件的社会组织给予补助。

采取多种措施着力构建社会组织的内外协同监管机制。具体包括：规范社会组织内部管理，加大信息披露力度，开展社会组织综合评估，加大执法监察力度。

第二节　广东省人口流动情况

一　全省人口流动情况

广东省人口流动情况可以通过广东省常住人口增长率和人口自然增长率之间的差异来观察（图 7 - 7）。2001 ~ 2010 年，除 2002 年外，广东省常住人口增长率都明显高于人口自然增长率，说明长期以来广东省在全国劳动力流动中是劳动力的迁入地，这也可以从这一时期广东省各年人口净迁移率为较大的正值得到说明（具体如表 7 - 1 所示）。但 2011 ~ 2015 年，这种人口流动的态势开始发生变化，常住人口增长率和人口自然增长率之间的差异明显缩小，这一时期的人口净迁移率也明显下降。

广东省非户籍人口的流动情况可以从其常住人口增长率和户籍人口增长率的差异来观察。从图7-7可以看到，在2001~2010年的多数年份中，广东省常住人口增长率都高于户籍人口增长率，表明非户籍人口流入是广东省常住人口增长的重要来源。同样，2011~2015年（除2012年外），广东省常住人口增长率均低于户籍人口增长率，表明这一时期非户籍人口的流动模式以流出广东省为主。

户籍人口增长率和人口自然增长率之间的差异大体表明了户籍人口的流动情况。2001~2015年，除2012年户籍人口增长率低于人口自然增长率外，其他年份户籍人口增长率均高于人口自然增长率，表明广东省是户籍人口的净流入地，而且自2005年以来，户籍人口增长速度提高，户籍人口增长率与人口自然增长率之间的差额在增大，非户籍人口迁入逐渐成为人口流入广东省的主要途径。

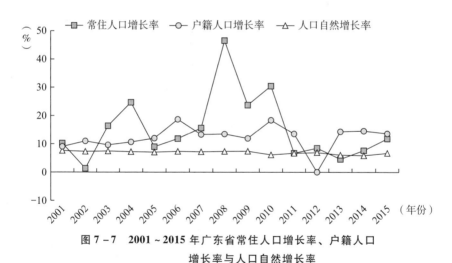

图7-7　2001~2015年广东省常住人口增长率、户籍人口
增长率与人口自然增长率

表7-1　广东省历年人口迁入迁出率

单位：%

	1990	1995	2000	2005	2006	2007	2008	2009	2010	2011	2012	2013	2014	2015
迁入率	15.38	16.04	16.59	13.65	18.25	14.8	13.46	11.64	12.07	11.01	11.34	11.25	10.6	8.34
迁出率	12.56	13.31	12.94	8.97	10.1	8.85	9.68	7.81	8.35	7.62	13.04	8.94	7.74	7.45
总迁移率	27.94	29.35	29.53	22.62	28.35	23.65	23.14	19.45	20.42	18.63	24.38	20.19	18.34	15.79
净迁移率	2.82	2.73	3.65	4.68	8.14	5.96	3.79	3.83	3.72	3.39	-1.7	2.32	2.85	0.89

续表

	1990	1995	2000	2005	2006	2007	2008	2009	2010	2011	2012	2013	2014	2015
跨省净迁移率	0.35	1.09	1.01	2.55	3.32	3.5	2.87	2.75	2.52	2.65	0.84	2.14	2.12	0.8

广东省的人口流动情况还可以从2000～2015年常住人口、户籍人口、常住人口与户籍人口之间的差额来观察。从图7-8可以看到，广东省年末常住人口及年末户籍人口呈持续增长的态势，但两者的差额（非户籍常住人口）及其占常住人口的比重在2012年达到峰值，之后呈现下降的趋势。

总结以上所述，2000年以来广东省一直是人口流动的净迁入地；非户籍人口迁入在2010年以前是人口迁入广东的主要方式。2005年以后户籍人口迁入的增速加快，在人口迁入中的比重上升，2011年后非户籍人口开始流出广东，户籍人口迁入成为人口向广东流动的主要方式。

广东省人口流动模式的变化有两个方面的原因。一方面，在广东省劳动、土地等生产要素价格的变化及国内外市场环境变化的条件下，以机器换人和智能化制造以及经济服务化、低端制造向国内其他地区和境外转移为主要内容的产业转型升级，促使低技能劳动力的流入减少直至趋于流出广东省，而同时高技能劳动力的流入保持在一个较高水平上。另一方面，广东省对劳动力流动的包容性在增强，对流入人口给予户口身份的比例在提高。

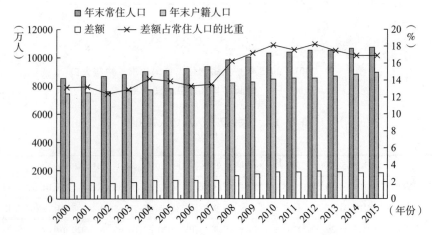

图7-8　广东省2000～2015年常住人口、户籍人口、常住人口
与户籍人口的差额及其差额占常住人口的比重

二 广东省各地区①人口流动情况

（一）珠江三角洲人口流动情况

珠江三角洲的人口流动主导了广东省的人口流动格局。从常住人口增长率、户籍人口增长率和人口自然增长率来看（图7-9），2001~2010年，珠江三角洲的常住人口增长率高于人口自然增长率，是人口净流入的地区，但人口流入的方式存在变化。2002~2005年，户籍人口增长率高于人口自然增长率，表明珠三角地区的人口流入主要是以户籍迁入的方式实现的，非户籍人口流出珠江三角洲。这一时期常住人口增长率和人口自然增长率的差额也比较小，人口流入珠三角地区的速度也比较慢，这和这一时期国内其他地区的快速发展与珠江三角洲在经济和人口方面造成的竞争有关。2006~2010年，常住人口增长率显著大于户籍人口增长率，非户籍人口流入是这一时期人口流入的主要途径。2011~2015年，常住人口增长率接近甚至在一些年份低于人口自然增长率，人口向珠江三角洲的流入趋于停滞。在这一时期的多数年份中，户籍人口增长率高于人口自然增长率和常住人口增长率，表明非户籍人口在流出珠江三角洲，户籍人口在流入珠江三角洲。

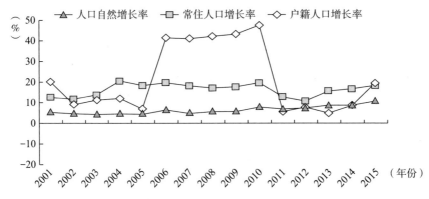

图7-9 2001~2015年珠江三角洲常住人口增长率、户籍人口增长率和人口自然增长率

① 广东省划分为四个经济区域，即经济发达的珠江三角洲经济区，以及经济发展相对落后的北部山区和东、西两翼经济区。珠江三角洲经济区包括广州、深圳、珠海、佛山、江门、中山、东莞、惠州和肇庆九市；北部山区经济区包括河源、清远、梅州、韶关和云浮五市；东翼经济区包括粤东的汕头、潮州、揭阳与汕尾四市；西翼经济区包括粤西的湛江、茂名和阳江三市。

从常住人口和户籍人口的数量及其差额（非户籍人口的数量）和这一差额占常住人口的比重来看，珠江三角洲的常住人口和户籍人口的数量一直保持上升的趋势，但非户籍人口的数量及其占全部常住人口的比重呈现阶段性的变化（见图7-10）。2000~2005年，非户籍人口的数量在2003年达到峰值（1803.36万），此后两年逐年下降，而非户籍人口占常住人口的比重在2001年达到峰值（40.70%），以后数年则逐年下降；2006~2010年，非户籍人口的数量及其占常住人口的比重都在攀升，均于2010年达到最高值（2591.83万、46.15%）；2011~2015年，非户籍人口的数量稳定在2590万左右，而非户籍人口占常住人口的比重呈现下降的趋势（2015年为44.66%）。2011年以后，珠江三角洲人口流动模式变化的原因与广东省人口流动模式变动的原因基本是一致的。

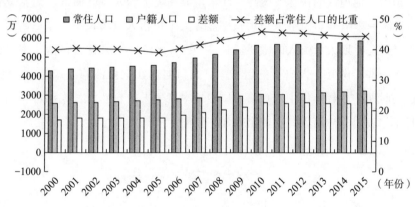

图7-10 2000~2015年珠江三角洲常住人口、户籍人口、常住人口与户籍人口的差额及差额占常住人口的比重

（二）东翼地区人口流动情况

东翼地区2000~2015年常住人口的数量均低于户籍人口数量，表明该地区是非户籍人口的流出地（见图7-11）。常住人口与户籍人口的差额及其占常住人口的比重在2000~2004年呈下降趋势，2004年达到最低（-74.76万、-4.7%），在2005~2015年呈上升趋势，2015年常住人口与户籍人口的差额为-156.59万，占常住人口的比重为-9.07%。就常住人口增长率、户籍人口增长率和人口自然增长率来看（见图7-12），在2001~2010年的多数年份中，常住人口和户籍人口的增长速度都略高于人口自然增长率，且户籍人口增长率略高于人口自然增长率，表明东翼地区这一时期有小幅度人口流入，且以户籍人口流入为主；2010 年以后，户籍人口增长率在大部分年份低于常住人口增长率和人口自然增长率，人口流出趋于明显。

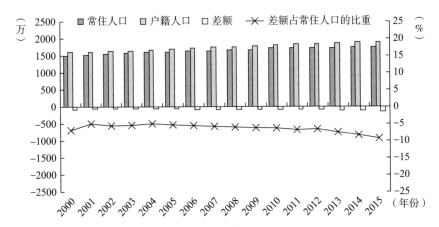

图 7－11　2000～2015 年东冀地区常住人口、户籍人口、常住
人口与户籍人口的差额及差额占常住人口的比重

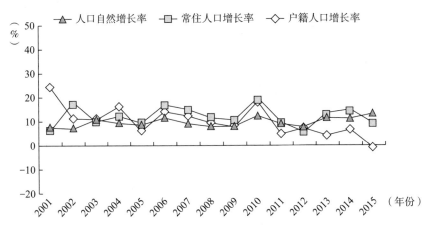

图 7－12　2001～2015 年东冀地区常住人口增长率、
户籍人口增长率和人口自然增长率

（三）西翼地区人口流动情况

西翼地区 2000～2015 年常住人口的数量均明显低于户籍人口数量，是非户籍人口的流出地（见图 7－13）。常住人口与户籍人口的差额及其占户籍人口的比重在 2000～2005 年逐年减少，2005 年达到低谷，为－176.40

万，占常住人口的比重为 -11.88%，表明人口在回流；2006～2011 年常住人口与户籍人口的差额及其占户籍人口的比重又逐年回升，2011 年分别达到 -298.33 万和 -19.38%，2012 年后有所波动但仍趋于上升，2015 年分别达到 -317.57 万和 -20.06%。从常住人口增长率、户籍人口增长率和人口自然增长率来看（见图 7-14），西翼地区户籍人口增长率和人口自然增长率的差别较小且变动趋势较为一致，表明其户籍人口的迁入和迁出不明显；2001～2005 年，户籍人口增长率明显高于常住人口增长率，和前述这一时期人口的回流一致；2006～2011 年常住人口增长率明显高于户籍人口增长率，和前述这一时期人口的流出相一致；2012 年有所波动，但之后的年份常住人口增长速度仍高于户籍人口增长速度，也和前述情况一致。

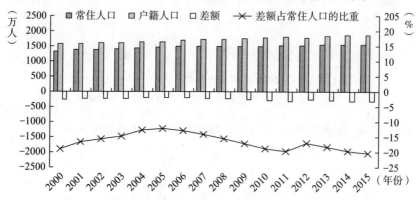

图 7-13　2000～2015 年西翼地区常住人口、户籍人口、常住人口与户籍人口的差额及其差额占常住人口的比重

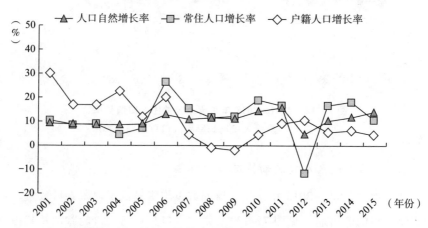

图 7-14　2001～2015 年西翼地区常住人口增长率、户籍人口增长率和人口自然增长率

（四）山区人口流动情况

山区的人口流动情况与西翼地区相似。山区 2000～2015 年常住人口的数量明显低于户籍人口数量，常住人口和户籍人口的差额在 2010 年前高于西翼地区，是最大的非户籍人口流出地，但 2011 年后，西翼地区成为最大的非户籍人口流出地。就常住人口与户籍人口的差额及其占常住人口的比重而言，2009 年以前山区也高于东翼地区，2010 年以后东翼地区高于山区。2000～2005 年常住人口和户籍人口的差额及其占常住人口的比重逐年下降，2005 年达到低谷，分别为 －236.03 万和 －14.98%，表明这一时期人口在回流；2006～2011 年又逐年回升，在 2011 年达到顶峰，分别为－295 万和 －18.19%；2012 年后有所波动，但基本保持了平稳，2015 年分别为 －293.78 万和 －17.65%（见图 7－15）。从常住人口增长率、户籍人口增长率和人口自然增长率来看（见图 7－16），与西翼地区相似，山区户籍人口增长率和人口自然增长率的差异很小且变动趋势一致，但在绝大多数年份中户籍人口增长率低于人口自然增长率，表明其户籍人口的变动为净迁出；常住人口增长率在 2001～2005 年明显高于户籍人口增长率，和前述人口的回流情况相一致；2006～2011 年，常住人口增长率低于户籍人口增长率，和前述这一时期人口的流出相一致；2012 年后有所波动，但之后年份常住人口增长速度仍低于户籍人口增长速度，也和前述情况一致。

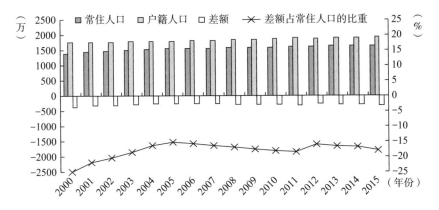

图 7－15　2000～2015 年山区常住人口、户籍人口、常住人口
与户籍人口的差额及差额占常住人口的比重

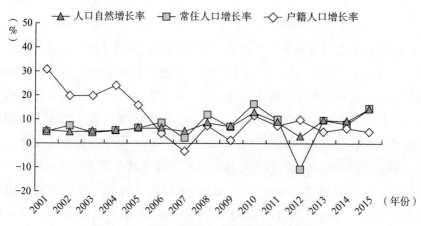

图 7 - 16　2001 ~ 2015 年山区常住人口增长率、
户籍人口增长率与人口自然增长率

（五）珠江三角洲人口流入的来源分析

珠江三角洲的常住人口大于户籍人口，是非户籍人口的迁入地；东、西翼地区及山区的常住人口小于户籍人口，是非户籍人口的迁出地。我们假设这些人口都流入了珠江三角洲，从图 7 - 17 可以看到，2000 年这一比例较高，为 40.52%，之后逐年下降，2010 年低至 25.94%，之后在波动中有所回升，2015 年为 29.27%，这表明在珠江三角洲的非户籍人口流入中省内的流入占比较低、省外流入占比较高。在 2010 年以前，省外人口流

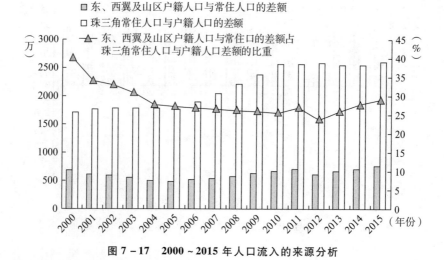

图 7 - 17　2000 ~ 2015 年人口流入的来源分析

入比例在上升,省内人口流入比例在下降,但在 2010 年以后,在珠江三角洲流动人口总量趋于稳定的条件下,省内流动人口的比重在波动中有所上升。根据前文分析,珠江三角洲同时是户籍人口的净迁入地,东翼地区有小幅户籍人口的净迁入,西翼地区户籍人口的迁入迁出不明显,山区仅有小幅户籍人口的净迁出,说明珠江三角洲的户籍人口迁入的来源主要是省外,广东省内人口流动主要以非户籍人口流动为主。

(六)珠江三角洲各市的人口流动情况

如前文所述,珠江三角洲九市按城镇化水平可以分为三个圈层,我们按照这三个圈层依次观察其人口流动的情况。

2000～2015 年,广州市户籍人口的数量持续增长,但常住人口的数量经历了波动(见图 7－18、图 7－19)①。2000～2005 年,广州市常住人口的数量逐年下降,增长速度为负,这种下降是由非户籍人口数量(即常住人口与户籍人口的差额)的减少造成的,常住人口与户籍人口的差额逐年下降,这一差额占常住人口的比重也在逐年下降;2006～2010 年,广州市

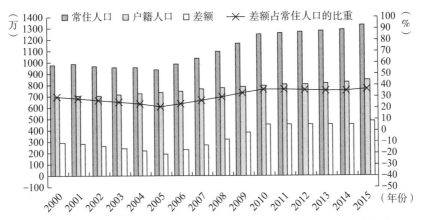

图 7－18 2000～2015 年广州市常住人口、户籍人口、常住人口与户籍人口的差额、差额占常住人口的比重

① 图 7－18 的数据是存量值,图 7－19 的数据是增长率。图 7－19 的常住人口和户籍人口增长率是在图 7－18 常住人口和户籍人口存量值的基础上计算出来的,所以图 7－19 的数据相比图 7－18 少一年(2000 年),这样就造成了图 7－18 的数据从 2000 年开始,而图 7－19 的数据从 2001 年开始,所以,没有必要在图 7－19 中增加 2000 年的数据,否则,图 7－12 就也要增加 1999 年的数据了。

常住人口快速增长，同样，这是由非户籍人口的快速增长造成的，这一时期常住人口增长率大幅高于户籍人口增长率；2011～2015 年，非户籍人口的数量在波动中保持了稳定，常住人口数量的增长主要由户籍人口数量的增长所推动，城市的对流入人口的包容性在增强。

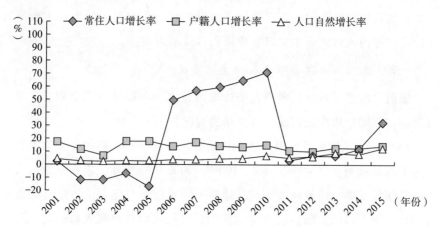

图 7 - 19   2001～2015 年广州市的常住人口增长率、
户籍人口增长率与人口自然增长率

和广州市相比，深圳市的一个特殊之处是非户籍人口在常住人口中占比很高。2000 和 2015 年广州市常住人口和户籍人口的差额占常住人口的比重分别为 29.56% 和 36.73%，常住人口以户籍人口为主；而深圳市则分别为 82.19% 和 68.80%（见图 7 - 20），常住人口以非户籍人口为主，这

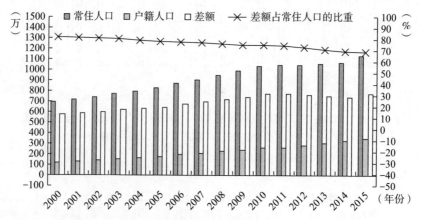

图 7 - 20   2000～2015 年深圳市常住人口、户籍人口、常住人口与户籍人口
的差额、差额占常住人口的比重

是由两个城市不同的发展基础和路径决定的。2000～2015 年，深圳市常住人口和户籍人口的数量持续上升，而且户籍人口增长率持续高于常住人口增长率（见图 7－21），非户籍人口占常住人口的比重持续下降。2000～2011 年，非户籍人口的绝对数量持续增长，但在 2012 后在波动中趋于稳定，这表明城市的包容性在增强。

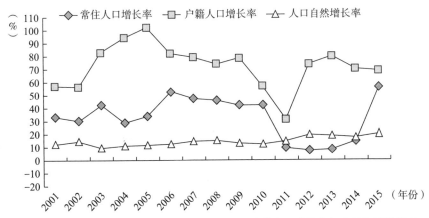

图 7－21　2001～2015 年深圳市常住人口增长率、户籍人口增长率与人口自然增长率

珠海市是珠江三角洲九市中人口规模最小的城市，2015 年常住人口163.41 万。2000～2015 年，珠海市常住人口和户籍人口的数量持续上升，而常住人口与户籍人口的差额（非户籍人口）则稳定在 50 万左右，占常住人口的比重从 2000 年的 40.23% 下降到 2015 年的 31.19%（见图 7－22）。

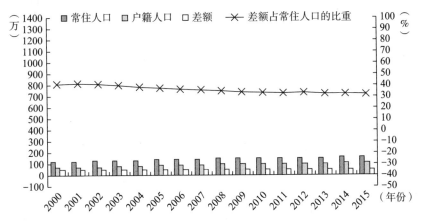

图 7－22　2000～2015 年珠海市常住人口、户籍人口、常住人口与户籍人口的差额、差额占常住人口的比重

除个别年份外，户籍人口增长率均高于常住人口增长率，两者都高于人口自然增长率（见图 7 - 23），说明珠海市人口净流入基本是以户籍人口迁入的方式实现的，城市的包容性较强，但 2011 年以后常住人口增长率和人口自然增长率较为接近，人口迁入近于停滞。

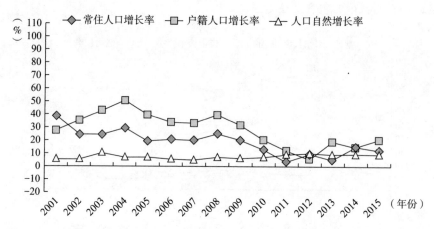

图 7 - 23 2001 ~ 2015 年珠海市常住人口增长率、户籍人口增长率与人口自然增长率

2000 ~ 2015 年，佛山市常住人口和户籍人口的数量持续增长（见图 7 - 24），非户籍人口也持续增长，常住人口增长率在大多数年份高于人口自然增长率（见图 7 - 25），是人口净流入城市，但在不同时期呈现不同特点。2000 ~ 2005 年，常住人口增长率和户籍人口增长率接近，户籍人口流

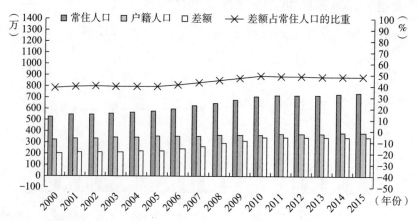

图 7 - 24 2000 ~ 2015 年佛山市常住人口、户籍人口、常住人口与户籍人口的差额、差额占常住人口的比重

入是其人口流入的主要方式；2006～2010 年，常住人口增长率明显高于户籍人口增长率，非户籍人口流入是这一时期人口流入的主要途径。2010年，非户籍人口及其占常住人口的比重均达到了峰值，分别为 349.02 万和 48.48%；2011 年以后，非户籍人口流入停滞，常住人口增长率接近甚至低于人口自然增长率，而且户籍人口增长率仍然高于人口自然增长率，户籍人口迁入成为人口流入的主要途径，说明这一时期佛山对流入人口的包容性也在增强。

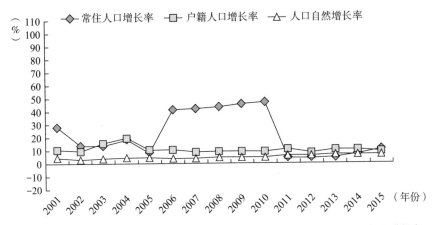

图 7 – 25　2001～2015 年佛山市常住人口增长率、户籍人口增长率与人口自然增长率

　　东莞市也是一个非户籍人口为常住人口主体的城市，且非户籍人口占常住人口的比重较为稳定，2000 年和 2015 年非户籍人口占常住人口的比重分别为 76.33% 和 76.37%（见图 7 – 26）。2000～2014 年，东莞市常住人口和户籍人口持续增长，2015 年，常住人口略有下降，其人口流入可以分为特征鲜明的三个阶段（见图 7 – 27）。2000～2005 年，非户籍人口数量有所下降，常住人口增长率低于人口自然增长率，说明这一时期由于非户籍人口的迁出，东莞是存在少量人口的净迁出的；2006～2010 年，常住人口增长率显著高于户籍人口增长率，非户籍人口流入是这一时期人口流入的主要途径，2010 年非户籍人口及其占常住人口的比重均达峰值，分别为 640.71 万和 77.90%；2011 年以后，常住人口增长率低于人口自然增长率，非户籍人口的数量在波动中下降，户籍人口增长率高于人口自然增长率，户籍人口迁入是这一时期人口流入的主要途径，这一时期东莞对流入人口的包容性也在增强。

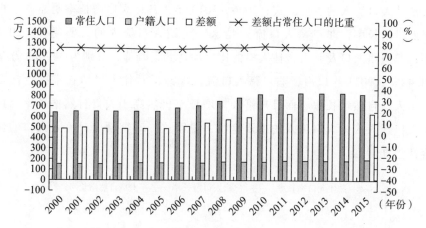

图 7 - 26　2000 ~ 2015 年东莞市常住人口、户籍人口、常住人口与户籍人口的差额、差额占常住人口的比重

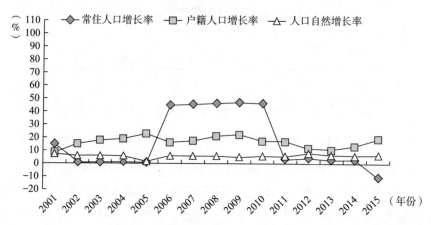

图 7 - 27　2001 ~ 2015 年东莞市常住人口增长率、户籍人口增长率与人口自然增长率

　　2000 ~ 2015 年，中山市的人口流动情况也可以划分为特征不同的三个阶段。2000 ~ 2005 年，常住人口增长率接近甚至低于人口自然增长率，户籍人口增长率高于人口自然增长率（见图 7 - 29），非户籍人口 2005 年比 2000 年下降 0.08 万，户籍人口增加 7.07 万，2005 年，非户籍人口及其占常住人口的比重达到最低，分别为 102.64 万和 42.16%（见图 7 - 28）。2006 ~ 2010 年，常住人口增长率大幅高于人口自然增长率和常住人口增长率，非户籍人口增长迅速，2010 年比 2005 年增长 60.45 万，户籍人口增长 8.36 万，非户籍人口增长是这一时间人口增长的主要途径，2010 年非户籍人口及其占常住人口的比重均达到峰值，分别为 163.09 万和

52.23%。2011～2015 年，常住人口增长率接近甚至低于人口自然增长率，而户籍人口增长率高于人口自然增长率，与 2010 年相比，户籍人口在 2015 年增长了 9.50 万，非户籍人口减少 0.81 万，常住人口的增长是由户籍人口的增长支撑的。

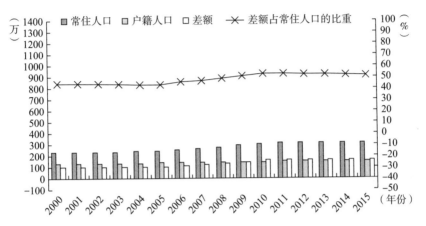

图 7 - 28　2000～2015 年中山市常住人口、户籍人口、常住人口与户籍人口的差额、差额占常住人口的比重

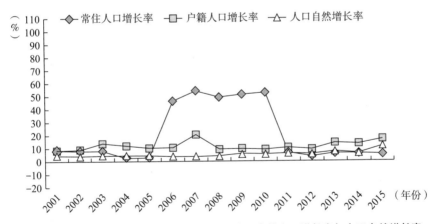

图 7 - 29　2001～2015 年中山市常住人口增长率、户籍人口增长率与人口自然增长率

惠州市的人口变动可以分为两个具有鲜明特征的阶段。2000～2010 年，惠州市常住人口增长率高于户籍人口增长率，户籍人口增长率高于人口自然增长率（见图 7 - 31）；非户籍人口从 2000 年的 43.99 万上升到 2010 年的 122.83 万，占常住人口的比重从 13.67% 上升到 26.70%（见图 7 - 30）；户籍人口增长 59.47 万，非户籍人口增长 78.84 万，非户籍人口增量在常住人口增量中占了大半。2011～2015 年，常住人口增长率接近甚至低于人口自然增长率，户籍人口增长率则经历了先降后升的波动，户籍人口增长了 19.79 万，非户籍人口下降了 4.35 万，常住人口的增长由户籍人口的增长支撑。

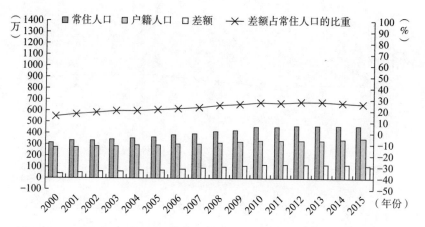

图 7 - 30　2000～2015 年惠州市常住人口、户籍人口、常住人口与户籍人口的差额、差额占常住人口的比重

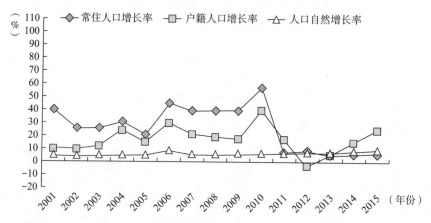

图 7 - 31　2001～2015 年惠州市常住人口增长率、户籍人口增长率与人口自然增长率

2000～2015 年，江门市人口基本的变动趋势是一致的，常住人口增长率高于人口自然增长率和户籍人口增长率（见图 7 - 33）。2006～2010 年，常住人口增长较快，2001～2005 年及 2011～2015 年，常住人口增长较慢。2000 - 2015 年，非户籍人口保持增长的趋势，非户籍人口从 14.39 万增加到 60.54 万，占常住人口的比重从 3.64% 增加到 13.40%（见图 7 - 32），

与 2010 年相比，2015 年的户籍人口增加了 10.56 万，非户籍人口增加了
46.15 万，常住人口的流入主要由非户籍人口的流入支撑。

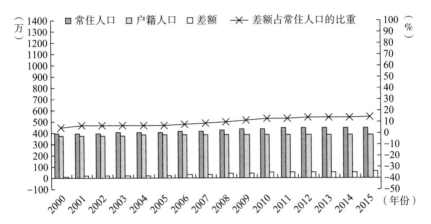

图 7-32　2000~2015 年江门市常住人口、户籍人口、常住人口与户籍人口
的差额、差额占常住人口的比重

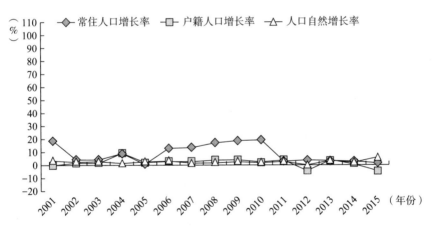

图 7-33　2001~2015 年江门市的常住人口增长率、户籍人口增长率与人口自然增长率

肇庆市是珠江三角洲唯一一个常住人口少于户籍人口的城市，说明该
市是一个人口净流出城市。其人口的变动可以分为两个阶段。2001~2005
年，肇庆市的常住人口增长率高于人口自然增长率（见图 7-35），在这一
时期，常住人口增长了 29.91 万，而户籍人口仅增长了 9.88 万，常住人口
和户籍人口的差额占常住人口的比重从 2000 年的 -14.48% 上升至 2005 年
的 -7.86%（见图 7-34），可见人口在回流。2006~2015 年，常住人口
增长率接近甚至低于人口自然增长率，这一时期常住人口增长了 38.36 万，

而户籍人口增长了41.79万，户籍人口增长超过常住人口增长，说明有这一时期人口在流出。

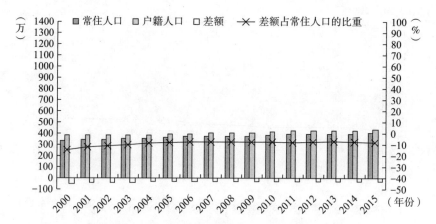

图 7－34　2000～2015年肇庆市常住人口、户籍人口、常住人口与户籍人口
的差额、差额占常住人口的比重

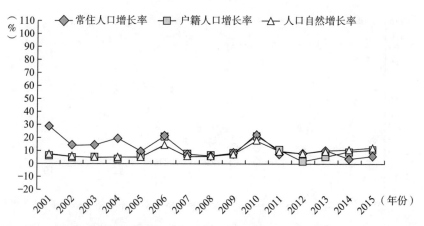

图 7－35　2001～2015年肇庆市的常住人口增长率、户籍人口增长率与人口自然增长率

（七）东翼各市的人口流动情况

2000～2015年，汕头市常住人口的数量都略高于户籍人口的数量，有非户籍人口的少量流入，但占常住人口的比重很低，峰值为2010年的2.87%，非户籍人口数量比较稳定，非户籍人口占常住人口的比重虽有波动，但波动不大（见图7－36），常住人口增长率、户籍人口增长率和人口自然增长率较为接近（见图7－37）。2000～2015年，汕头市常住人口增

长了 87.49 万, 户籍人口增长了 91.63 万, 二者基本相当。可见, 汕头市是一个有非户籍人口和常住人口净流入, 但流入并不明显的城市。

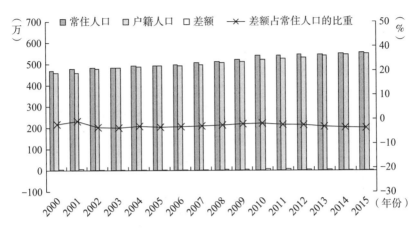

图 7 – 36　2000～2015 年汕头市常住人口、户籍人口、常住人口与户籍人口
的差额、差额占常住人口的比重

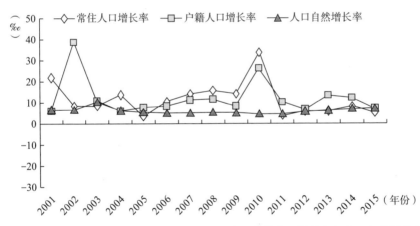

图 7 – 37　2001～2015 年汕头市常住人口增长率、户籍人口增长率与人口自然增长率

潮州市是一个从人口净流出变为人口净流入的城市, 但这种趋势并不稳定, 它是一个人口流动不明显的城市。2000 年, 潮州市常住人口和户籍人口的差额为 –6.15 万, 占常住人口的比重为 –2.56%, 之后逐年上升, 在 2004 年转变为正值, 2010 年, 常住人口和户籍人口的差额为 6.32 万, 非户籍人口占常住人口的比重为 2.37%, 之后逐年下降, 2015 年, 潮州市又成为户籍人口净流出的城市, 常住人口和户籍人口的差额及其占常住人口的比重分别为

-8.75万和-3.31%（见图7-38）。潮州市常住人口2015年比2010年增加了23.61万，户籍人口增加了26.21万，二者基本相当。

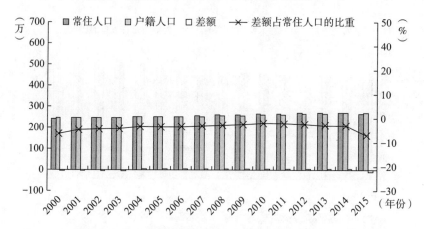

图7-38　2000~2015年潮州市常住人口、户籍人口、常住人口与户籍人口的差额、差额占常住人口的比重

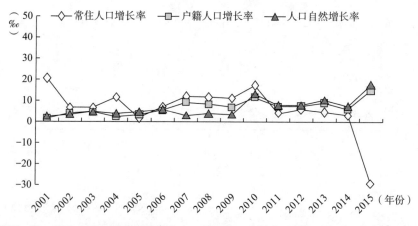

图7-39　2001~2015年潮州市常住人口增长率、户籍人口增长率与人口自然增长率

揭阳市是一个户籍人口净流出的城市，2000~2015年，揭阳市的常住人口数量明显少于户籍人口数量（见图7-40）。在2000~2015年的大多数年份，揭阳市常住人口增长率都低于人口自然增长率和户籍人口增长率，而户籍人口增长率接近人口自然增长率（见图7-41）。2000年，揭阳市常住人口和户籍人口的差额为-51.36万，占常住人口的比重为-9.79%，2015年则分别为-95.79万和-15.81%，户籍人口增长了125.71万，而常住人口增长了81.28万，明显少于户籍人口的增长。

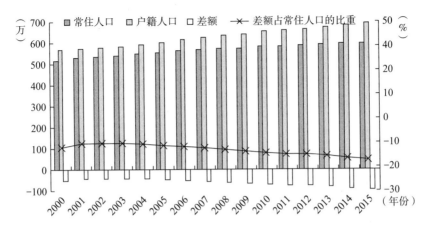

图 7 – 40　2000 ~ 2015 年揭阳市常住人口、户籍人口、常住人口与户籍人口的差额、差额占常住人口的比重

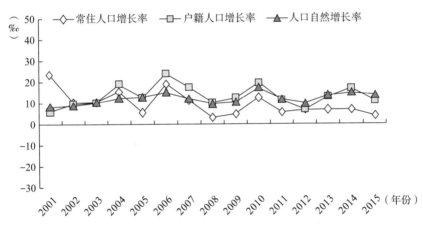

图 7 – 41　2001 ~ 2015 年揭阳市常住人口增长率、户籍人口增长率与人口自然增长率

　　汕尾市也是一个户籍人口净流出的城市，2000 ~ 2015 年，汕尾市的常住人口数量明显低于户籍人口数量（见图 7 - 42），但其人口流动可以分为两个阶段。2000 ~ 2005 年，常住人口增长率高于人口自然增长率，人口向汕尾回流：2000 年，常住人口和户籍人口的差额为 - 50.29 万，其占常住人口的比重为 - 20.47%，2005 年则分别为 - 35.49 万和 - 12.68%，常住人口增长了 34.16 万，而户籍人口增长了 19.36 万，常住人口增长超过了户籍人口增长率（见图 7 - 43）。2006 ~ 2015 年，常住人口增长率低于人口自然增长率，人口持续从汕尾流出。2015 年，汕尾市常住人口和户籍人口的差额为 - 56.80 万，其占常住人口的比重为 - 18.80%，与 2005 年相比，常住人口增长了

22.29 万，户籍人口增长了 43.60 万，常住人口增长明显低于户籍人口增长。

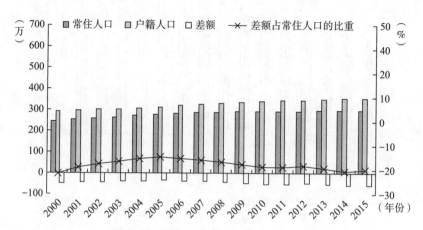

图 7-42　2000~2015 年汕尾市常住人口、户籍人口、常住人口与户籍人口
的差额、差额占常住人口的比重

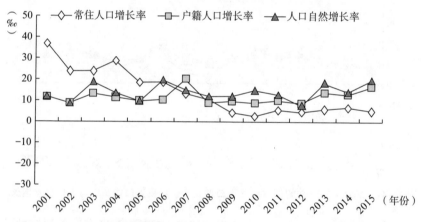

图 7-43　2001~2015 年汕尾市常住人口增长率、户籍人口增长率与人口自然增长率

（八）西翼各市的人口流动情况

2000~2015 年，湛江市常住人口的数量低于户籍人口的数量（见图 7-44），是人口净流出城市，其人口流动情况可以划分为两个阶段。2000~2005 年，常住人口增长率高于人口自然增长率和户籍人口增长率，这一时期人口在回流（见图 7-45）：2000 年常住人口和户籍人口的差额为 -91.46 万，差额占常住人口的比重为 -15.16%，2005 年则分别为 -49.10万和 -7.34%，常住人口增长了 65.52 万，户籍人口增长了 23.16

万，常住人口的增长明显超过了户籍人口的增长。2006～2015 年，其中多数年份常住人口增长率低于人口自然增长率和户籍人口增长率，这一时期人口在净流出。2015 年，常住人口和户籍人口的差额及其占常住人口的比重分别为 -98.82 万和 -13.65%，常住人口比 2005 年增长了 55.19 万，户籍人口增长了 104.91 万，常住人口的增长明显低于户籍人口的增长。2006～2011 年，湛江市人口自然增长率和户籍人口增长率高度吻合，而2012～2015 年，两者明显偏离，户籍人口增长率整体高于人口自然增长率，可见在此期间有户籍人口的净迁入，而且常住人口增长率和人口自然增长率接近，净人口流动不明显。

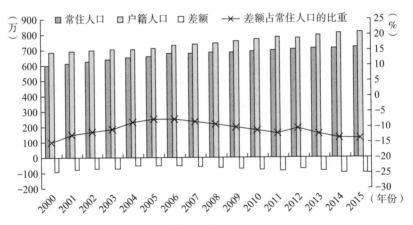

图 7 - 44　2000～2015 年湛江市常住人口、户籍人口、常住人口与户籍人口
的差额、差额占常住人口的比重

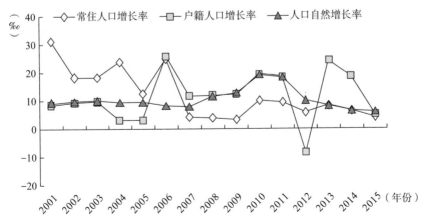

图 7 - 45　2001～2015 年湛江市常住人口增长率、户籍人口增长率与人口自然增长率

2000～2015 年，茂名市常住人口数量低于户籍人口数量（见图 7 - 46），是人口净流出城市，其人口流动情况可以分为三个阶段。2000～2005 年，常住人口增长率高于人口自然增长率和户籍人口增长率（见图 7 - 47），人口在回流：2000 年，常住人口和户籍人口的差额为 - 119.97 万，差额占常住人口的比重为 - 22.86%，2005 年分别为 - 95.29 万和 - 16.32%，常住人口增长了 59.22 万，户籍人口增长了 34.54 万，常住人口增长明显超过户籍人口增长。2006～2011 年，常住人口增长率低于人口自然增长率和户籍人口增长率，人口在流出：2011 年，常住人口和户籍人口的差额为 - 173.04 万，差额

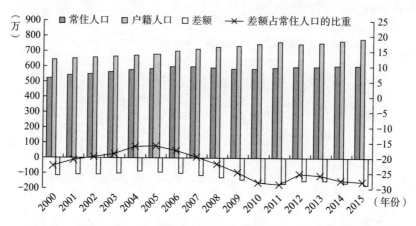

图 7 - 46　2000～2015 年茂名市常住人口、户籍人口、常住人口与户籍人口的差额、差额占常住人口的比重

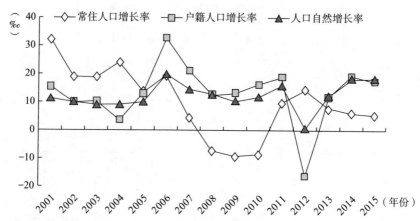

图 7 - 47　2001～2015 年茂名市常住人口增长率、户籍人口增长率与人口自然增长率

占常住人口的比重为 -29.42%，常住人口比 2005 年仅增长 4.22 万，而户籍人口增长了 81.97 万，户籍人口增长率明显超过常住人口增长率。2012 ~2015 年，常住人口增长率和户籍人口增长率及人口自然增长率高低互见：2015 年，常住人口和户籍人口的差额及其占常住人口的比重分别为 -177.76 万和 -29.23%，与 2011 年相当；2015 年比 2012 年常住人口增长 19.82 万，户籍人口增长 24.52 万，两者较为接近，净人口流动不明显。

2000 -2015 年，阳江市常住人口数量低于户籍人口数量（见图 7 -48），是人口净流出城市，其人口流动情况可以分为三个阶段。2000 ~2005 年，常

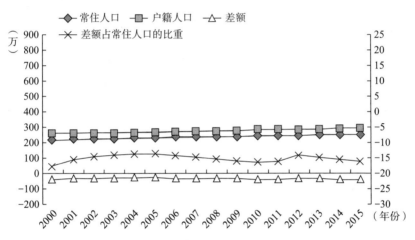

图 7 -48 2000 ~2015 年阳江市常住人口、户籍人口、常住人口与户籍人口的差额、差额占常住人口的比重

住人口增长率高于人口自然增长率和户籍人口增长率（2005 年低于人口自然增长率）（见图 7 -49），人口在回流：2000 年，常住人口和户籍人口的差额为 -39.20 万，差额占常住人口的比重为 -18.05%，2005 年分别为 -32.01 万和 -13.79%，绝对值明显下降；2005 年比 2000 年常住人口增长了 14.94 万，户籍人口增长了 7.75 万，常住人口增长超过户籍人口增长。2006 ~2010 年，常住人口增长率低于人口自然增长率和户籍人口增长率（2010 年高于人口自然增长率），人口在净流出：2010 年，常住人口和户籍人口的差额及其占常住人口的比重分别为 -40.28 万和 -16.61%，绝对值均比 2005 年有所上升；2010 年比 2005 年常住人口增长了 10.39 万，户籍人口增长了 18.66 万，常住人口增长低于户籍人口增长。2011 ~2015

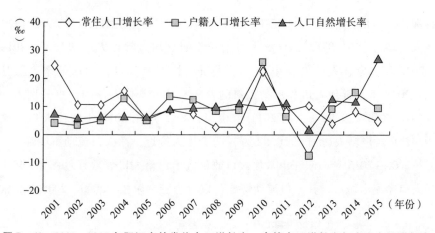

图 7 – 49　2001～2015 年阳江市的常住人口增长率、户籍人口增长率与人口自然增长率

年，常住人口增长率和户籍人口增长率及人口自然增长率高低互见：2015年，常住人口和户籍人口的差额及其占常住人口的比重分别为 – 41.00 万和 – 16.33%，与 2010 年基本持平；与 2010 年相比，常住人口增长 8.59万，户籍人口增长 9.31 万，两者基本相当，人口净流动不明显。

（九）山区各市人口流动情况

2000 – 2015 年，韶关市常住人口数量低于户籍人口数量（见图7 – 50），是人口净流出城市，其人口流动情况可以分为三个阶段。2000～2005 年，韶关市常住人口增长率高于人口自然增长率和户籍人口增长率（见图 7 – 51），人口在回流：2000 年，韶关市常住人口和户籍人口的差额及其占常住人口的比重分别为 – 37.28 万和 – 13.62%，2005 年分别为– 26.40万和 – 9.03%，绝对值明显下降；2005 年比 2000 年常住人口增长了 18.61 万，户籍人口增长了 7.73 万，常住人口增长明显高于户籍人口增长。2006～2010 年，常住人口增长率（均为负值）低于人口自然增长率和户籍人口增长率，人口在净流出：2010 年，常住人口和户籍人口的差额及其占常住人口的比重分别为 – 45.08 万和 – 15.93%，绝对值比 2000 年明显增长；2010 年比 2005 年常住人口下降了 9.24 万，而户籍人口增长了9.44 万。2011～2015 年，韶关市常住人口增长率和户籍人口增长率及人口自然增长率高低互见，人口又有回流：2015 年，常住人口和户籍人口的差额及其占常住人口的比重分别为 – 37.06 万和 – 12.64%，绝对值比 2010年有所下降；与 2010 年相比，常住人口增长 10.13 万，户籍人口增长

2.11 万，常住人口增长高于户籍人口增长。

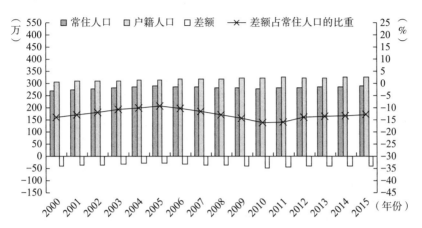

图 7 – 50　2000～2015 年韶关市常住人口、户籍人口、常住人口与户籍人口
的差额、差额占常住人口的比重

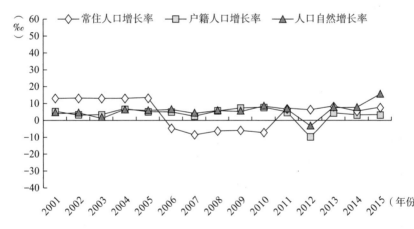

图 7 – 51　2001～2015 年韶关市常住人口增长率、户籍人口增长率与人口自然增长率

2000～2015 年，梅州市常住人口数量低于户籍人口数量（图 7 – 52），是人口净流出城市，其人口流流动情况可以分为两个阶段。2000～2005年，常住人口增长率高于人口自然增长率和户籍人口增长率，人口在回流：2000 年常住人口和户籍人口的差额及其占常住人口的比重分别为－104.63 万和－27.50%，2005 年分别为－87.07 万和－21.14%，绝对值明显下降；2005 年比 2000 年常住人口增长了 31.32 万，户籍人口增长了13.76 万，常住人口的增长明显高于户籍人口增长。2006～2015 年，除了2010 年，其余年份梅州市的常住人口增长率均低于人口自然增长率和户籍人口增长率，人口在流出：2015 年，常住人口和户籍人口的差额及其占常住人口的比重分别为 - 109.71 万和 - 25.27%，绝对值比 2005 年上升；与 2005 年相比，常住人口增长了 22.24 万，户籍人口增长了 44.88 万，常住人口增长明显低于户籍人口增长。

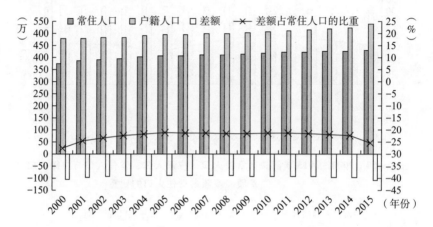

图 7 - 52　2000 ~ 2015 年梅州市常住人口、户籍人口、常住人口与户籍人口的差额、差额占常住人口的比重

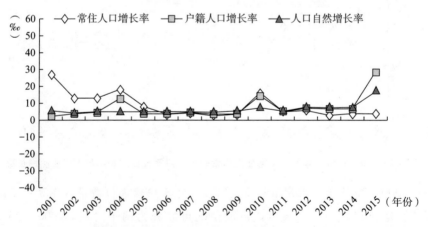

图 7 - 53　2001 ~ 2015 年梅州市常住人口增长率、户籍人口增长率与人口自然增长率

2000 ~ 2015 年，清远市常住人口数量低于户籍人口数量（见图7 - 54），是人口净流出城市，其人口流动情况可以分为三个阶段。2000 ~ 2005 年，清远市常住人口增长率高于人口自然增长率和户籍人口增长率（见图 7 -55），人口在回流：2000 年，常住人口和户籍人口的差额及其占常住人口的比重分别为 - 70.71 万，和 - 22.45%，2005 年分别为 - 34.07 万和 -

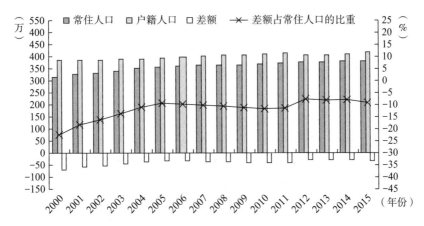

图7-54 2000~2015年清远市常住人口、户籍人口、常住人口与户籍人口
的差额、差额占常住人口的比重

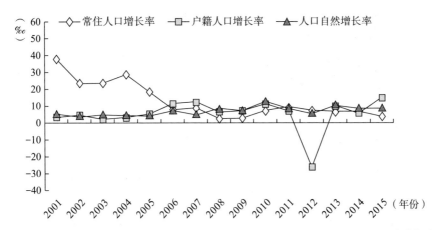

图7-55 2001~2015年清远市的常住人口增长率、户籍人口增长率与人口自然增长率

9.48%，绝对值明显下降；2005年比2000年常住人口增长了44.39万，户籍人口增长了7.75万，常住人口增长率显著高于户籍人口增长率。2006~2010年，常住人口增长率低于人口自然增长率和户籍人口增长率，人口在流出：2010年，常住人口和户籍人口的差额及其占常住人口的比重分别为-43.09万和-11.63%，绝对值比2005年上升；与2005年相比，常住人口增长了11.01万，户籍人口增长了20.03万，常住人口增长率低于户籍人口增长率。2011~2015年，常住人口增长率、人口自然增长率及户籍人口增长率涨跌互见，人口少量回流：2015年，常住人口和户籍人口的差额及其占常住人口的比重分别为-35.06万和-9.14%，绝对值比2010年

下降；与 2010 年相比，常住人口增长了 13.07 万，户籍人口增长了 5.04 万，常住人口增长高于户籍人口增长。

2000～2015 年，河源市常住人口数量低于户籍人口数量（见图 7－56），是人口净流出城市，其人口流动情况可以分为三个阶段。2000～2005 年，河源市处于人口回流阶段，2000 年，常住人口和户籍人口的差额及其占常住人口的比重分别为 －95.16 万和 －41.96％，2005 年分别为 －59.12 万和 －21.25％，常住人口和户籍人口差额占常住人口的比例大幅下降。2006～2011 年，是人口小幅流出阶段：2011 年，河源市常住人口和户籍人口的差额

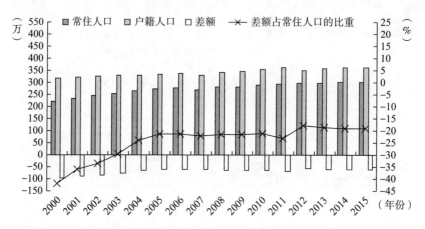

图 7－56　2000～2015 年河源市常住人口、户籍人口、常住人口与户籍人口
的差额、差额占常住人口的比重

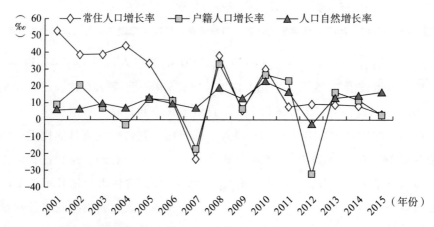

图 7－57　2001～2015 年河源市常住人口增长率、户籍人口增长率与人口自然增长率

及其占常住人口的比重分别为 - 68.62 万和 - 23.01%，均比 2005 年有所上升。2012 ~ 2015 年，人口又有小幅回流，2015 年常住人口和户籍人口的差额及其占常住人口的比重分别为 - 59.06 万和 - 19.22%，绝对值均有所下降。

2000 ~ 2015 年，云浮市常住人口数量低于户籍人口数量（见图 7 - 58），是人口净流出城市，其人口流动情况可以分为三个阶段。2000 ~ 2005 年是第一个阶段，常住人口增长率高于人口自然增长率和户籍人口增长率，人口在回流：2000 年，常住人口和户籍人口的差额及其占常住人口的比重分别为 - 42.26 万和 - 19.61%，2005 年分别为 - 29.37 万和 - 12.55%，绝对值明显

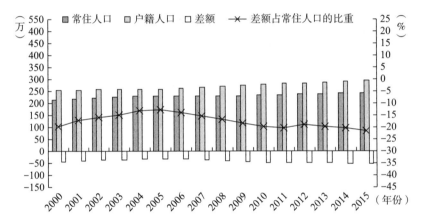

图 7 - 58　2000 ~ 2015 年云浮市常住人口、户籍人口、常住人口与户籍人口的差额、差额占常住人口的比重

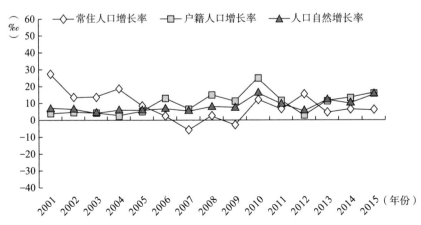

图 7 - 59　2001 ~ 2015 年云浮市常住人口增长率、户籍人口增长率与人口自然增长率

下降；2005 年比 2000 年常住人口增长了 18.5 万，户籍人口增长了 5.61 万，常住人口增长率明显高于户籍人口增长率。2006～2010 年是第二个阶段，人口流出较快：2010 年，常住人口和户籍人口的差额及其占常住人口的比重分别为 -46.67 万和 -19.66%，与 2005 年相比变动较大。2011～2015 年是第三个阶段，人口流出较慢：2015 年，常住人口和户籍人口的差额及其占常住人口的比重分别为 -52.88 万和 -21.49%，与 2010 年相比变动较小。

第三节　广东省经济与人口集聚情况分析

一　广东省不同地区经济和人口集聚情况比较

我们从经济密度（每平方公里的地区生产总值）、人口密度和人均 GDP 三个维度来考察广东省的经济集聚情况。从经济密度来看，如图 7 - 60 所示，2000 年经济密度高于全省平均水平的地区有珠江三角洲和东翼地区，城市包括深圳、广州、东莞、佛山、汕头、中山、珠海七市，除汕头为东翼地区城市外，其他六市均为珠江三角洲城市。2000 年以后，东翼的经济密度逐渐落后于广东省平均水平，前述七市则持续高于广东省平均水平。

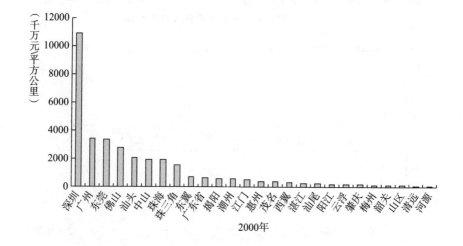

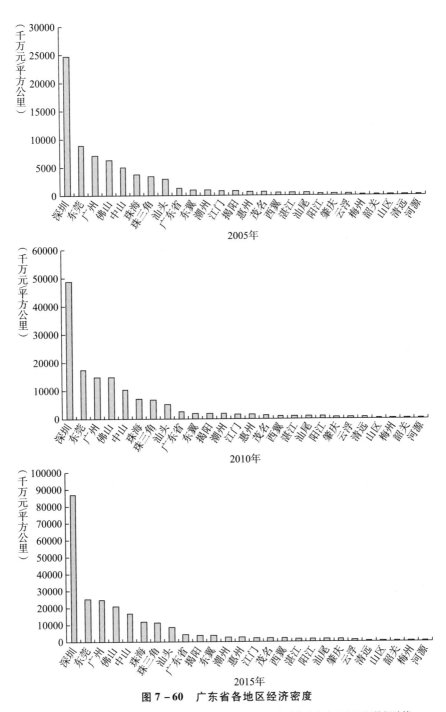

图 7 – 60　广东省各地区经济密度

资料来源：根据 2016 年《广东统计年鉴》各市地区生产总值和各市土地面积数据计算。

从人口密度来看，如图 7 - 61 所示，在 2000 年、2005 年、2010 年、2015 年四个年份中，东翼地区和珠江三角洲的人口密度均高于广东省平均

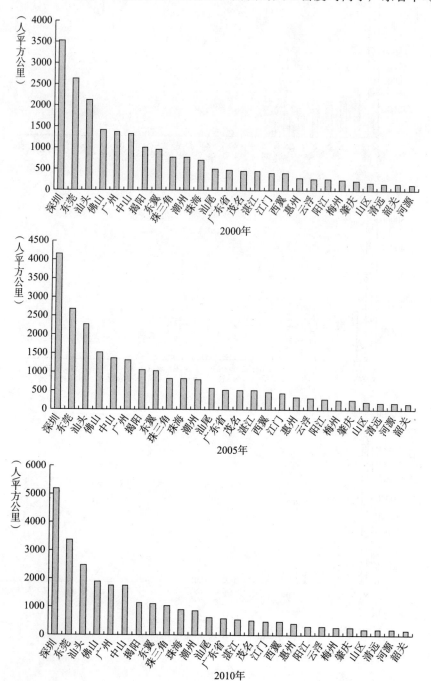

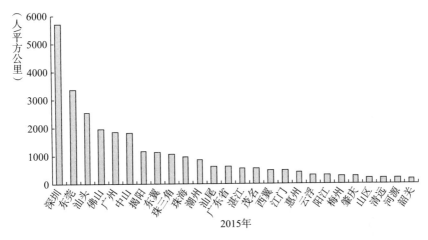

图 7 - 61　广东省各地区人口密度

资料来源：根据 2016 年《广东统计年鉴》各市常住人口和各市土地面积数据计算。

水平，而且东翼地区人口密度高于珠江三角洲；人口密度高于广东省平均水平的城市为深圳、东莞、汕头、佛山、广州、中山、揭阳、珠海、潮州、汕尾十市，其中包括了全部东翼城市和珠江三角洲六市。

从人均 GDP 来看，如图 7 - 62 所示，2000 年人均地区生产总值高于全国人均国内生产总值的城市有深圳、珠海、广州、佛山、中山、惠州、东莞、江门、汕头、茂名（和全国基本持平），包括了除肇庆外的八个珠三角城市和东西两翼各一个城市；高于广东全省人均地区生产总值的有深圳、珠海、广州、佛山、中山、惠州、东莞、江门，全部为珠三角地区城市；但在以后的发展中，持续高于广东全省平均水平的仅有深圳、广州、

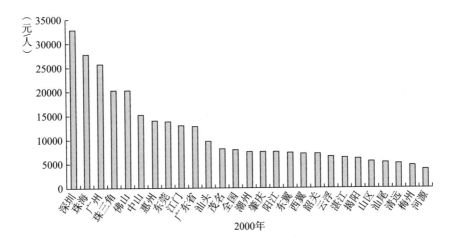

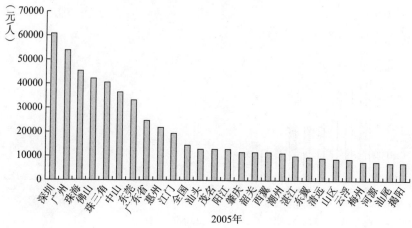

2005年

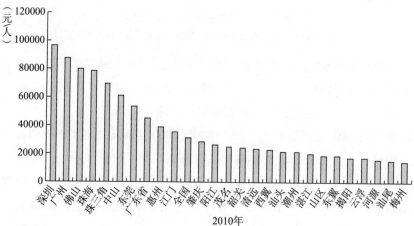

2010年

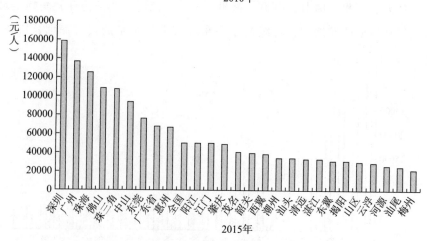

2015年

图7-62 广东省各地区人均GDP

资料来源：2016年《广东统计年鉴》《中国统计年鉴》。

珠海、佛山、中山、东莞六个珠江三角洲城市，持续高于全国平均水平的除以上六市外还包括惠州和江门（2015 年略低于全国平均水平）。

可见，从经济密度、人口密度和人均 GDP 三个维度来衡量，珠江三角洲三个指标都高于广东省平均水平，是广东经济和人口聚集、经济发展水平最高的地区，其中深圳、广州、珠海、佛山、东莞、中山是广东省经济、人口集聚度和经济发展水平最高的六个城市，我们把它们称为"核心六市"。此外，东翼地区的人口密度在全省四个地区中最高，经济密度也较高，但经济发展水平落后，人均 GDP 较低，东翼地区四市中汕头市的经济密度和人口密度最高。这说明广东省有两个经济和人口的集聚区，一个是珠三角六市，另一个是东翼的汕头市，但两者的经济发展水平有很大差距。

二 广东省各地区经济和人口集聚水平的变化

我们观察 2000～2015 年广东省 4 个地区和"核心六市"，用地区生产总值、常住人口数量、年末从业人员数占全省的比重来衡量经济、人口和就业集聚的变化情况。

从图 7 - 63 可以看到，珠江三角洲和核心六市地区生产总值占全省的比重呈现不太明显的"钟型"发展趋势，从 2000 年的 75.21% 和 64.55% 持续上升，2006 年达到最高点，分别为 79.81% 和 71.06%，之后则在波

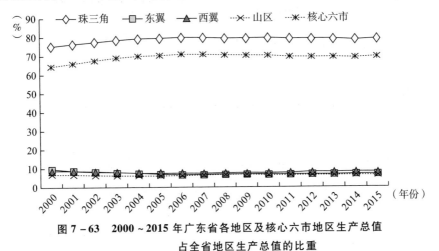

图 7 - 63　2000～2015 年广东省各地区及核心六市地区生产总值占全省地区生产总值的比重

资料来源：根据 2007 年、2010 年、2016 年《广东统计年鉴》有关数据整理计算。

原注：地区生产总值按当年价格计算。

动中呈缓慢下降的趋势，2015 年分别为 79.14% 和 69.79%。山区、东翼和西翼则呈现不太明显的 U 型发展趋势，从 2000 年的 6.75%、9.54% 和 8.50% 持续下降，山区在 2003 年达到最低点，为 6.04%，东翼和西翼于 2007 年达到最低点，分别为 6.55% 和 7.24%，之后在波动中呈上升的趋势，2015 年分别为 6.24%、6.90% 和 7.72%。

从图 7－64 可以看到，珠江三角洲和核心六市常住人口占全省的比重 2000～2015 年在波动中上升，可以分为三个阶段：2000～2005 年缓慢持续下降，分别从 50.32% 和 37.95% 下降至 49.46% 和 36.97%；2006～2010 年则明显回升，2010 年分别为 53.79% 和 41.37%；2011 年后在波动中略有上升，2015 年分别为 54.15% 和 41.85%。东翼则呈现持续下降的趋势，但 2010 年后降幅明显变小，从 2000 年的 17.34% 降至 2015 年的 15.92%。西翼、山区与珠江三角洲及核心六市的变动趋势相反，2000～2015 年总体上是在波动中下降，可以分为三个阶段：2000～2005 年，缓慢持续上升，从 2000 年的 15.78% 和 16.56% 分别上升至 2005 年的 16.15% 和 17.14%；2006～2010 年，明显下降，2010 年分别为 14.61% 和 15.42%；2011 年以后，在波动中略有下降，2015 年分别为 14.59% 和 15.34%。

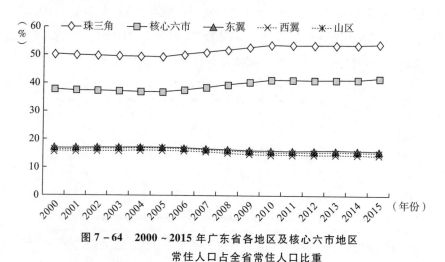

**图 7－64　2000～2015 年广东省各地区及核心六市地区
常住人口占全省常住人口比重**

资料来源：根据 2007 年、2011 年、2016 年《广东统计年鉴》有关数据整理计算。
原注：2006－2009 年年末常住人口根据 2010 年第六次全国人口普查快速汇总数据进行平滑调整。

图 7－65 给出了各地区年末从业人员数占全省比重的变化情况，由于

2003 年报表制度发生了变化，部分城市有较大变动，因此我们从 2003 年开始观察。从 2003 年起，珠三角和核心六市年末从业人员数占全省的比重持续上升，但上升的幅度在下降：2003 年分别为 51.19% 和 37.47%，2010 年则分别为 60.85% 和 48.54%，年均增幅分别为 1.38% 和 1.58%；2015 年分别为 62.25% 和 50.30%，2010～2015 年的年均上升幅度分别为 0.28% 和 0.35%。从 2003 年起，东翼、西翼和山区年末从业人员数占全省的比重持续下降，但下降幅度在下降：2003 年分别为 17.28%、17.42% 和 19.50%，2010 年分别为 13.04%、12.34% 和 13.77%，2003～2010 年年均降幅分别为 0.29%、0.57% 和 0.52%；2015 年分别为 12.19%、12.08% 和 13.48%，2010～2015 年年均降幅分别为 0.17%、0.05% 和 0.06%。

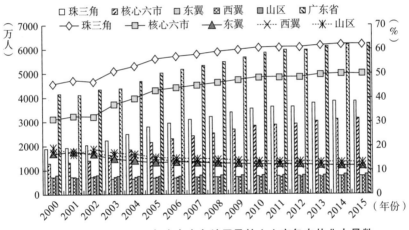

图 7 - 65　2000～2015 年广东省各地区及核心六市年末从业人员数
及其占全省年末从业人员的比重

资料来源：根据 2007 年、2012 年、2016 年《广东统计年鉴有关数据》整理计算。

注：2003 年起就业人员数采用新的报表制度进行统计，部分市的数据有较大的波动。2006～2010 年就业人员人数，根据"六普"资料做了相应调整。

第四节　广东省城市分工进展

一　城市功能分工指数

根据第一章所提供的城市功能分工系数的计算方法，由于二位数行业社会从业人员的统计不完整，我们采用单位从业人员的数据，依据这一计算公式计算服务与制造的功能分工指数。同时，为弥补单位从业人员数据不能反映从业人员全貌的不足，尤其是在国有经济比例低的城市，与社会从业人员的偏差会比较大，我们又采用第二产业和第三产业社会从业人员数据计算了第二产业与第三产业的功能分工指数。由于广州和深圳两个城市是广东省的核心城市，我们把功能分工的分析集中在广州和深圳，不包括广州与深圳的广东省的其他城市，不包括广州与深圳的珠江三角洲、东翼、西翼、山区的功能分工指数，如前文所述的服务与制造功能分工指数用图7-66表示，第三产业与第二产业的功能分工指数用图7-67表示，广州、深圳和广东省其他地区之间的功能分工具有以下三个特点。

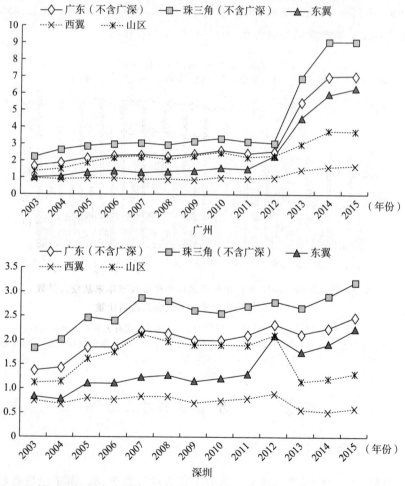

图7-66　2003~2015年广州、深圳与广东其他地区的服务与制造功能分工指数

资料来源：2004~2016年《城市统计年鉴》。

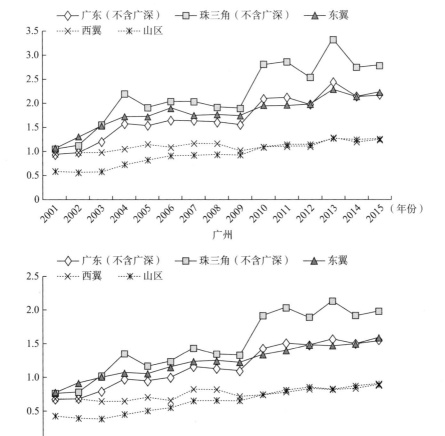

图 7 – 67　2001～2015 年广州、深圳与广东其他地区的第三产业与第二产业功能指数

资料来源：2001～2009 年数据来自《中国区域统计年鉴》，2010～2015 年数据来自《广东统计年鉴》。

注：2010 年从业人员人数，根据"六普"资料做了相应调整（2012 年《广东统计年鉴》原注）。

第一，无论是从服务与制造还是从第三产业和第二产业功能分工指数来看，广州、深圳和广东省除广州与深圳外的其他城市之间的功能分工指数大于 1 且持续上升，这说明广州和深圳这两个中心城市和广东省其他城市整体上存在功能分工，而且这一分工趋势在不断深化。

第二，广州、深圳和不包括广州与深圳的珠江三角洲、东翼、西翼、山区的功能分工指数有明显差异。广州、深圳两个中心城市和不包括广州与深圳的珠江三角洲地区的功能分工较为明显：广州与该地区 2003 年和2015 年的服务与制造功能分工指数分别为 2.25 和 9.10，2001 年和 2015 年的第三产业和第二产业功能分工指数分别为 1.06 和 2.79；深圳与该地区2003 年和 2015 年的服务与制造功能分工指数为 1.84 和 3.20，2001 年和2015 年的第三产和第二产业功能分工指数分别为 0.77 和 1.98。广州、深圳和东翼、西翼、山区的功能分工较不明显。就制造与服务功能分功指数而言，2003 年、2015 年，广州与东翼分别为 1.01 和 6.32、与西翼分别为0.92 和 1.70、与山区分别为 1.38 和 3.75；就第三产业和第二产业功能分工指数而言，2001 年、2015 年，广州与东翼分别为 1.08 和 2.23、与西翼分别为 0.95 和 1.25、与山区分别为 0.60 和 1.27。就制造与服务功能分工指数而言，2003 年、2015 年，深圳与东翼分别为 0.83、2.22，深圳与西翼分别为 0.76、0.60，深圳与山区分别为 1.13、1.31。就第三产业和第二产业功能分工指数而言，2001 年、2015 年，深圳与东翼分别为 0.83 和2.22，深圳与西翼分别为 0.76 和 0.60，深圳与山区分别为 1.13 和 1.31。

第三，广州与广东省整体（不含广州、深圳）、珠江三角洲（不含广州、深圳）、东翼、西翼、山区历年的功能分工指数均高于深圳与相应地区的功能分工指数。

二 城市产业分工指数

我们按照第一章所述的方法，根据第一产业、建筑业、工业各二位数行业、交通运输仓储邮电通信业、批发和零售贸易餐饮业、金融保险业、房地产业、其他服务业等 44 个行业[①]，计算了广东省 21 市 1998～2015 年的产业同构系数，用 1 减去产业同构系数便得到了产业分工指数。为了方便分析，我们分别把广州、深圳和广东省除广州和深圳外的 19 个城市、珠江三角洲除广州和深圳外的七个城市、东翼四市、西翼三市、山区五市的产业分工系数进行平均，分别得到广州、深圳与广东（不含广州、深圳）、

---

① 因为行业分类调整，为便于统计计算，1998～2002 年，去掉木材及竹材采运，合并橡胶和塑料；2003～2010 年，去掉废弃资源和废旧材料回收加工业，合并橡胶和塑料；2011～2014 年，去掉开采辅助活动，废弃资源综合利用，金属、机械设备修理，合并汽车和交通运输设备。

珠三角（不含广州、深圳）、东翼、西翼、山区的产业分工系数，结果用图 7 - 68 表示，从中我们可以看到广州与深圳和广东省其他地区之间的产业分工具有以下三个特点。

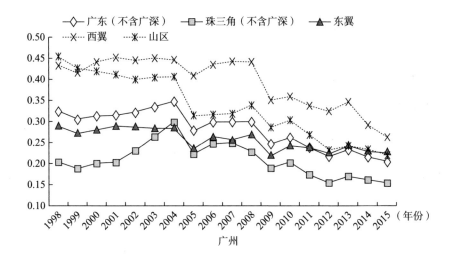

广州

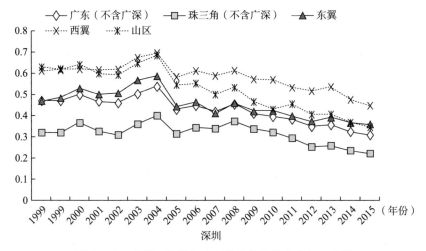

深圳

图 7 - 68　广州、深圳与广东其他地区的产业分工系数

资料来源：《中国工业企业数据库》和相关年份《广东统计年鉴》。

第一，广州、深圳和广东省其他城市之间的平均分工系数在 2004 年以前呈上升的趋势，但在 2004 年以后呈持续下降的趋势。广州和不包括广州、深圳的 19 个城市的平均产业分工系数 1998 年为 0.33，2004 年为 0.35，2015 年为 0.21；深圳 1998 年、2004 年、2015 年的这一系数分别为

0.47、0.54 和 0.31。

第二，广州、深圳和珠江三角洲其他七市、东翼四市、西翼三市、山区五市的产业分工系数存在明显差异。无论广州、深圳还是珠江三角洲其他七个城市的产业分工系数都是最低的。1998 年，广州与珠江三角洲其他七市、东翼四市、西翼三市、山区五市间的平均产业分工系数分别为0.20、0.29、0.43、0.46；2015 年分别为 0.16、0.23、0.26、0.22。1998年深圳与珠江三角洲其他七市、东翼四市、西翼三市、山区五市间的平均产业分工系数分别为 0.32、0.47、0.62、0.63。

第三，广州与广东（不含广州、深圳）19 市、珠三角（不含广州、深圳）七市、东翼四市、西翼三市、山区五市的平均产业分工系数明显低于深圳与相应地区城市的平均产业分工系数。

三 对广东省城市分工的认识

近年来，广州市和深圳市两个中心城市和广东省其他城市的功能分工指数不断上升、产业分工系数先上升后下降的事实表明，在人口等生产要素流动、集聚与扩散的作用下，广东省城市之间的分工日益从产业分工向功能分工发展，城市分工日益深化。珠江三角洲除广州、深圳外的其他城市、东翼、西翼和山区和中心城市的功能分功指数和产业分工系数存在明显差异。珠江三角洲和中心城市的功能分工指数高、产业分工系数低，其他地区和中心城市的功能分工指数低、产业分工系数高，这说明珠三角城市和中心城市的经济一体化程度更高、产业互动更加明显，而东翼、西翼及山区和中心城市的一体化程度较低、产业互动较不明显。两个中心城市中，广州市和其他地区的功能分工指数高于深圳市、产业分工系数低于深圳市，这表明，作为广东省的中心城市，广州市比深圳市的综合服务功能更强，产业更为多样化，而深圳市的产业专业化程度更高。

第五节 广东省产业结构优化升级分析

一 劳动生产率的提高

产业转型升级是企业在经济发展条件发生变化时的选择，在工资和土地等要素价格提高的情况下，企业可以通过使用资本替代劳动和技术创新来降低产品成本、提高产品附加值，从而保持企业的竞争力，最终必然表现在劳动生产率的持续提高上。从表7-2、表7-3、表7-4、表7-5及图7-69可以看到，以不变价计算的广东省各地区的全员劳动生产率及三次产业劳动生产率均呈提高的趋势。表7-6、表7-7给出了2001~2015年各市、各地区全员劳动生产率及三次产业劳动生产率的平均增长速度，除东莞①外的各地区指标值均为正。但值得注意的是，一方面，虽然珠三角地区的全员劳动生产率及第一产业劳动生产率明显高于其他地区，第三

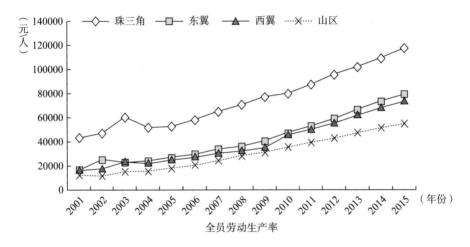

全员劳动生产率

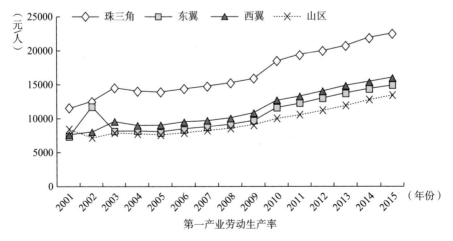

第一产业劳动生产率

① 与2003年以前年末从业人员可能存在统计偏差有关。

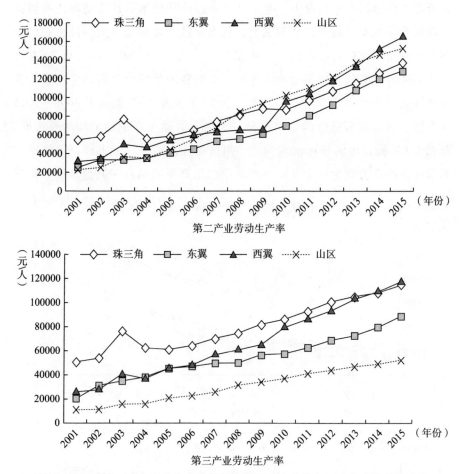

图 7-69 2001~2015 年广东省各地区全员劳动生产率与三次产业劳动生产率

注：第三产业增加值为 2000 年不变价（根据 2000 年各市第三产业增加值、2001~2015 年各市第三产业增加值增速计算），结合第三产业从业人员年末人数计算。

产业劳动生产率也高于其他地区，但 2008 年以后第二产业劳动生产率逐渐落后于山区和东翼，深圳和东莞等珠三角核心地区第二产业劳动生产率相对较低；另一方面，珠三角地区的全员劳动生产率及第二、三产业劳动生产率增长速度为各地区中最低，广州、深圳、佛山、东莞等经济发达城市全员劳动生产率及第二、三产业劳动生产率增长速度在全省各市中排名靠后，这可能说明劳动生产率增长速度较低的企业在珠江三角洲的核心城市集聚过多。接下来，我们从劳动生产率与房价相关性的角度来进一步分析这个问题。

表 7 - 2 2001～2015 年广东省各市全员劳动生产率

单位：元/人

	2001	2002	2003	2004	2005	2006	2007	2008	2009	2010	2011	2012	2013	2014	2015
广州	52495.52	58959.43	67008.87	74266.82	78919.68	85455.73	90065.55	94002.17	101520.8	119427.3	127185.8	139057	153442.8	161354.9	169199.7
深圳	56650.09	60342.4	79667.15	66465.16	60549.55	62831.12	71269.78	78125.18	83692.53	85745.14	93570.97	102004	96655.97	105117.7	113616.9
珠海	45285.75	47084.15	69254.13	60823.21	67058.61	74551.11	86084.65	91949.93	105005.8	108936.4	119952	127307.4	138852.5	149848.5	164701.7
汕头	22541.16	23939.28	26356.84	34260.12	37005.44	40776.49	44898.71	38829.41	42063.96	49095.96	54813.43	59920.91	65714.58	72076.9	78081.69
佛山	55841.94	57799.78	59865.35	54697.1	54971.45	65192.06	75948.78	86838.11	93464.58	91796.81	101840.8	112146	123299.1	133334.2	144552.8
韶关	15416.44	16743.18	22333.67	20121.92	24423.79	27945.45	31829.2	35155.54	38047.5	42819.33	47958.82	52599.53	58707.06	64155.89	68143.28
河源	6991.764	7792.94	10475.12	12986.47	16905.31	20943.27	24762.85	26695.21	28997.45	32446.94	36075.66	39929.78	45193	50327.92	53630.78
梅州	9134.193	9858.851	12735.86	12182.14	12997.3	14212.7	15840.67	17237.75	18743.43	22571.44	25462.79	27830.38	30788.21	33243.02	36024.62
惠州	24674.89	24924.4	36438.08	33228.14	36798.16	42076.91	47786.7	51882.77	57647.14	64194.05	71416.86	79784.25	88272.78	95967.77	104285.1
汕尾	11271.68	13270.55	20862.94	19256.05	22113.37	23853.56	27155.79	34468.67	39978.3	47651.08	54281.04	61511.67	68903.44	75269.08	81005.98
东莞	58064.38	64149.06	98733.44	32412	30291.5	32801.38	38240.14	43009.18	46334.4	35005.39	37651.11	39767.46	43532.96	44981.3	49107
中山	29223.03	32151.54	46906.38	32549.32	38858.57	44302.98	48947.26	53768.68	57466.02	66327.33	74572.87	82732.88	90372.93	96950.39	105735.1
江门	30460.53	33086.68	44538.92	41322.64	45540.78	50887.46	55716.24	61589.42	67630.96	72475.51	80770.22	88966.32	99271.6	107481.2	116642.1
阳江	13349.96	14630.28	20176.82	17992.27	20546.93	23148.76	25817.5	27900.67	30585.27	43481.92	47586.27	56155.04	66286.28	73617.39	79568.97
湛江	14267.49	15211.07	21070.22	19568.98	21589.25	23807.57	26889.71	29568.29	32709.3	36499	40059.02	43560.09	48079.93	52187.2	56628.63
茂名	19195.28	20776.94	27135.42	26724.71	30231.35	32619.55	35535.83	36907.18	39069.15	56607.02	62162.49	68067.95	76407.23	84215.1	90700.26
肇庆	20341.14	22331.21	29416.54	28664.35	30695.34	34844.78	39556.16	41762.81	48071.85	62511.69	70984.14	78657.3	87427.49	95485.32	103020.7
清远	17186.42	9568.488	12706.89	13048.63	15829.36	19280.27	24888.37	36655.04	41113.35	44300.5	47631.99	49988.7	53401.46	56534.78	59227.6
潮州	16605.48	18564.34	23252.63	21887.37	24257.27	26912.79	30342.97	33077.21	36411.62	41964.98	47296.5	53807.93	61519.03	68317.11	75611.75
揭阳	15579.65	60773.33	21398.04	20945.02	23339.38	26753.67	31469.02	36464.45	41620.63	47820.75	54123.2	60595.87	68930.7	76139.49	81993.83
云浮	17530.53	18626.12	23485.58	22544.52	24716.09	27941.13	31687.54	30260.16	33168.57	39785.02	44038.42	50166.87	56322.16	62111.78	67033.02

注：地区生产总值为 2000 年不变价（根据 2000 年各市地区生产总值，2001～2015 年各市地区生产总值增速计算），结合从业人员年末人数计算。
数据来源：相关年份《广东统计年鉴》《区域统计年鉴》。

表7-3 2001~2015年广东省各市第一产业劳动生产率

单位：元/人

	2001	2002	2003	2004	2005	2006	2007	2008	2009	2010	2011	2012	2013	2014	2015
全省	8951.327	9652.608	10233.31	9875.606	9760.446	10161.49	10465.45	10816.41	11453.32	13254.19	13911.13	14601.74	15367.62	16160.66	16798.01
广州	9944.608	11159.1	12428.85	12425.45	13602.89	14839.09	15615.4	16408.58	17055.03	23800.16	22998.74	23088.19	23760.89	25712.49	25250.85
深圳	53404.09	50943.86	46458	68278.14	41807.23	43921.9	100015.2	79961.19	116202.2	126879.8	135312.2	332459	274162.4	247245.4	249218
珠海	11287.28	15966.78	20989.89	18867.1	20013.97	20754.48	27831.11	27696.99	30814.82	35426.63	35428.64	38256.86	40977.82	42645.07	35269.33
汕头	6145.536	6384.266	6507.676	8277.487	6915.624	6961.651	7287.952	7508.439	7753.045	8152.282	8548.813	9117.974	9980.345	10408.7	10775.67
佛山	17397.78	19898.75	23023.64	21046.88	24914.84	25805.15	25430.18	25684.82	27270.58	29376.79	30601.34	30918.55	34358.37	40320.6	40838.41
韶关	7054.53	7304.902	8001.784	7788.564	8074.396	8394.256	8928.814	10415.34	11351.26	12159.18	12992.7	13946.59	14592.93	15381.92	16021.13
河源	5124.866	5691.246	7018.611	8535.832	6198.061	6315.63	6514.336	6609.981	6955.827	7528.42	7973.149	8289.813	9214.261	9680.707	9886.727
梅州	5712.925	5951.956	6585.612	6138.699	6108.277	6471.233	6600.324	7019.858	7382.397	8803.364	9118.767	9930.553	10738.95	12366.01	13233.1
惠州	10074.27	9887.643	12796.09	11697.92	12158.96	12494.01	13296.07	13799.81	14304.58	18441.35	20095.8	20837.24	21717.18	23197.1	24507.2
汕尾	7948.677	8525.225	10259.32	9223.069	9360.906	10120.1	10141.1	10614.26	11409.26	14420.36	15211.45	16331.54	17106.79	18034.14	18841.31
东莞	18344.62	20737.9	22112.18	20169.49	18478.51	15938.72	15035.35	15071.38	17494.45	22835.4	23636.26	23128.98	23370.95	25098.79	23873.2
中山	11363.46	12666.06	15005.35	16026.34	16671.21	17087.25	17966.33	22626.09	23429.89	34042.4	34772.92	35753.33	37033.21	36856.56	37296.84
江门	8186.533	8649.045	9581.396	9186.772	9131.07	9462.246	9434.917	10162.41	10370.01	11494.8	12168.66	12722.9	12671.46	12743.14	13451.85
阳江	8584.115	8978.095	11166.68	10542.86	10158.18	10813.19	10726.82	11759.26	12193.13	17955.02	19334.14	21111.63	22563.97	23415.2	24490.22
湛江	5746.225	5949.437	6779.858	6363.551	6792.528	7220.014	7333.416	7930.129	8814.494	8950.932	9293.28	9912.386	10555.65	10805.92	11168.04
茂名	9526.763	10274.84	12406.47	11726.27	11406.19	11759.23	12288.6	11813.44	12500.86	16082.09	16764.37	17509.82	18361.79	19350	20149.25
肇庆	12493.79	13452.8	16094.12	16540.34	13933.86	14640.06	14671.66	14380.2	15263.39	15479.33	16752.44	17471.76	18528.8	19611.91	20712.53
清远	63638.98	6750.969	7613.882	7106.556	7595.772	7682.694	8205.502	8631.128	9033.625	9720.334	10338.64	10858.09	11475.26	12074.63	13014.13
潮州	8589.975	7637.752	9581.276	9190.243	8791.447	8326.12	8767.787	8986.967	9591.064	12702.42	13476.67	13745.43	14338.61	14992.21	15653.78
揭阳	7393.579	762843.6	7611.575	7299.406	7522.154	8372.685	8964.854	9425.887	10175.52	12354.38	13098.61	13792.82	14312.84	14932.12	15510.95
云浮	9447.591	12732.22	11376.17	10737.85	11067.73	11685.19	12144.18	10911.11	11413.9	12998.87	13690.69	14304.76	14737.39	15453.67	15878

注：第一产业增加值为2000年不变价（根据2000年各市第一产业增加值，2001~2015年各市第一产业增加值增速计算），结合第一产业从业人员年末人数计算。

数据来源：相关年份《广东统计年鉴》《区域统计年鉴》。

表 7 - 4　2001～2015 年广东省各市第二产业劳动生产率

单位：元/人

	2001	2002	2003	2004	2005	2006	2007	2008	2009	2010	2011	2012	2013	2014	2015
全省	18200.88	19004.6	18762.69	14937.65	14080.47	13673.76	13596.84	13799.1	14183.42	13215.01	13597.43	14284.1	14586.31	15122.58	15737.56
广州	57496.49	64907.28	97401.23	89565.43	93229.55	101295.1	103488.5	105360	111332	136838.8	147879.4	160653.3	188650.8	187628	198153.6
深圳	53381.37	58110.55	81254.71	68169.35	62979.7	65568.88	78512.7	85977.02	90960.18	99315.27	113218.6	124686.5	116036.2	126572.6	138850.3
珠海	67182.49	66362.33	93826.41	80970.25	87971.76	108257.1	125551.2	134187.5	142820.9	155031.8	171040	167033.6	168639.7	184901.7	206452.3
汕头	30297.9	33118.19	35857.56	45057.44	52231.46	57389.14	62586.88	48047.65	51739.13	62600.11	69055.01	75759.43	82837.93	92161.03	98490.92
佛山	68118.22	66233.37	57509.85	53478.13	59439.12	73273.53	87397.58	105761	115041.2	103162.3	114785.1	128786.8	144253.6	157037.1	171463.9
韶关	40500.92	45836.63	66240.62	60568.55	66229.01	79839.91	90374.16	90368.27	91706.89	103961.3	115756.2	129238.8	145269.2	159946.8	167425.6
河源	20861.3	21838.99	38202.65	31771.19	45972.43	60267.82	75723.31	79183.35	83497.97	94844.98	103745	118253.1	136116.8	175306.1	184151.8
梅州	17256.86	18335.5	25521.02	24296.29	28258.67	31498.25	33810.41	36295.99	39908.63	46507.84	52864.15	58546.44	64793.09	57399.61	60771.73
惠州	52903.58	51570.48	51871.14	45808.66	49846.67	58968.05	66904.42	75384.05	83048.93	87428.87	95690.4	108628.4	122769.9	133774.3	148144.8
汕尾	16623.97	26753.66	26979.98	25962.46	30883.11	30618.59	39300.89	67413.25	76349.46	85979.33	104073.5	123300.9	144507	157559.6	165805
东莞	65460.4	77185.26	116437.8	24298.84	28796.56	32096.04	36050.58	38576.57	39648.02	26609.43	28351.11	29853.79	32817	38305.88	41094.9
中山	35391.1	38663.9	63460.79	39118.29	37337.27	42979.77	46687.05	51273.62	54545.17	63322.2	71528.55	81974.98	89873.28	97507.38	106634.4
江门	54958.46	58220.15	77057.7	69312.31	66385.05	77490.49	84173.46	92370.07	104949	105801.7	117942.1	131771.5	155673.4	176085.9	191788.6
阳江	20705.11	22606.61	29792.86	25945.11	31786.05	35291.98	41164.72	41781.4	46772.97	64016.45	70171.64	86690.26	109567.5	129945.3	142721.3
湛江	36968.52	39138.72	75507.2	71121.62	80965.68	89541.88	108160	107223.9	107762.9	124954.1	125539.9	132389.6	142156.2	162428.7	178448.6
茂名	33047.87	35612.26	46533.88	45403.16	52208.32	57743.43	53854.7	57834.57	55769.23	97458.65	113792.1	129265.9	142996.5	158979.7	171414.1
肇庆	32691.13	36015.61	50372.84	47471.3	53070.18	67907.25	86617.74	99507.81	122948.8	190137.7	218924.9	259971.3	299879.3	322722.5	347970.8
清远	19118.2	18550.43	24764.1	29196.36	38700.28	54667.41	75345.47	154479	175253.1	159152	163275.7	170670.1	187487.2	203270.4	209694.3
潮州	23986.36	24075.86	27124.55	25453.19	30046.03	34541.22	39009.27	41959.72	44381.5	45761.16	52484.57	60956.46	74094.06	84724.26	92434.69
揭阳	25303.43	46052.07	38336.07	38952.77	44293.41	49784.75	64030.89	74146.92	82260.21	91757.48	107758.8	122640.1	147401	161286.6	171286
云浮	21374.47	28444.84	42233.26	41099.4	58962.32	73974.28	89114.07	86716.09	98361.51	114458.4	123901.4	151356.1	179039.4	203797.2	216077.5

注：第二产业增加值为 2000 年不变价（根据 2000 年各市第二产业增加值，2001～2015 年各市第二产业增加值增速计算），结合第二产业从业人员年末人数计算。

数据来源：相关年份《广东统计年鉴》《区域统计年鉴》。

表 7-5 2001~2015 年广东省各市第三产业劳动生产率

单位: 元/人

	2001	2002	2003	2004	2005	2006	2007	2008	2009	2010	2011	2012	2013	2014	2015
全省	36093.27	40339.7	56056.51	49352.93	52660.66	55752.4	61380.5	66204.32	72370.62	77375.73	83467.88	90607.67	95426.93	99521.03	106483.6
广州	67196.25	74251.14	106507.1	84446.94	88675.24	93670.38	98470.59	102345.6	111478.6	120993.8	128225.3	141187.1	149350.6	160506	167733
深圳	60933.41	63263.46	77316.63	62437.9	56030.31	57689.19	60863.87	66914.7	72620.68	69301.38	72479.17	78007.32	75096.52	81359.28	86658.93
珠海	39130.87	38670.74	58174.95	51318.44	56899.49	56562.12	61822.64	66370.82	81878.24	78538.32	86765.56	100314.1	118568.5	125414.6	139592
汕头	33522.89	34413.63	38523.82	51711.3	67247.79	70485.19	76230.72	58110.88	63152.71	72323.3	82004.57	88041.68	93015.25	100486.1	110811.1
佛山	63348.18	65670.12	82618.7	71699.46	55448.52	61936.61	68885	72147.94	75679.17	83020.87	91876.12	98724.99	103974.5	109077	117561.7
韶关	15037.89	16195.72	21797.32	17687.32	27617.84	30560.95	34471.89	35439.06	37851.86	42501.37	47525.91	50476.43	56193.18	60781.09	65910.21
河源	6059.15	6678.862	8119.186	10690.77	26075.2	29998.72	32479.75	37454.8	38779.32	37831.93	40829.22	44222.41	45878.31	45432.46	49494.22
梅州	9559.709	10617.84	14230.67	13645.78	14639.19	15377.4	18306.38	20171.92	22240	25558.47	29596.07	30592.85	33133.86	36607.83	39648.08
惠州	18023.83	18732.69	42261.57	39046.03	44091.38	47839.19	52470.56	53013.06	59634.38	58505.49	64455.54	70323.28	74441.3	79408.28	83371.01
汕尾	12312.37	13743.15	44888.79	39855.19	47943.11	48248.13	47254.38	54690.32	65390.82	61349.84	66867.67	71528.56	75634.65	82091.46	91078.59
东莞	68117.46	64137.13	99719.49	79348.3	34336.61	34749.69	42945.01	50823.63	56781.35	60627.52	65859.3	69821.65	76109.65	57548.39	64153
中山	30083.95	31657.51	37540.67	26822.72	51719.84	57706.1	65455.44	67244.39	71523.08	77432.74	87006.01	91755	100121.4	105232.8	113630.7
江门	39174.57	42914.91	60027.29	56193.66	74530.89	75934.6	81357.01	84366.16	90970.88	92967.42	102184	112600.6	123367.1	130611.8	138473.7
阳江	18927.7	21882.16	33498.19	26984.22	32671.4	38598.26	44007.27	44271.29	47804.07	60049.76	61753.84	71148.82	80373.83	83908.97	88984.81
湛江	24960.96	26579.8	39936.24	33699.17	36766.1	39114.83	46016.16	50710.97	54421.85	61860.2	71463.87	77785.04	85112.11	89818.04	97201.81
茂名	30344.74	32014.52	43742.7	44545.21	62951.19	62026.75	75767.7	80765.8	84495.66	111436.2	116669.5	121323.1	135693.1	144694.1	156214.9
肇庆	23118.15	25239.04	33421.76	30477.55	43251.71	48128.6	53308.22	53936.45	60733.19	95443.58	102005.4	105682	112289.5	119590.2	124891.5
清远	8167.217	10071.84	15998.46	14208.9	15262.09	16671.04	19529.53	36066.12	38288.97	38094.13	41253.96	44472.74	44603.04	44186.22	42451.5
潮州	18536.66	32706.89	40706.46	36575.66	40317.26	43228.38	48584.33	52984.62	60649.21	65978.45	71737.34	84710.34	91542.39	100613.3	115475.8
揭阳	16717.81	58754.99	27071.44	27928.65	31873.45	32999.96	34138.21	39824.6	45167.35	41960.1	44005.14	47652.93	50096.06	56248.92	62429.65
云浮	64317.63	20634.33	47615.49	40003.24	35342.79	37769.59	42131.16	44757.91	49020.88	57062.55	59953.41	67672.77	74164.27	78083.99	87705.42

注: 第三产业增加值为 2000 年不变价（根据 2000 年各市第三产业增加值，2001~2015 年各市第三产业增加值增速计算），结合第三产业从业人员年末人数计算。

数据来源: 相关年份《广东统计年鉴》《区域统计年鉴》。

表 7 – 6　2001～2015 年广东省各市全员劳动生产率与三次产业
劳动生产率的增长速度

单位：%

城市	全员	一产	二产	三产
广州	8.72	6.88	9.24	6.75
深圳	5.10	11.63	7.07	2.55
珠海	9.66	8.48	8.35	9.51
汕头	9.28	4.09	8.79	8.92
佛山	7.03	6.28	6.82	4.52
韶关	11.20	6.03	10.67	11.13
河源	15.66	4.81	16.83	16.19
梅州	10.30	6.18	9.41	10.69
惠州	10.84	6.56	7.63	11.56
汕尾	15.13	6.36	17.85	15.37
东莞	-1.19	1.90	-3.27	-0.43
中山	9.62	8.86	8.20	9.96
江门	10.07	3.61	9.34	9.44
阳江	13.60	7.78	14.79	11.69
湛江	10.35	4.86	11.90	10.20
茂名	11.73	5.50	12.48	12.42
肇庆	12.29	3.68	18.40	12.80
清远	9.24	5.24	18.66	12.49
潮州	11.44	4.38	10.12	13.96
揭阳	12.59	5.43	14.64	9.87
云浮	10.05	3.78	17.97	2.24

表 7 – 7　2001～2015 年广东省各地区全员劳动生产率
与三次产业劳动生产率的增长速度

单位：%

地区	全员	一产	二产	三产
珠三角	7.37	4.87	6.82	6.03
东翼	11.70	5.19	12.26	11.02
西翼	11.49	5.44	12.53	11.48
山区	11.31	3.37	14.48	11.56

二　广东省和珠三角产业的空间效率

如在文献评述中所述，在经济发展和工业化的后期，大城市和发达地区集聚程度不断提高，不仅市场竞争更为激烈，而且通勤成本、房租、土地价格等城市成本不断攀升，拥挤效应不断增强。这就会导致产品价值链中劳动生产率较低的加工制造环节向市场竞争较弱、不变要素价格较低的小城市和经济落后地区扩散，并且在不同的小城市呈专业化集聚的状态，而大城市和发达地区劳动生产率高的生产服务性及创新性经济活动得以保留和获得了进一步扩大的空间。因而产业空间分布有效率的状态应是：在劳动生产率高的城市和地区具有高的不可移动要素价格、在劳动生产率低的城市具有低的不可移动要素价格，劳动生产率和不可移动要素价格的一致性越强，产业的空间效率就越高。不可移动要素的价格主要表现为土地的价格，但由于对各市的土地价格较难估算，而中国商品房市场的发育较为完善，房价的差异主要是由于地价的差异所造成的，所以用商品房价格（以下简称房价）代替地价[①]，通过计算各地区各产业劳动生产率与房价的相关系数来判断各产业的空间分布效率（殷宁宇等，2017）。

表 7-8 给出了广东省 21 市 2001~2015 年全员劳动生产率和三次产业劳动生产率与房价的相关系数，可以看到，如我们预期，这些相关系数均为正数，但有两点需要引起重视。第一，历年第二产业劳动生产率和房价的相关系数小于全员劳动生产率和房价的相关系数，也小于第三产业劳动生产率和房价的相关系数。殷宁宇等（2017）使用 2012 年的数据研究，进一步发现就工业内部各行业而言，以广东省规模以上全部工业企业劳动生产率（156462.2 元/人）为标准，将两位数工业行业分为两组，如果某行业规模以上企业劳动生产率小于该值，就将其归为劳动生产率较低行业，反之，归为劳动生产率较高行业。这样我们就可以发现，劳动生产率较低行业的劳动生产率和房价的相关系数要么为负，要么接近于零；除有色金属矿采选业、黑色金属冶炼压延业、非金属矿采选业外，其他劳动生产率较高行业的劳动生产率和房价的相关系数均为正，且多数较大。第二，全员劳动生产率、第二产业和第三产业劳动生产率与房价的相关系数均呈逐年下降的趋势。

---

① 商品房价格通过商品房销售额与商品房销售面积的商求取。资料来源：2001~2013 年《区域统计年鉴》、2015~2016 年《广东建设年鉴》。

表 7 - 8　2001~2015 年广东省 21 市全员劳动生产率
与三次产业劳动生产率与房价的相关系数

年份	全员	一产	二产	三产
2001	0.85	0.39	0.68	0.71
2002	0.87	0.83	0.74	0.80
2003	0.84	0.85	0.43	0.70
2004	0.89	0.85	0.59	0.70
2005	0.94	0.87	0.73	0.87
2006	0.89	0.86	0.61	0.83
2007	0.87	0.89	0.57	0.80
2008	0.88	0.87	0.48	0.85
2009	0.86	0.88	0.52	0.84
2010	0.84	0.88	0.49	0.73
2011	0.84	0.90	0.55	0.72
2012	0.85	0.82	0.53	0.75
2013	0.77	0.86	0.40	0.67
2014	0.78	0.85	0.38	0.72
2015	0.71	0.92	0.38	0.63

注：劳动生产率根据当年价地区生产总值、三次产业增加值计算。
资料来源：相关年份《广东统计年鉴》。

关于第一点，我们认为，促使产业空间布局合理化的根本动力是土地价格，低劳动生产率工业行业产业分布的空间效率较差以及"双转移"政策效果不佳的根本原因是工业用地出让的市场化程度很低，从而工业用地的价格没有反映其市场价值，发达地区和落后地区存在一定程度的趋同。由于工业用地价格趋同，工业企业选址在落后地区相对于发达地区的土地成本优势不明显，而由于产业集中所带来的正外部性在落后地区远逊于发达地区，这使低效率工业企业在发达地区反而更具有竞争力。因此，工业地价的市场扭曲一方面使发达地区聚集了过多的低效率工业，占据了高生产率产业的发展空间，另一方面使落后地区工业集中度过低，促使经济腾飞的工业化动力不足。

关于第二点，我们认为，土地这一重要生产要素形成的市场化程度不高，妨碍了城市间合理的劳动生产率分工的形成，阻碍了城市分工效率的充分发挥，而且随着经济的发展和城镇化的深入发展，其负面影响越来越明显。

三　广东城镇化与产业升级的阶段性特征

如第一节所述，广东省市场导向的体制改革经历了三个阶段：第一个阶段是 1978～1991 年，是社会主义市场经济体制建设的探索阶段；第二个阶段是 1991～2008 年，是在基本建成社会主义市场经济体制下，国有经济进行了战略性重组，利用发展外向经济的有利条件，外资企业和民营企业高速发展的阶段；第三个阶段是 2008 年国际金融危机及 2012 年党的十八大以后的改革深化阶段。在这个过程中，广东得风气之先，为抓住有利的发展机会，制度变革具有明显的利益诱导型和渐进型的特征，在保持体制相对稳定性的前提下，为破解发展中遇到的瓶颈，抓住发展机遇以促进经济发展，不断破解要素流动的障碍，使有助于生产要素流动的市场化改革不断走向深入。

对应上述三个阶段，广东省城镇化及产业发展也经历了三个阶段。在第一个阶段中，如前文所述，珠江三角洲尤其是其核心地区率先启动了经济的快速增长及城镇化发展。

在第二个阶段中，珠江三角洲地区利用在第一个阶段中形成的经济和城市发展优势，在全国范围内成为人口和经济持续集中的核心地区，就广东省范围内而言，珠三角和粤东、粤西及山区形成了典型的"中心－外围"的关系。其中，粤西及山区的城镇化水平、人口及经济密度较低，与珠江三角洲核心地区的互动较为明显；而粤东地区由于本身人口及经济密度、城镇化水平较高，和珠三角核心地区的互动相对较弱。如前文所述，在 2005 年以前，由于工资增长较慢，人口向珠江三角洲的集聚也曾经历过波动，出现过常住人口特别是非户籍常住人口从核心地区向外围地区的回流，珠三角地区曾出现过"民工荒"。但在 2005 年以后，由于内外需求高速增长的拉动及工资水平的提高，珠江三角洲核心地区恢复了对人口流动的吸引力，经济与就业的集聚度持续提高，而粤东、粤西、山区的城镇化则陷于停滞。在这一阶段，珠江三角洲地区充分利用在国际经济中的后发优势，主要通过技术引进来获得产业技术，充分利用集聚优势，实现了国外先进技术和国内廉价劳动力的接合，推动了经济、就业集聚度和城镇化水平的持续提高，同时这也是主要通过资本和劳动力投入增长来实现粗放型经济增长的阶段。在这一时期，资金及劳动力的流动日益便利化，但由于土地制度改革的滞后，工业用地价格并没反映其市场价值，导致经济出现过度集聚，地区之间的经济发展及城镇化水平的差距被放大。

在第三个阶段，广东省的发展实践充分体现了在新型城镇化背景下包容性、开放性与经济高效发展之间的关系。2008年国际金融危机爆发所导致的出口下降使珠江三角洲传统发展模式的弊端充分暴露，原有发展模式在市场空间上已接近极限，劳动力价格不断攀升，土地资源日益紧张，把经济发展方式从生产要素驱动转变为创新驱动成为经济持续增长的关键。这一时期广东省政府启动了以实现区域经济一体化、建立现代产业体系、政府简政放权、优化市场环境、促进创新等为主要内容的改革，企业也积极适应市场环境，加大创新投入，广东省的核心城市广州、深圳的总部经济和创新经济迅速发展，成长起腾讯、华为、中兴、美的、格力等一批世界500强企业，服务业和高技术产业增加值比重迅速上升。在2010年左右，广东省的人口流动、经济与人口集聚进入了一个新的阶段，珠江三角洲核心城市的经济和人口集聚程度达到了顶部的相对稳定阶段，城镇化也基本稳定在一个高水平；而粤东、粤西和山区的多数城市人口净流出不断减少，经济和就业表现出从珠江三角洲核心地区向这些地区扩散的趋势，这些地区的城镇化水平也较快提升；广州和深圳两大中心城市和其他城市之间的分工也日益从产业分工向功能分工的方向发展。这一时期，珠江三角洲核心城市对广东省其他城市的产业互动和发展带动作用日益增强，充分表现出在新型城镇化背景下，对劳动力更加包容、对商品和资金流动更加开放，为城市之间的经济互动创造了条件，在特定经济、技术条件下实现了经济的高效发展。

但是，在劳动力和资金流动性日益增强的条件下，由于土地的市场化程度不高，特别是在现行的土地制度下，工业用地的价格不能充分反映产业的过度集聚所带来的拥挤效应，因而出现前文所分析的工业在珠江三角洲核心地区过度集聚的现象，导致对城市空间的低效率使用，也妨碍了区域经济的协调发展。

为了促进产业转型升级和城市间分工效率的提高，需要进一步完善土地出让制度。应围绕工业用地市场化进一步完善土地出让制度，使工业地价能够反映当地的拥挤效应，充分发挥土地价格在实现经济活动在空间中配置效率提高的基础性作用。同时应大力推进以宅基地为主的农村集体建设用地制度改革，在进一步确权的基础上扩大农民对宅基地的收益与处分权，探索允许农村集体建设用地直接入市，通过建立土地指标跨区交易机制，盘活农村闲置集体建设用地，为经济发展提供土地要素保障。

参考文献

〔美〕安杰尔·什洛莫：《城市星球》，贺灿飞、陈天鸣等译，科学出版社，2014。

〔美〕布赖恩·贝利：《比较城镇化——20 世纪的不同道路》，顾朝林等译，商务印书馆，2008。

〔美〕丝奇雅·沙森：《全球城市：纽约、伦敦、东京》，周振华译，上海社会科学院出版社，2005。

北京市社会科学院编《北京社会治理发展报告（2015—2016）》，社会科学文献出版社，2016。

北京市统计局、国家统计局北京调查总队：《北京市 2016 年国民经济和社会发展统计公报》，《北京日报》2017 年 2 月 25 日。

〔美〕德怀特·H. 波金斯等：《发展经济学》，黄卫平、彭刚等译，中国人民大学出版社，2005。

樊纲：《长江和珠江三角洲城镇化质量研究》，中国经济出版社，2010。

冯俊新：《经济发展与空间布局：城镇化经济集聚和地区差距》，中国人民大学出版社，2012。

李超、万海远：《新型城镇化与人口迁转》，广东经济出版社，2014。

李铁：《新型城镇化路径选择》，中国发展出版社，2016。

林重庚、迈克尔·斯宾塞：《中国经济中长期发展和转型——国际视角的思考与建议》，余江等译，中信出版社，2011。

国务院发展研究中心课题组：《中国新型城镇化：道路、模式和政策》，中国发展出版社，2014。

国务院发展研究中心、世界银行：《中国：推进高效、包容、可持续的城镇化》，中国发展出版社，2014。

国际货币基金组织：《世界经济展望——重新平衡经济增长》，中国金融出版社，2010。

河北省统计局、国家统计局河北调查总队：《河北省2016年国民经济和社会发展统计公报》，2017。

何立峰：《国家新型城镇化报告（2016）》，中国计划出版社，2017。

刘志彪：《产业经济学》，机械工业出版社，2015。

〔美〕迈克尔·波特：《国家竞争优势》，李明轩、邱如美译，华夏出版社，2002。

孟续铎：《新型城镇化与农民工劳动保障》，中国工人出版社，2016。

倪鹏飞：《中国新型城镇化——理论与政策框架》，广东经济出版社，2014。

牛文元：《"五大发展理念"与新型城镇化之路研究报告》，科学出版社，2017。

牛文元主编《中国新型城市化报告2011》，科学出版社，2011。

皮埃尔-菲利普·库姆斯、蒂里·迈耶、雅克-弗朗索瓦·蒂斯：《经济地理学——区域和国家一体化》，安虎森等译，中国人民大学出版社，2011。

文魁、祝尔娟主编《京津冀发展报告（2015）——协同创新研究》，社会科学文献出版社，2016。

唐燕：《德国大都市地区的区域治理与协作》，中国建筑工业出版社，2011。

汪波：《新型城镇化与苏南区域治理变迁》，中国经济出版社，2017。

王丰：《分割与分层——改革时期中国城市的不平等》，浙江人民出版社，2013。

魏后凯主编《走中国特色的新型城镇化道路》，社会科学文献出版社，2014。

尉建文、曾佳宁：《转型与推进——解读中国新型城镇化》，外文出版社，2015。

文魁、祝尔娟等：《京津冀发展报告（2014）》，社会科学文献出版社，2014。

叶连松、靳新彬、叶秀庭：《再论新型城镇化——着力提高城镇化质量》，中国经济出版社，2014。

尹俊：《中国新型城镇化之路——以江苏省宿迁市为例》，经济科学出版社，2016。

臧旭恒、杨蕙馨、徐向艺：《产业经济学》，经济科学出版社，2015。

王珺、赵祥等编《先行者的探索——广东改革开放 40 年》，广东经济出版社，2018。

赵永平：《中国新型城镇化的经济效应研究》，经济科学出版社，2016。

中国国家统计局：《2010 年第六次全国人口普查主要数据公报（第 1 号）》。

中国指数研究院：《中国新型城镇化发展：理论与实践》，经济管理出版社，2014。

殷宁宇：《国际分工对产业结构的影响——以若干发达国家、中国和印度为例》，博士学位论文，中山大学，2009。

A. Marshall, *Principles of Economics*. Vol. 1 (Macmillan And Co., Limited; London, 1898).

A O. Hirschman, *The Strategy of Economic Development* (New Haven, CT: Yale University Press, 1958).

D. Ernst, L. Kim, *Global Production Networks, Knowledge Diffusion, and Local Capability Formation: A Conceptual Framework* (East-West Center, 2001).

E. Helpman, P R. Krugman, *Market Structure and Foreign Trade: Increasing Returns, Imperfect Competition, and the International Economy* (MIT Press, 1985).

J. Jacobs, *The Economy of Cities* (Vintage Books, 1969).

J. V. Henderson, *Urban Land Markets* (Springer Netherlands, 2009).

Krugman P. R. *Geography and trade*. MIT press, 1991a.

M. Porter, *Competitive Advantage: Creating and Sustaining Superior Performance* (New York: The Free Press, 1985).

P R. Krugman, *Geography and Trade* (MIT Press, 1993a).

R. Nurkse, *Problems of capital formation in underdeveloped countries* (New

York：OXford University Press，1953）

W. Christaller, *Central Places in Southern Germany* (Prentice-Hall, 1966).

W. Hoffmann, *Stadien und Typen der Industrialisierung*：*ein Beitrag zur Quantitativen Analyse Historischer Wirtschaftsprozesse* (Fischer, 1931).

W. W. 罗斯托：《从起飞进入持续增长的经济学》，贺力平等译，四川人民出版社，1981。

期刊论文

蔡昉：《中国人口与劳动问题报告》，《中国人力资源开》2012 年第 8 期。

曹亚鹏：《城镇化战略与城乡户口迁移政策研究》，"村庄与城市"微信公众号。

陈明森：《海峡西岸经济区的战略定位与梯度推进》，《东南学术》2004 年第 12 期。

程必定：《中国新型城市化道路的选择》，《青岛科技大学学报》2011 年第 3 期。

单卓然、黄亚平：《"新型城镇化"概念内涵、目标内容、规划策略及认知误区解析》，《城市规划学刊》2013 年第 2 期。

邓嘉纬、常思纯：《化解"长三角"船舶工业产能过剩的政策建议》，《工业经济论坛》2016 年第 3 期。

樊纲、武良成：《城镇化发展——要素聚集与规划治理》，《上海城市规划》2012 年第 4 期。

樊士德、严文沁：《长三角地区流动人口户籍政策评价与前瞻》，《江苏师范大学学报》(哲学社会科学版) 2015 年第 4 期。

范纯增、姜虹：《产业集群间互动发展的动力机制、合争强度与效应——以长三角医药产业集群为例》，《经济地理》2011 年第 8 期。

范剑勇、莫家伟：《地方债务、土地市场与地区工业增长》，《经济研究》2014 年第 1 期。

高树兰：《京津冀基本公共服务协同发展与财税政策支持探讨》，《经济与管理》，2016 年第 6 期。

黄永春、郑江淮、杨以文等：《中国"去工业化"与美国"再工业化"冲突之谜解析——来自服务业与制造业交互外部性的分析》，《中国工业经济》2013 年第 3 期。

江飞涛、李晓萍：《直接干预市场与限制竞争：中国产业政策的取向与根本缺陷》，《中国工业经济》2010 年第 9 期。

姜泽华、白艳：《产业结构升级的内涵与影响因素分析》，《当代经济研究》2006 年第 10 期。

蓝庆新、陈超凡：《新型城镇化推动产业结构升级了吗？——基于中国省级面板数据的空间计量研究》，《财经研究》2013 年第 12 期。

林毅夫：《发展战略、自生能力和经济收敛》，《经济学·季刊》2002 年第 1 期。

林毅夫、孙希芳：《经济发展的比较优势战略理论——兼评〈对中国外贸战略与贸易政策的评论〉》，《国际经济评论》2003 年第 6 期。

林毅夫：《新结构经济学——重构发展经济学的框架》，《经济学·季刊》2011 年第 1 期。

刘北平：《2013 年上海船舶制造业运行特点及问题剖析》，《统计科学与实践》2014 年第 5 期。

刘志彪：《产业升级的发展效应及其动因分析》，《南京师大学报》（社会科学版）2000 年第 3 期。

刘志彪、张杰：《全球代工体系下发展中国家俘获型网络的形成、突破与对策——基于 GVC 与 NVC 的比较视角》，《中国工业经济》2007 年第 5 期。

陆铭：《玻璃幕墙下的劳动力流动——制度约束、社会互动与滞后的城镇化》，《南方经济》2011 年第 6 期。

陆铭、高虹、佐藤宏：《城市规模与包容性就业》，《中国社会科学》2012 年第 10 期。

陆铭、高虹、佐藤虹：《城市规模与包容性就业》，《中国社会科学》2012 年第 10 期。

吕卫国、陈雯：《江苏省内一体化、制造业聚散与地区间分工演化》，《地理科学进展》2013 年第 2 期。

倪鹏飞、李冕：《长三角区域经济发展现状与对策研究》，《中国市场》

2014 第 41 期。

潘平、刘玉美：《长三角地区汽配产业集群发展模式比较研究——以上海嘉定、杭州萧山为例》，《改革与战略》2011 年第 12 期。

孙文凯、白重恩、谢沛初：《户籍制度改革对中国农村劳动力流动的影响》，《经济研究》2011 年第 1 期。

孙文远、裴育：《长三角劳动力市场一体化进程：基于工资视角的分析》，《江苏社会科学》2010 年第 2 期。

王珺、万陆、杨本建：《城市地价与产业结构的适应性调整》，《学术研究》2013 年第 10 期。

吴克明、赖德胜：《新中国劳动力流动制度变迁史》，《中国人力资源社会保障》2015 年第 4 期。

杨重光：《新型城市化是必由之路》，《理论参考》2010 年第 2 期。

叶裕民、李彦军、倪稞：《京津冀都市圈人口流动与跨区域统筹城乡发展》，《中国人口科学》2008 年第 2 期。

殷宁宇、赵祥、王珺：《广东区域经济协调发展与产业空间布局》，《广东行政学院学报》2017 年第 2 期。

袁健红、马岳红：《本地化互动、跨区域管道的连结与基于综合性知识基础的产业集群知识合作的关系——以长三角汽车产业集群为例》，《科技进步与对策》2011 年第 21 期。

张晓宏：《产业结构升级理论综述》，《山西日报》2012 年 9 月 25 日。

张耀辉：《产业创新：新经济下的产业升级模式》，《数量经济技术经济研究》2002 年第 1 期。

张英洪：《走新型城市化道路是必由之路》，《农业工程》2012 年第 1 期。

张占斌：《走中国特色的新型城镇化道路》，《经济研究参考》2014 年第 2 期。

赵峰、星晓川、李惠璇：《城乡劳动力流动研究综述：理论与中国实证》，《中国人口·资源与环境》2015 年第 4 期。

赵永平、徐盈之：《新型城镇化、技术进步与产业结构升级——基于分位数回归的实证研究》，《大连理工大学学报》（社会科学版）2016 年第 2 期。

赵勇、魏后凯:《政府干预、城市群空间功能分工与地区差距——兼论中国区域政策的有效性》,《管理世界》2015 年第 8 期。

中国经济增长前沿课题组:《城市化、财政扩张与经济增长》,《经济研究》2011 年第 11 期。

中国经济增长与宏观稳定课题组:《城市化、产业效率与经济增长》,《经济研究》2009 年第 10 期。

周振华:《我国现阶段经济增长方式转变的目标》,《经济研究参考》1996 年第 1 期

周振华:《增长轴心转移:中国进入城市化推动型经济增长阶段》,《经济研究》1995 年第 1 期。

Abdel-Rahman H M, Anas A. Theories of Systems of Cities [J]. *Handbook of Regional and Urban Economics*, 2004, 4 (04): 2293 – 2339.

Banerjee A V. "A simple model of herd behavior", *The quarterly journal of economics*, 1992, 107 (3): 797 – 817.

Behrens K, Duranton G, F. Robert-Nicoud, "Productive cities: Sorting, selection, and agglomeration", *Journal of Political Economy*, 2014, 122 (3): 507 – 553.

Behrens K, Robert-Nicoud F., "Agglomeration theory with heterogeneous agents", *Elsevier*, 2015, 5: 171 – 245.

Buchanan J M. "An economic theory of clubs", *Economica*, 1965, 32 (125): 1 – 14.

Carlino G A, Chatterjee S, Hunt R M. *Urban density and the rate of invention* [J]. *Journal of Urban Economics*, 2007, 61 (3): 389 – 419.

Chamley C, Gale D. *Information revelation and strategic delay in a model of investment* [J]. *Econometrica: Journal of the Econometric Society*, 1994: 1065 – 1085.

Combes P, Duranton G, Overman G. Agglomeration and the adjustment of the spatial economy. *Papers in Regional Science* 2005, 84 (3): 311 – 349.

Costinot A. *On the origins of comparative advantage* [J]. *Journal of International Economics*, 2009, 77 (2): 255 – 264.

D. Acemoglu, P. Antras, E. Helpman, "Contracts and Technology Adoption," *American Economic Review* 97 (2007): 916 - 943.

Debande O. *De-industrialisation* [J]. *EIB Papers*, 2006, 11 (1): 64 - 82.

Desmet K, Rossi-Hansberg E. *Innovation in space* [J]. *American Economic Review*, 2012, 102 (3): 447 - 52.

Desmet K, Rossi-Hansberg E. *Spatial growth and industry age* [J]. *Journal of Economic Theory*, 2009, 144 (6): 2477 - 2502.

Dixit A K, Stiglitz J E. Monopolistic competition and optimum product diversity [J]. The American Economic Review, 1977, 67 (3): 297 - 308.

D. Puga, "The magnitude and causes of agglomeration economies," *J. Reg. Sci.* 50, 2010, 203 - 219.

Duranton G. *Labor specialization, transport costs, and city size* [J]. *Journal of Regional Science*, 1998, 38 (4): 553 - 573.

Duranton G, Puga D. *From sectoral to functional urban specialisation* [J]. *Journal of urban Economics*, 2005, 57 (2): 343 - 370.

Duranton G, Puga D. *Micro-foundations of urban agglomeration economies* [M] //*Handbook of regional and urban economics*. *Elsevier*, 2004, 4: 2063 - 2117.

Duranton G, Puga D. *Nursery cities: Urban diversity, process innovation, and the life cycle of products* [J]. *American Economic Review*, 2001, 91 (5): 1454 - 1477.

Duranton G. Urban Evolutions: The Fast, the Slow, and the Still. 2007, 97 (1): 197 - 221.

Ernst D, Kim L. *Global production networks, knowledge diffusion, and local capability formation: a conceptual framework* [M]. East-West Center, 2001.

Feenstra R C. Integration of trade and disintegration of production in the global economy [J]. *Journal of economic Perspectives*, 1998, 12 (4): 31 - 50.

Feldman M P, Audretsch D B. *Innovation in cities: : Science-based diversity, specialization and localized competition* [J]. *European economic review*, 1999, 43 (2): 409 - 429.

Fujita M, Ishii R *Global location behavior and organizational dynamics of Japanese electronics firms and their impact on regional economies* [M]. *The Dy-*

namic Firm: The Role of Technology, Strategy, Organization and Regions. Oxford: Oxford University Press, 1998.

Fujita M, Krugman P, Mori T. On the evolution of hierarchical urban systems1 [J]. European Economic Review, 1999, 43 (2): 209 – 251.

Fujita M, Mori T, Henderson J V, et al. Spatial distribution of economic activities in Japan and China [M] //Handbook of regional and urban economics. Elsevier, 2004, 4: 2911 – 2977.

Fujita M, Ogawa H. Multiple equilibria and structural transition of non-monocentric urban configurations [J]. Regional science and urban economics, 1982, 12 (2): 161 – 196.

Gereffi G. A commodity chains framework for analyzing global industries [J]. Institute of Development Studies, 1999a, 8 (12): 1 – 9.

Gereffi Gary, Humphrey J, Sturgeon T (2003). The Governance of Global Value Chains: An Analytic Framework [C]. Paper presented and the Bellagio Conference on Global Value Chains.

Gereffi Gary, Memedovic, "The global apparel value chain: what prospects for upgrading by developing countries?" NUIDO working paper, 2003.

Gereffi G. International trade and industrial upgrading in the apparel commodity chain [J]. Journal of international economics, 1999b, 48 (1): 37 – 70.

Gerrefi G, Humphrey J, Sturgeon T. The governance of global value chains: An analytic framework [J]. 2003.

Ginsburg, V. , Y. Y. Papageorgiou, and J. -F. Thisse. On existence and stability of spatial equilibria and steady-states. Regional Science and Urban Economics, 1985, 15: 149 – 158.

Glaeser E L, Kallal H D, Scheinkman J A, Shleifer A. Growth of cities [J]. Journal of Political Economy, 1992, 100 (12): 1126 – 1152.

Glaeser E L, Kolko J, Saiz A. Consumer city [J]. Journal of economic geography, 2001, 1 (1): 27 – 50.

Glaeser E L. Learning in cities [J]. Journal of urban Economics, 1999, 46 (2): 254 – 277.

Grossman G M, Helpman E. Outsourcing in a global economy [J]. The Re-

view of Economic Studies, 2005, 72 (1): 135 – 159.

Grossman G M, Rossi-Hansberg E. The rise of offshoring: it's not wine for cloth anymore [J]. *The new economic geography: effects and policy implications*, 2006: 59 – 102.

H. Abdel-Rahman, M. Fujita, "Product Variety, Marshallian Externalities and City Sixes," *Journal of Regional Science* 30 (1990): 165 – 183.

Harris J R, Todaro M P. *Migration, unemployment and development: a two-sector analysis* [J]. *The American economic review*, 1970, 60 (1): 126 – 142.

Harrison B, Kelley M R, Gant J. *Specialization versus diversity in local economies: The implications for innovative private-sector behavior* [J]. *Cityscape*, 1996: 61 – 93.

Helpman E, Krugman P R. *Market structure and foreign trade: Increasing returns, imperfect competition, and the international economy* [M]. MIT press, 1985.

Helpman E. *The size of regions* [J]. *Topics in public economics: Theoretical and applied analysis*, 1998: 33 – 54.

Helpman E. *Trade, FDI, and the Organization of Firms* [J]. *Journal of economic literature*, 2006, 44 (3): 589 – 630.

Helsley R W, Strange W C. *Matching and agglomeration economies in a system of cities* [J]. *Regional Science and urban economics*, 1990, 20 (2): 189 – 212.

Henderson J V, Abdel-Rahman H. *Urban diversity and fiscal decentralization* [J]. *Regional Science and Urban Economics*, 1991, 21 (3): 491 – 509.

Henderson J V. *The sizes and types of cities* [J]. *The American Economic Review*, 1974, 64 (4): 640 – 656.

Henderson J V. *Urban development: Theory, fact, and illusion* [J]. OUP Catalogue, 1991.

Henderson V, Kuncoro A, Turner M. Industrial Development in Cities [J]. *Journal of Political Economy*, 1995, 103 (5): 1067 – 1090.

Henderson V. *Medium size cities* [J]. *Regional science and urban economics*, 1997, 27 (6): 583 – 612.

Heo U, Kim S. *Financial crisis in South Korea*: *Failure of the government-led development paradigm* [J]. *Asian Survey*, 2000, 40 (3): 492 – 507.

Hirschman A O. *The strategy of economic development* [M]. *New Haven*, CT: Yale University Press, 1958.

H. M. Abdel-Rahman, M. Fujita, "Specialization and Diversification in a System of Cities," *Journal of Urban Economics* 33 (1993): 189 – 222.

Hobday M. *The Electronics Industries of the Asia – Pacific*: *Exploiting International Production Networks for Economic Development* [J]. *Asian – Pacific Economic Literature*, 2001, 15 (1): 13 – 29.

Hoffmann W. *Stadien und Typen der Industrialisierung*: *ein Beitrag zur quantitativen Analyse historischer Wirtschaftsprozesse* [M]. Fischer, 1931.

Holmes T J, Stevens J J. *Spatial distribution of economic activities in North America* [M]//*Handbook of regional and urban economics*. Elsevier, 2004, 4: 2797 – 2843.

Humphrey J, Schmitz H. *Developing country firms in the world economy*: *Governance and upgrading in global value chains* [J]. 2002.

Humphrey J., Schmitz H., *Governance and upgrading*: *linking industrial cluster and global value chain research* [M]. *Brighton*: *Institute of Development Studies*, 2000.

Humphrey J., Schmitz H., *Governance in global value chains* [J]. *IDS Bulletin*, 2001, 32 (3): 19 – 29.

Jacobs J. *The economy of cities* [M]. *Vintage Books*, 1969.

Jovanovic B, Nyarko Y. *The transfer of human capital* [J]. *Journal of Economic Dynamics and Control*, 1995, 19 (5 – 7): 1033 – 1064.

J. V. Henderson, "The urbanization process and economic growth: the so-what question," *Journal of Economic Growth*, 2003, 8 (1): 47 – 71.

J. V. 亨德森:《中国城市化面临的政策问题与选择》,《比较》2007年第 31 辑。

Kaplinsky R. *Spreading the Gains of Globalization*: *What Can be learned from Value Chain Analusis*. *IDS Working Paper№ 110. Brighton*, *Institute of Development Studies* [J]. 2000.

Kelley M R, Helper S. *Firm size and capabilities, regional agglomeration, and the adoption of new technology* [J]. *Economics of Innovation and New technology*, 1999, 8 (1 –2): 79 –103.

Krugman P. Increasing Returns and Economic Geography [J]. *Journal of Political Economy*, 1991, 99 (3): 483 –499.

Krugman P. *Increasing returns and economic geography* [J]. *Journal of political economy*, 1991b, 99 (3): 483 –499.

Krugman P. *Scale economies, product differentiation, and the pattern of trade* [J]. *The American Economic Review*, 1980, 70 (5): 950 –959.

Levchenko A. A. "*Institutional quality and international trade*," *The Review of Economic Studies*, 2007, 74 (3): 791 –819.

Lewis W. A. "*Economic development with unlimited supplies of labour*," *The manchester school*, 1954, 22 (2): 139 –191.

Marshall A. *Principles of economics. Vol.* 1 [M]. Macmillan And Co., Limited; London, 1890.

Martin P, Rogers C A. *Industrial location and public infrastructure* [J]. *Journal of international Economics*, 1995, 39 (3 –4): 335 –351.

Melitz M J, Ottaviano G I P. *Market size, trade, and productivity* [J]. *The review of economic studies*, 2008, 75 (1): 295 –316.

Melitz M J. *The impact of trade on intra - industry reallocations and aggregate industry productivity* [J]. *Econometrica*, 2003, 71 (6): 1695 –1725.

Melo P C, Graham D J, Noland R B. *A meta-analysis of estimates of urban agglomeration economies* [J]. *Regional science and urban Economics*, 2009, 39 (3): 332 –342.

Murata Y, Thisse J F. *A simple model of economic geography à la Helpman-Tabuchi* [J]. *Journal of Urban Economics*, 2005, 58 (1): 137 –155.

Nunn N. *Relationship-specificity, incomplete contracts, and the pattern of trade* [J]. *The Quarterly Journal of Economics*, 2007, 122 (2): 569 –600.

Ottaviano G I P. *Models of "new economic geography": factor mobility vs. vertical linkages* [J]. *New directions in economic geography*, 2007: 53 –69.

Ottaviano, G. I. P., T. Tabuchi. and J. -F. Thisse. Agglomeration and trade revisited, 2002, 43: 409 - 436.

Ottaviano G, Thisse J F. *Agglomeration and economic geography* [M] // *Handbook of regional and urban economics. Elsevier*, 2004, 4: 2563 - 2608.

Pflüger, M. , and Tabuchi, T. (2010) . *The size of regions with land use for production. Regional Science and Urban Economics* 42: 961 - 74.

Porter M. Competitive Advantage: *Creating and Sustaining Superior Performance* [M]. New York: The Free Press, 1985.

Powell B. *State Development Planning: Did it Create an East Asian Miracle?* [J]. *The Review of Austrian Economics*, 2005, 18 (3 - 4): 305 - 323.

Ranis G, Fei J C H. *A theory of economic development* [J]. *The american economic review*, 1961: 533 - 565.

R. Baldwin, Robert-Nicoud F. *Offshoring: General equilibrium effects on wages, production and trade* [R]. *National Bureau of Economic Research*, 2007.

R E. Baldwin, T. Okubo, "Heterogeneous Firms, Agglomeration and Economic Geography: Spatial Selection and Sorting," *Journal of Economic Geography*, 2005, 6 (3): 323 - 346.

Romer P M. *Increasing returns and long-run growth* [J]. *Journal of political economy*, 1986, 94 (5): 1002 - 1037.

Rosenstein-Rodan P N. *Problems of industrialisation of eastern and south-eastern Europe* [J]. *The economic journal*, 1943, 53 (210/211): 202 - 211.

Rosenthal S S, Strange W C. *Evidence on the nature and sources of agglomeration economies* [M] // *Handbook of regional and urban economics. Elsevier*, 2004, 4: 2119 - 2171.

Rowthorn R, Coutts K. *De-industrialisation and the balance of payments in advanced economies* [J]. *Cambridge Journal of Economics*, 2004, 28 (5): 767 - 790.

Tabuchi T. *Interregional income differentials and migration: their interrelationships* [J]. *Regional Studies*, 1988, 22 (1): 1 - 10.

Tabuchi T, Thisse J F. *A new economic geography model of central places* [J]. *Journal of Urban Economics*, 2011, 69 (2): 240 - 252.

Tabuchi T, Thisse J F. *Regional specialization, urban hierarchy, and commu-*

ting costs [J]. *International Economic Review*, 2006, 47 (4): 1295 – 1317.

Tabuchi T, Zeng D Z. *Stability of spatial equilibrium* [J]. *Journal of Regional Science*, 2004, 44 (4): 641 – 660.

Todaro M P. , A model of labor migration and urban unemployment in less developed countries [J]. *The American economic review*, 1969, 59 (1): 138 – 148.

United Nation Industrial Organizationv (UNIDO). *Industrial Development Report. 2002/2003 Overview*: *Competing through innovation and leaning*. 2003.

Wang P. *Competitive equilibrium formation of marketplaces with heterogeneous consumers* [J]. *Regional Science and Urban Economics*, 1990, 20 (3): 295 – 304.

W. J. Baumol, "Macroeconomics of Unbalanced Growth: The Anatomy of Urban Crisis," *American Economic Review*, 1967, 57 (3): 415 – 426.

Yi K M. *Can vertical specialization explain the growth of world trade?* [J]. *Journal of Political Economy*, 2003, 111 (1): 52 – 102.

图书在版编目（CIP）数据

新型城镇化背景下产业结构优化升级 / 王珺等著
. -- 北京：社会科学文献出版社，2021.11
　ISBN 978 - 7 - 5201 - 8976 - 7

　Ⅰ. ①新… 　Ⅱ. ①王… 　Ⅲ. ①城市经济 - 产业结构优
化 - 研究 - 中国 　Ⅳ. ①F299.2

　中国版本图书馆 CIP 数据核字（2021）第 178910 号

新型城镇化背景下产业结构优化升级

著　　者 / 王　珺 等

出 版 人 / 王利民
责任编辑 / 罗卫平
责任印制 / 王京美

出　　版 / 社会科学文献出版社 · 人文分社（010）59367215
　　　　　　地址：北京市北三环中路甲 29 号院华龙大厦　邮编：100029
　　　　　　网址：www. ssap. com. cn
发　　行 / 市场营销中心（010）59367081　59367083
印　　装 / 三河市尚艺印装有限公司

规　　格 / 开　本：787mm × 1092mm　1/16
　　　　　　印　张：21　字　数：344 千字
版　　次 / 2021 年 11 月第 1 版　2021 年 11 月第 1 次印刷
书　　号 / ISBN 978 - 7 - 5201 - 8976 - 7
定　　价 / 148.00 元

本书如有印装质量问题，请与读者服务中心（010 - 59367028）联系